刘钦荣 杜鹃 主编

识变 求变 谋变

郑州师范学院文学院课程思政教学研究论文集

郑州大学出版社

图书在版编目（CIP）数据

识变　求变　谋变：郑州师范学院文学院课程思政教学研究论文集／刘钦荣，杜鹃主编. — 郑州：郑州大学出版社，2023.5
ISBN 978-7-5645-9542-5

Ⅰ．①识… Ⅱ．①刘…②杜… Ⅲ．①师范学校 – 思想政治教育 – 教学研究 – 郑州 – 文集 Ⅳ．①G651-53

中国国家版本馆 CIP 数据核字（2023）第 039303 号

识变　求变　谋变：郑州师范学院文学院课程思政教学研究论文集
SHIBIAN QIUBIAN MOUBIAN：ZHENGZHOU SHIFAN XUEYUAN
WENXUEYUAN KECHENG SIZHENG JIAOXUE YANJIU LUNWENJI

策划编辑	刘　开	封面设计	王　微
责任编辑	王晓鸽	版式设计	苏永生
责任校对	呼玲玲	责任监制	李瑞卿

出版发行	郑州大学出版社	地　　址	郑州市大学路 40 号（450052）
出 版 人	孙保营	网　　址	http://www.zzup.cn
经　　销	全国新华书店	发行电话	0371-66966070
印　　刷	郑州宁昌印务有限公司		
开　　本	710 mm×1 010 mm　1 / 16		
印　　张	14.75	字　　数	261 千字
版　　次	2023 年 5 月第 1 版	印　　次	2023 年 5 月第 1 次印刷

| 书　　号 | ISBN 978-7-5645-9542-5 | 定　　价 | 56.00 元 |

作者名单

顾　问　刘国际　孙先科

主　编　刘钦荣　杜　鹃

副主编　焦建鹏　牛巧红　栗　旭

编　委　（按姓氏笔画排序）

王晓东　王魁星　孔　青　石艳娜　白玉红

刘济良　汤玫英　李　杰　杨　烜　杨朝红

张　靖　赵　莉　胡明生　禹旭红　侯　莹

徐明成　徐继英　郭浩波　曹自斌

新文科视野下的课程思政

2016 年，习近平总书记在全国高校思想政治工作会议上指出，高校应当"把思想政治工作贯穿教育教学全过程，实现全程育人、全方位育人"，其他各类课程要"与思想政治理论课同向同行，形成协同效应"。2020 年 11 月 3 日，教育部新文科建设工作组主办的新文科建设工作会议在山东大学(威海)召开，发布了《新文科建设宣言》，对于新时代的文科建设作了新的阐述与部署。自此，高校课程思政建设与新文科建设并行不悖，成为当今高校教育教学改革创新的热门话题。作为人文社科领域最主要门类之一的中国语言文学，在新文科建设的背景下，该如何开展"课程思政"，是一个值得思考的问题。结合新文科建设和课程思政建设的要求与现状，我以为以下几个问题，值得注意。

一是尊重学科特点和规律。文科教育有其自身的特点，兼具价值性和学术性。中国自古以来就有"文以载道"的传统，认为文艺可以"成孝敬，厚人伦，美教化，移风俗"。近现代以来，梁启超更是在《论小说与群治之关系》一文中认为：小说有不可思议的支配人的作用，具有"熏、浸、刺、提"四种伟力，所以"欲新一国之民，不可不先新一国之小说"。凡此种种，无不道出了文学有天然的育人、化人的功能。对于课程思政与新文科建设所追求的修身铸魂、立德树人的目的来说，文科教育有着独特的优势。但是，文科教育并不仅仅是价值观的熏陶与培养，还是具有专业(科学)属性的一门学科，无论是文学史、文学理论，还是语言学等课程，都是在近现代科学主义和教育理论的影响下构建起来的具有专业属性的课程。因此，新文科建设主张打破壁垒，追求专业之间深度交叉融合，反映在课程思政上，也要尊重文科教育的自然规律，寻求专业课程与思政内容的有机结合，价值性与学术性不可偏废，要避免重学术轻思政，也要避免重思政轻专业。

二是分门别类，自然融合。"分门别类"有两层意思：一是指课程内容的差异。随着人们对世界的认知越来越广阔精深，学科与专业分类越来越细，门类众多，譬如作为一级学科的中国语言文学包含古代文学、现代文学、文学理论、语言学等十几门专业课程，课程内容之间固然有联系与交叉，但更多的是差异；二是指思政内容(元素)的多样化。思政元素不仅包括马克思主义、毛泽东思想、邓小平理论、三个代表重要思想、科学发展观、习近平新时代中国特色社会主义思想等等,还包括爱国主义教育、优秀的传统文化教育、道德与法制教育、劳动教育,甚至"四有"好老师等等。专业课程不同,与思政元素的结合点也大不一样。文学类课程、语言类课程与思政元素的结合点固然不同,哪怕是同属"文学"的古代文学课程和当代文学课程与思政元素的结合点也大不一样。因此,在课程思政建设中,需要教师根据所授课程的不同,分门别类,寻求所授课程与思政元素的有效结合点,力求做到如盐入水,自然融合。

三是构建"美"的课堂。文学是具有审美意识形态属性的语言艺术,具有功利性和非功利性,它的功利性隐含在非功利的审美之中。如果说,作为意识形态的"思政"是功利性的体现,那么"审美"则体现出非功利的一面,二者相互缠绕,体现为"思政"要借助于审美表现出来。换句话说,文学的"思政"功能要借审美来实现,其实现方式一定是美的,如果"文学"不美,那么文学的"思政"功能就难以实现。同理,文学课程里的思政不但要借助于"文学之美"来实现,还要通过构建"美的课堂"来促成。"美的课堂"不仅仅是指课件的漂亮,教学语言的美妙,教学方法的得当,更是指知识之"美"与"思维"之美,让学生在课堂上能够感受到知识的魅力与思维的乐趣。在"美的课堂"里,思政内容方能以一种"随风潜入夜,润物细无声"的方式来体现,达到育人、化人的效果。对于年轻的大学生来说,思政教育固然重要,但是如果不是在知识的魅力与思维的乐趣中,来体认思政教育,而只是加一个思政的尾巴,或者对思政内容进行"标语口号式"的解读,那么思政教育就会流于空泛,甚至容易让人产生逆反心理。

以上所思,既是我作为高校教师,对新文科建设和课程思政建设的一些思考,也是阅读《识变 求变 谋变——郑州师范学院文学院课程思政教学研究论文集》的一点心得。这本书里的作者,有教学经验丰富的老教授,有初登讲坛的新秀,他们在新文科建设和课程思政建设的过程中,积极探索,寻求新路,正如书名所示:识变、求变、谋变。这一过程当然不可能一帆风顺或一蹴而就,所以本书里所选的文章也未臻完美,但老师们无疑都在自己的课程实践中,从各个角度,作出了积极且有益的尝试。

筚路蓝缕,以启山林,新文科建设与课程思政建设之路尚远,但是路虽远,行则将至;事虽难,做则必成。文学院诸位同仁已经在探索践行的路上,相信在未来的课程建设中,会有更大的收获。是为序。

孙先科

郑州师范学院校长、教授

前言

　　立德树人是高等学校的根本任务,归根结底,一切教学活动都是为了培养高素质、高水平的人才。二级学院是大学办学主体,重心地位突出,使命光荣,任务繁重,但在千头万绪的工作之中,教学工作始终是二级学院的核心工作、中心工作。只有高质量的教学活动才能支撑起高水平的人才培养。深化教育教学改革,提高教学质量已成为高等教育界的共同心声和共识,也是广大教育工作者的责任担当和事业追求。教育部本科教学水平评估、师范专业认证等系列工程的开展,助推了办学内涵的增强和办学质量的提高;"以本为本""四个回归""卓越教师培养计划 2.0""基础学科拔尖学生培养计划 2.0""中国教育现代化 2035""双一流""新文科建设""思政课程与课程思政"等教育理念和指导思想的提出,指明了我国教育教学的发展方向和实施路径。

　　郑州师范学院文学院与学校同步发展,赓续教师教育基因,坚守"师"之初心,"爱"之奉献,励精图治,顺势而为,逐步奠定了省内较为领先的地位。不断夯实教师教育办学基础,丰富教师教育培养内涵,培育、擦亮教师教育特色,走过了专科做优、本科做实的稳健发展阶段。同时,又经历了本科学位授予评估、教育部本科教学水平评估、汉语言文学师范专业认证等增内涵、提质量、上台阶的检查验收,大大促进了文学院各专业人才培养质量的逐步提升和可持续发展。

　　目前,文学院正面临着教育部本科办学水平审核评估、汉语言文学师范专业认证复查、推进汉语国际教育和学科语文硕士点立项建设等多种充实内涵、提升层次的艰巨任务,全体师生团结协作,积极进取,以昂扬的精神状态投入工作中。

　　新时代、新使命,"立德树人"是人才培养的准则和宗旨,"课程思政"建设则是完成宗旨的根本保证和重要依托。文学院一直强调、倡导在教育教学实践过程中,更新理念,立足汉语言文学、汉语国际教育、汉语言等各专业人才培养目标,结合各门课程性质和特点,挖掘课程思政元素,加强课程思政教学的科学研究,不断探索、总结课程思政教学工作的规律和方法,更好地指导教学实践,实现全员、全方位、全过程育人,促进教学质量和人才培养质量的不断跃升。

正是基于这样的思考,我们组织编写了《识变　求变　谋变——郑州师范学院文学院课程思政教学研究论文集》。内容主要包括:课程思政教学的探索与改革;教育教学管理中思政因素融入的体验与心得;人才培养模式、课程思政教学模式的构建与研究。每一篇文章都是教师们课程思政建设的心得体会,不乏真知灼见,既饱含着他们对教育事业的热爱和执着追求,也浓缩了他们投身教学改革付出的心血和汗水。超越自我,追求卓越,为党育人、为国育才的宗旨牢记心间,教学改革永无止境,课程思政建设方兴未艾,我们建设美好教育、实现人生价值的脚步不会停歇!

编写组

2022 年 9 月 30 日

目录

1

课程思政建设中的教育观念转换

郭浩波

摘要:"培养什么人,怎样培养人,为谁培养人。"对教育这一根本性问题的思考,正是当前提出课程思政改革建设的主导意图。基于对教育意识形态复杂性的认识,本文通过研究教师、学生、知识三者间观念的变化转换及其关系,通过实践方式探索高校教师教育改革中课程内容及资源要素再结构的可行性,为课程思政改革建设提供新思路。

关键词:课程思政;教育观念;教师;学生;知识

引言

当代中国的物质发展日趋丰厚,文化建设亦日臻成熟自信,政治理念及社会价值观念愈加沉稳理性。尤其在国家致力于实现中华民族伟大复兴、改革持续深化的新历史时期,十分有必要就当代教育中的科学精神、人文精神二者的关系进行历史梳理,为现实发展积储实践智慧,为实践主体加注新能量。就高校教学教育改革所必然涉及的三大要素——教师、学生和知识而言,三者之间的内涵也发生了巨大变化,要求教学与育人的观念做出相应的调整或转换。

"培养什么人,怎样培养人,为谁培养人。"对教育这一根本性问题的思考,正是当前提出课程思政改革建设的主导意图,旨在通过思政教育与专业教育的有机衔接和融合,理论联系实际,以社会主义核心价值观引导培养学生综合能力,实现全过程育人的教学教育目的。

一、研究重点和难点

(一)研究的重点

马克思主义从整体性上对人的本质和教育目的进行解读,正确定义了人的自然性和社会性内涵,批判了诸如存在论、自然/本能观对人的片面理解认识。课程思政教育改革目标要求体现这一正确认识,将社会主义核心价值观教育贯穿到"全员教育""全过程教育""全方位教育"中来,确保"专业课程"与"课程思政"教学内容同向同行,追求科学精神与人文精神在价值观教育中的高层次同一。这就要求明确以下三个研究重点。

(1)树立正确"知识"观念。①既要识辨"知识"生产者的历史身份,又要理性认识到"知识"实践主体的历史性。②克服或改变知识(价值)中立立场,将教育对象带到知识与实践耦合的现场,使课程教育获得工具价值与理性价值的统一,实现科学教育与人文教育的融通。

(2)实现教育观念转换。①教师要敢于突破专业知识壁垒限制,跨界拓宽知识结构,深耕厚积专业知识。②要关注时政讯息,思察道德伦理,自觉培养人文情怀,改变教学教育单向度主宰模式,树立尊重个性、对话协作的"价值共同体"观念。

(3)开创学习新路径。①鼓励学生参加学校社团、志愿服务及社会实践活动,支持或邀请学生参加教学、科研等调查研究活动等,促进教学课堂引发信息聚合效应,引导学生体悟、识辨"术""道"之不同,加深知识理解。②注重情感传递,促进个性对话,加强交流互动,通过构设这一教学教育场景,调整重构教学目标及价值教育路径。

(二)研究的难点

知识、教师、学生这三要素的观念转变,要统一到社会主义核心价值观上来,具体到对教学课程目标设计、教学内容结构及教学效果评价,要求教师对课程思政改革的教育价值目标有深刻理解和把握。故而,本课题展开及推进的难点在于:

(1)坚持马克思主义思想观,确保价值观教育政治导向正确;以课程思政改革理念指导育人方向;加强教师队伍的专业知识及思政素养。

(2)课程设计及教学过程控制,要强调科学性与技术可操作性。既需要建立课程教学全过程的量化监控、要素诊断,又需要非专业资源的配备与协同操作。

二、研究开展及成果

(一)调查研究与分析

"课程思政"观念的提出,实是对教育意识形态复杂性的认识体现,是社会主义核心价值观主导的意识形态建设向深层次科学推进的战略探索。它是一项系统复杂工程,需要从意识培养、步骤设计、机制保障等多层面展开建设工作,具体体现在教学目标设计、教学环节控制、教育效果评价机制等过程,是通过实践形式将寻求价值观与专业知识二者结合的探索性活动。从实践观点看,它又是一个系统性专业知识与价值观与时俱进诉求间相互促进、同一的过程。

就当前大力推进的课程思政改革建设而言,高校中普遍存在一些需要直面的问题及现状:存在课程门类多、教学管理分散、专业课程与思政理论交叉程度不一、教师学科背景不同、思政水平高低差异的问题,也存在对学生素质教育关注度不够,以及课程育人缺乏统一评价标准等问题。比如理解课程思政内涵上存在的"极化"现象,要么把专业课程与价值观教育生硬拼凑,典型如"道德论"腔调,不伦不类,效果差;要么坚持人文社科知识客观论、价值中性论,甚至还存在人性至上"唯人性"论这样偏离课程思政方向的育人观念。

总括而言,教、学、育三者观念及三者间观念割裂导致这类问题出现。问题在哪里发生,怎样发生,我们就应该从哪里入手,科学引导、理顺事物的发生发展过程,遵循这一正确的实践路径。为此,本研究拟通过研究教师、学生、知识三者间观念的变化转换及其关系,以实践方式探索教师教育改革中课程内容及资源要素再结构的可行性,为课程思政改革建设提供新思路。

(二)改革举措

本项研究的思路是:以马克思主义实践观为主导思想,通过观念转换力促教师、学生、知识三要素在教学教育全过程中实现共融共创,达成课程思政建设追求的价值观塑型目标。综合当前对课程思政在诸多认识上的含混、定位不准,甚至带有庸俗功利主义印痕的现实情况,本研究坚持从知识、教师、学生等三个要素的观念厘清入手,为本校本科教学课程思政建设深入发展开辟进路。

具体实施方法是,以课程思政观构设本科教学目标,重组教学内容,重构教学教育评价标准,坚持非专业课程资源及团队的辅助共创共建理念。

1.组建专业课程教师队伍

我们主要以现代文学专业的主干课程为实践体例,坚持以具体作家作品或文学思潮现象为切入点,集体设计教学目标,集体建构课堂内容,形成完整的专业课程思政方案。

(1)通过规划方式,列出哲学、历史学、政治学、社会学以及心理学等相关必读书目,通过研讨交流,对专业课程教师成员的知识结构进行调整、优化及整合,逐步促成理论与实践、历史与现实、审美与价值、感性与理性等多维度贯通和多方位构建,使教师教育教学观念逐步转变。

(2)在课程内容规划上,坚持马克思主义世界观、社会主义核心价值观的育人原则,以循序渐进方式,开展集体备课、课堂观摩、研讨反馈、调查评价等环节,据此对课程大纲的要点和内容进行调整、补充、强化、重组整合,着力体现课程思政实践的集体共识。

就单元具体内容,备课环节强调将基本概念、基本理论以及知识谱系梳理等作为要点明晰出来,结合思政教育要求,实现单元内容结构重组及知识话语灵活转换。课堂环节强调教师与学生的多元、多层次对话联系和沟通,处理好一元与多元的辩证关系,充分掌握课堂过程信息;在课后练习及辅导环节,总结归纳备课要求与课堂教学效果,发现偏差、不充分或不足之处,针对性预设或提供交流话题,就专业知识理解及价值观念认同继续给予启发、引导。在考核环节,根据课程思政建设要求的大纲要点和内容,秉持着科学精神与历史批判原则相结合的理念,同一于马克思主义世界观话语体系,从而获得专业知识传授与价值观塑形结合的教育育人效果。

(3)依据课堂记录、观摩听课、研讨交流、互动反馈以及考核评价,运用数据统计,对学习状况、效果进行整理,为课程在内容编排、教学方式、练习设计等诸多方面提供有效参考,用以指导教学大纲调整、补充、改进乃至重新建构,以适应育人的需要。

2.组建非专业团队

实践证明,秉持资源内挖外引思路,以及走出去请进来策略,鼓励队伍参与多种形式社会实践及专业学习活动,关注教学教育前沿动向,有益于教师专业团队的长远发展。同时,坚持党委深度介入引导,教务加强组织管理,恪守集体监控、综合诊断教学教育全过程环节,纠正或克服经验主义、教条主义及各种理解认识偏差,确保价值观教育政治导向正确,掌舵课程思政改革理念,指导育人方向,坚持专业知识及政治素养提高与强化教师队伍建设两个方面的加强,有利于形成课程思政的集体实践成果的普及实施,推动课程思政建设与时俱进,构筑社会主义核心价值观长城。

(三)实践效果及成果

自 2019 年本研究课题获得立项以来,课题组按照规划认真开展工作。首先,根据细化的具体实施计划,规划了课题组成员的读书学习内容,统一了课题目标的认识。其次,将组建的专业课程团队与非专业团队结合起来,明确了党组织引导、教务加强组织管理的集体协作,并做好资源调配工作。最后,开展经常性的听课、研讨活动,分阶段地对课题进展情况进行综合诊断,提供教学效果评价反馈信息,据以调整、补充乃至重组单元授课内容。

经过两年的建设周期,课题组如期完成任务,取得了预期的成绩。本成果依托中国现代文学课程,向汉语言文学专业(四年制)2019 级、2020 级两届学员授课,共有 240 人受益,课题组成员的教学效果评价均在良好以上;根据课题规划,修订了一份中国现代文学教学大纲;同时,结合专业知识,为团员、党员多次开展党课教育讲座,扩大了党组织党员教育发展的范围,加强了积极分子培养思政教育效果。

三、观念转换论证及教育教学方式改进

(一)教师教育课程思政改革中观念转换的论证分析

具体结合中国现当代文学、中国现代文学思潮等专业课程教学教育活动,报告着重从以下三个方面展开分析研究。

1.树立正确"知识"观念

对知识缺乏批判意识,知识就得不到更新,实践就没有活力,更谈不上创造性。对教师而言,这一点尤其重要,对知识缺乏批判性的教师,本质上也是被阉割且失去活力的教师。

(1)要有知识更新发展的观念。知识是人们通过阶级斗争、生产斗争和科学实践等实践活动获得的对客观事物的认识。学习和研究知识不会使我们增加知识或扩大我们原有的知识,而只是让我们清楚地了解知识的起源、知识的性质、知识的构成、知识的范围等问题。可见,强调知识的普遍性、客

观性,要与承认知识的条件性、历史性结合起来,要树立知识更新发展观念。真正获得知识的历史化理解及其与实践的正确结合,可以借鉴马克思从资本主义的批判角度使黑格尔法哲学现实化的理路,认识到对于专业知识教学育人实践而言,"抽象法"和"道德"是实现个性自由的不充分条件,要学会以历史唯物主义发展观这一理性精神实现对知识的批判及再现实化,促进相互主体性实践模式的再生产。比如现代文学思潮、中国现当代文学中贯穿课程的"启蒙""现实主义""人道主义""阶级斗争""革命"等基本概念,既要辨识这些知识生产者的历史身份,又要理性认识到这些知识实践主体的历史性,从更深层次上理解这些知识点的历史内涵以及它们在当代的现实位置及意义。

(2)要以实践方式激活知识的历史活力。克服或改变知识(价值)中立立场,将教育对象带到知识与实践耦合现场,使课程教育获得工具价值与理性价值的统一,实现科学教育与人文教育的融通,这是课程思政建设的本质要求。在价值中立论者观念里,社会世界是为客观主义构建的,观察者只是就行为采取"一个视点",将自己与对象的关系的依据引入,其作用仿佛仅限于认识,且将所有的相互作用在认识过程中归结为一些象征性意义的交换。这种观点,将实践活动仅被看作不过是(剧本)角色的动作,其实践对象和实践主体实质上分别对应的是实证主义唯物论和客观主义唯心论,前者是把人与世界的关系当作已经在个人和集体历史之外形成的现实事物,并使之实体化,而导致结构实在论;后者又有重新陷入完全不可能阐明社会世界之必然性的危险。为此,必须回到马克思主义的实践立场上来,把实践视为行为方式与行动结果实现结合的实践过程,是实现社会世界与主体个性辩证结合、发展之所在。要认识到实践对客观世界具有的超越性,要有与时俱进的学习观,敢于打破知识专业壁垒,使知识在更广更深的现实空间里获得物质检验,从而激活知识的历史活力。

2. 促进教育观念转换

在学习的实践中,最初是要通过求知领会人生的意义,解答"什么生活是良好的生活"这一问题。如果仅限于传授知识,而不打通知识与生活意义的关联,或许正如一个幼童在你身边落水,你却自顾自地讲解游泳的大道理,而不全身心地去回应这份在场的紧迫吁求,此等行径显然背离了师之要义,即,要求师与生应共同置身于现实生活这个意义场景之中。

（1）促进教师由"经师"向"人师"的身份观念转换。课程思政作为知识主体有自觉实践意识的活动过程，要求教师身份由强调职业性质的"经师"向注重人格培养的"人师"转换。在思政教育活动中，教育系统通过把为自身利益而改变制度权威的权利和能力赋予教师，教育系统就有了可靠的手段，使它所安置的人员用全部资源和个人的全部热情来为制度服务。因此，教师必须根据一种实践的社会定义来自我定义，即，据"人师"来自我定义。

在知识经由思想与实践结合过程中，教师要因材施教来正确引导学生的世界观、人生观。教育需要发生某种戏剧性行动，这一行动包括组织、选择、传递、阐释、接受等过程，完成知识转移的同时，也是价值再生产伴随完成的过程。就教师而言，教师有责任表现他的功能的质量和利用个人交流方式的质量所交流的文化的质量，他也必须具有制度赋予他的与任务相关联的权威的符号品质，比如他的语言使用方式及其授知的形象等，通过强调一项任务的各种符号品质来故作疏离或拒绝制度的保护，向他的对象传递用以塑形价值的内容及为价值所塑形的内容。这种对教育制度规则性的使用方式，对教师和教育对象都赋予了较大自由，对规则的承认是在行为中不自觉地获得的。就2020年以来对人们生活发生广泛持久影响的新冠肺炎疫情，从社会功能服务角度审视伟大抗"疫"实践，以直观切近的材料，恰当运用这种教育过程戏剧性行动观念，便于更好理解价值塑形中教师在教育系统中的位置及作用。

（2）以问题意识、介入意识调整教学教育方向和固着点。实现教育观念转变，要求教师敢于突破专业知识壁垒限制，跨界拓宽知识结构，深耕厚积专业知识。当代大学生的世界，具有网络化、信息化、即时化等特点，他们处在价值观塑形过程中的多元作用甚至多元冲突的成长阶段，教师要关注时政讯息、思察道德伦理变迁，以"问题意识""介入意识"参与大学生这种多元情境的成长语境，改变教学教育单向度主宰模式，树立尊重个性、对话协作的价值共同体观念。

人只有理解了，才相信。事实与人建立联系才具有价值，那么，人具有什么样的意识形态就成了关键。对于实践活动来说，刺激并不存在于它的客观性亦即"有条件的和约定的"诱发因素之中，它只有遇到习惯于"辨认出"它的行为的人时才能起作用。实践世界是在与作为认知和促动结构系统的习性的关系中形成的，它是一个目的已经实现的世界，是使用方法或遵循的步骤，同时是一个具有"永久的目的论性质"（胡塞尔语）的对象世界。

简而言之,它是按习性原则的组织情境,使情境作为一种探究现实的特殊相关的问题而存在的对象世界。比如,就沈从文笔下湘西世界所呈现的牧歌情调中的"孤独"与自由之间的复杂关系理解这一问题,学生在认识上常常表露出"不得其解"的困惑,这就要求教师能够明确其中的"传统"作为交往的充分条件已经被资本主义文明损害,这种"孤独"的悲剧牧歌情调是历史逻辑、文化逻辑在审美品格上的体现,即,正因为失去了这种自由,且现实又不能提供或给予这种自由,才产生这种具有悲观沮丧的牧歌情调。导致它产生的根源在于,沈从文没有认识到破除资本主义对文明异化的历史力量。同时,更应该着重理解大学生这一特定教育对象群体的心智特征、知识局限等因素,对接受或认同沈从文这种牧歌情调所产生的影响。要求教师以唯物主义辩证观掌舵教育对象的价值塑形方向,为教学目标、教学内容选择方向和固着点,为价值塑形开辟奠基空间。

3. 开创学习新路径

在生活中,人们对观念的接受或拒绝常常呈现为一个相当剧烈且持久的过程。生活并非如 Excel 表格,可以把世上所有的事情都摆在对面,然后按照重要性加以排列。譬如,结婚十年,对方的优点、缺点、相貌、性情,一切都不再是你最初(站在诸如婚介所里)在对面权衡评价的东西了,它们成为你自己的一部分,与你、与你周围的人与事融为难解难分的命运。而你如果还只是关心选择,那么不妨说,随着生命的深入,一个人的选择余地也将越来越小。我们结合文学专业的形象与直观特点,尝试将这种生活真实与学习场景营造相结合,导向思政教育的方向上来。

(1)创设教学教育场景,发掘场景大义。鼓励学生参加学校社团、志愿服务及多种社会实践,支持或邀请学生参加教学、科研等调查研究等活动;根据不同专业知识性质,创设教学教育场景,强调引导、对话和协作,促进教学课堂引发信息聚合效应。尤其是近两年来,防疫抗疫、扶贫、救灾,以及国内国外各领域多层次呈现的广泛深刻变化,要充分利用互联网、互联网资源、数据云、云数据等现代信息交互优势,认识到现代课堂教育中实质存在的线上线下两种形态、教与学分离等时空区隔特点,做好课堂教育与价值引导的整合同一。

实际上,人们无法把生活中的事情明确地区分为客观事实和自己的感受,即,事实世界与价值世界是不可分割的。在我们的自然态度和自然话语中,事和情直接联系在一起,几乎是自然地具有意义的。事情关联着我们的处境、感受、欲望、目标向我们呈现,我们有所感地了解一事、知道一事、言说一事等等,可以说一件事情不只是个事实,它还有情,这就是我们说的"事情"。这也包括我们学习知识这个事实,其实也是如何接受知识观念的过程。在这个过程中,知识作为事实不仅作为一种实用技能被接受,同时也对价值观念产生影响。

由师生分别带入教学教育创设场景中的事实世界、社会话题、跨专业知识,甚至学生的个性见解等,作为"文本""言语"的局限性还是较为明显的。然而,对这一场景信息的判断、理解,虽是观念演绎的前提,同时也是价值塑形的起点。观念本来是感觉的组织,为我们的行为提供统一性。依据观念行动本身没什么不好,可虑的是,人们也会缘于虚假的观念行动,它们产生的情绪和行为甚至十分强烈。虚假观念产生虚假情感,促生虚假行动,引导虚假生活,导致生活琐碎无稽。所谓虚假,倒不是说他要用这个观念来骗别人,而是说把自己骗住且付诸行动,在时下的网络虚拟空间里,这种现象非常明显。

就此,有必要进一步指出,人是观念动物,观念常常是基于真情实感,或与生活日常的感觉等内容密切关联。而系列观念联结到一起,idea(观念)就成了 ideology(意识形态)。现代人的抽象观念特别多,一个主要缘故是意识形态的原因。之前的传统社会也有观念,但这是在比较完整的习俗中习得的观念;而今天,各种原因造成习俗的完整性受到破坏,尤其是各种教育思想的滥觞,平民时代的人都能识字读书读报,都想自己生产自己的思想,这就导致一己的观念与与之相应的习俗感受及情感内容的狭隘和贫乏,造成观念的抽象性质愈加明显,即,这种观念几乎不具备实践价值,对行动或行为举止几乎没有影响,尤其典型的是自称为"后现代主义者"的人群,他们拒绝承认真实具有实在的意义,拒绝对真实的尊重,主张"服从自己"比服从真理更重要。这就让我们不能不思考意识形态建构中,要切实直面观念的这道鸿沟、沼泽地。

把意识形态视为社会行为要求的对观念(系列)的统一组织,本质上是对虚假观念、个体感受、感情经验的狭隘、局限性的克服与超越。那么,在教学教育活动中强调观念批判就是必要的。观念批判是在观念的层面上展开的,虽然观念转变不能指望观念批判来实现,但是观念批判松解了虚假观念及个体观念狭隘、局限性的束缚,从而为每个人自己的和民族的经验及实践联结融合开辟进路提供方向和凝聚动力。当前的课程思政建设正亟须在这一关联血肉的经验和具社会广泛意义的实践之间实现有机结合，我们强调创设教学教育场景的目的，也是基于价值观的意识形态生产和再生产要求，接通日常生活与历史实践，为人的自我实现、自我解放生产历史行为主体。

可见，有效教学不仅需要保有热情，更需要理性掌控学习现场全景信息，以相应的方法、规则、程序、形式以及手段等理性化方式对场景信息进行重构、转换转化，通过观察、甄别、剖析、判断，发掘场景大义，超越知识客观性观念，促其与德性结合、向德性转化。

（2）知行合一，将知识导向实践领域。要认识到实践与创设场景的关系，它不是外部世界标准、他者观念的灌输或强加，也不是实践主体无目的、无意识的非理性冲动；它是对行为或言语进行控制的要做或要说的事物；它对那些虽非有意却依然是系统的，虽非按目的来安排和组织却依然带有回顾性、合目的性的"选择"具有导向作用。实践需要场景，这是实践作为时间实在性存在的本质要求，实践在时间中展开，节奏、速度尤其是方向等时间结构，构成了实践的意义。这个场景中，那些对社会世界的话语拥有垄断权的人，思维方式因考虑自己还是考虑他人而异，他们往往对自己是唯灵论者，对他人是唯物论者；对自己是自由主义者，对他人则是统制论者；对自己是目的论者和理智主义者，对他人则是机械论者。作为人民教师，要力避这一暗坑，要通过批评与自我批评，将自己坚定地摆在马克思唯物主义辩证观的立场上，正确引导、启发，帮助学生构建理论结合实际的实践观，将知识导向实践领域，做到言行一致、知行合一，保证课程思政基本不走样、不空洞，完成教学意义建构，实现价值教育目标。

在各类专业中，既要注重文献史料、收集事实、强化案例实证等专业技能素养，也要善于将事实确定与对事实的解释区分开来。教学教育过程中，对专业知识与实践要求的结合，是以追求日常生活的感性真实这一目的和解释为标准，还是基于现实问题，力求实践地改造现实、超越现实为目的？这根本地影响到课程思政价值观教育的奠基根底，也决定了它的本质内涵。教师要自觉追求由强调职业性质的"经师"身份向注重人格培养的"人师"观念转换，注重情感传递，促进个性对话，加强交流互动，以社会主义核心价值观引导学生体悟、识辨"术""道"之不同，加深知识理解，增强社会实践能力，通过这一教学教育场景构设，调整重构教学教育目标及价值教育路径，实现课程思政建设中教师及学生的教育观念转换。

(二)改进教学方式,探索教育方法

在具体教学实践中,主要从教学方式及教育方法方面,保证了研究目标的实现。

1.充分利用现代技术改进教学方式,增强教育效果

充分利用现代数据、理论成果及新思维方法,文本、史料结合归纳、演绎,创设实践场景,以模块设计主导思想为纲,重新调整组合,甚至"剪裁"教材,创新考核方式,突出思政教育目标。

2.强调课堂内外、校园内外一体融合场景

将知识的两种构成(理论知识和实践知识)及其来源导入由文献、史料、文本及实践方式等要素搭建的"再现实化"模态平台,以可经验方式铺设通向当代新知识(中国特色的理论/美学知识形态)的路径。

3.结合专业课程特点,找准思政教育融入点

基于当代诉求及实践精神,并结合专业课程大纲要求,发掘思政教育融入点,在评价及考核环节坚持横向借鉴、纵向继承,恪守实践检验真理这一历史要求。

四、本研究的特色与创新

本研究体现了改革创新精神,注重教学改革的整体性、综合性和实践应用性,同时具有继承性、前瞻性和可操作性。主要创新之处有以下三点。

第一,强调教学育人全过程坚持马克思主义实践观,以知识批判与思维批判相结合原则,建构以人为本的课程思政的育人价值导向及评价标准。

第二,通过创设教学教育场景,促进知识、教师、学生等三要素观念转换,实现三要素再认知,破除教师身份职业化观念,改变知识接受抽象化、纯粹化的学习形象,强化教学教育全过程的德才转化及价值观塑形功能。

第三,始终贯穿实事求是精神,以实践开放形式,注重教师专业能力提高与集体育人相结合的观念,贯穿教学目标设计、教学内容重构以及教学环节过程调整,结合效果评价,实现对教学教育过程进行重组。

五、推广价值及需要进一步研究的问题

实践证明,观念转换对课程思政建设保证教学育人的价值观塑形目标

的实现至关重要。本研究作为这一方向的探索和阐释,仍需在具体教学教育活动中得到检验、补充,乃至继续深化研究。简单讲有以下三个方面。

第一,在知识拓展方面,要遵循把精神变成思想、将思想植根于意识的教育实践路径,将知识获取与实践行动能力提高在价值观塑形的更高层次上同一起来。

第二,在场景创设方面,要在加强对现实的调查研究基础上,科学构设教学育人场景,体现符合中国国情及与时俱进的历史精神。

第三,在基本概念内涵方面,应继续推进理论研究,坚持实践检验这一真理标准,以实事求是精神寻求知识批判、批判知识与教育实践更紧密地联系起来。

参考文献

[1]胡军.知识论[M].北京:北京大学出版社,2006:46.

[2]皮埃尔·布迪厄,J.-C.帕斯隆.再生产:一种教育系统理论的要点[M].邢克超,译.北京:商务印书馆,2021:142-143.

[3]皮埃尔·布迪厄.实践感[M].蒋梓骅,译.南京:译林出版社,2012:75.

[4]陈嘉映.价值的理由[M].上海:上海文艺出版社,2021:52-53.

[5]保罗·利科.从文本到行动[M].夏小燕,译.上海:华东师范大学出版社,2015:178.

[6]皮埃尔·布迪厄.实践感[M].蒋梓骅,译.南京:译林出版社,2012:93.

课程思政背景下的大学语文教学改革途径探索

杜 鹃

摘要：课程思政是高校立德树人的新抓手，是一种教育理念与思想。与其他课程相比，大学语文教学与思政教育存在着内在的契合性与相通性，具有得天独厚的学科优势。然而，在具体教学实践中，大学语文仍旧存在课程思政建设中的"失语"现象，与思政教育内容存在脱节及教学方式相对滞后的问题。因此，应当通过明确大学语文课程思政的目标、合理挑选教学内容及运用多样化教学手段等方式，让课程思政扎根于大学语文教学的课堂。

关键词：课程思政；大学语文；教学改革

教书育人应该是全方位的。新时代高校思政教育工作，要运用好课程教学这个教育渠道，坚持在实践中改革，在改革中加强思政教育工作。把课堂与思政相结合，让学生在具有广度与厚度的课程中树立信心、理念，铭记肩上的使命与担当。大学语文课程潜藏着丰富的思政教育元素与资源，拥有着得天独厚的学科优势，因此，应当利用课程思政改革当前大学语文的教学，提升大学语文教学成效，培养德才兼备的现代人才。

一、"课程思政"的内涵

课程思政是高校立德树人的新抓手。它不是思政课程顺序的简单调换，也不是一门单纯的学科课程，而是一种教育理念与思想。其主要指将思想政治工作贯穿于高校各类课程教学的全过程之中，充分挖掘专业课程中的思政元素，促使隐性育德教育与显性育智教育的同向同行，进而形成全员、全过程、全方位的思政育人大格局。其打破了长期以来思政教育与专业教育的学科分离，赋予了专业课程价值引领与道德塑造的思政功能，其有助于帮助大学生将专业教育知识转化为内在的品质修养。解决生活中的困惑与人生的困惑,明确自身社会定位与价值体现。作为大学课程体系的一个重要组成部分,大学语文蕴含着丰富的精神品质与文化基因,与思政教育具有融通性和一致性,能够借助于各时代优秀文学经典作品,提升大学生的审美修养与道德品格,坚定文化自信,培育健全人格,从而在潜移默化中实现思想观念的升华与主流价值观的认可。

二、课程思政背景下的大学语文教学的现实问题

首先,大学语文数学在课程思政建设中存在"失语"现象,在思政素质培养方面,定位不够清晰。大学语文教学不仅具有对学生实施语文说读能力、文学审美与素养等育智育能功能,而且也具有培育大学生思政教育的育德功能,能够借助于传统文化经典与现代优秀文学作品,实现对大学生的价值引导与道德提升。然而,当今大学生的语文教学,在育德育品中,却往往处于"失语"的状态。究其原因,一是大学院校对语文学科功能定位的偏颇,部分高校管理者对大学语文课程的教育价值难以充分挖掘,往往注重专业教育学科建设,进而导致大学语文在课程思政建设中的作用难以充分发挥,处于边缘的地带;二是大学语文教学理念的相对滞后,由于传统应试教育的影响,部分大学语文老师往往把大学语文教学重心放在基础语文知识学习和文学欣赏的层面,并不对大学语文教学内容进行深层次的思想探析。

其次,大学语文教学内容与思政教育存在一定的脱节现象。由于课程目标的不同,大学语文教学与思政教育往往各自为政,彼此分离。大学语文教学内容往往选取那些具有文学欣赏价值的教育资源,能够与思政教育进行交叉教学的教学内容相对匮乏,这在一定程度上影响了大学语文教学思政教育功能的发挥。

最后,大学语文教学方式相对滞后,新时期背景下,大学生对语文教学方式与手段的要求不断提升,迫切需要信息化与生动化的教学模式,然而,纵观当下大学语文教学方式,依旧沿用着传统的讲读模式,往往聚焦于理论与案例的讲解分析,与新时代教育理念与工具相结合的现代化教学模式较为缺乏,这就导致了大学语文教学内容难以深刻体现思政教育内涵。这就失去了课程思政建设的学科优势,难以与思政教学进行有机结合。

三、课程思政背景下的大学语文教学改革途径探索

（一）明确大学语文课程思政目标

在课程思政背景下,大学语文教学承担着巨大的社会责任,能帮助学生深入学习基础知识,掌握深厚的文字与语言功底。这是大学语文教学的最低要求。如果大学生能够在掌握语文基础知识的前提下,在春风化雨的教育环境中,形成高尚的道德素养与正确的价值观,有勇气有担当地去履行自己的社会责任,树立终身学习与报效祖国的鸿鹄之志,那就是最好的结果。因此,大学语文教学应当重视语文学科的德育与智育功能,充分发挥语文学科人文教育与隐性教育的优势与长处,实现以文育人、以文化人的最终教育目标。一方面,大学语文教育应当改革教育理念,弱化应试教育理念的传统影响,强化通识教育与素质教育理念。要充分发挥大学语文教学的隐性育人功能,在日常教学过程中,促进与思政教育的深度融合,引导大学生树立高尚的人格品质与道德素养,自觉担负起实现中国梦与民族复兴的重任。另一方面,大学语文教学应当适当改革课程教育目标,在与原有大学语文教学功能定位不矛盾、不冲突的前提下,将课程思政作为语文教学的第二教学目标。要充分发挥语文学科的应有功能,利用大学语文教学中思政教育资源,对学生的思想意识、爱国情怀、人文修养、人生观与价值观等进行正确引导与隐形塑造,潜移默化地帮助大学生塑造崇高理想信念。

（二）合理挑选教学内容

立德树人是大学教育的根本使命,大学语文教学内容中蕴含着许多富有德育功能、心理健康教育功能等与思政教育内容相关的教育资源,是大学思政教育的最佳范本与资源元素,能够运用文学与文化的魅力,引导学生形成良好的行为规范,树立重视责任与崇尚忠诚的高尚情操。因此,大学语文教育内容应当与时俱进,推陈出新,积极寻求语文教育资源与思政教育的契合点,延伸大学语文教育功能范围。一方面,应当适当选用文学经典名篇,挑选出具有思政教育内涵的作品题目,利用这些具有代表性作品净化学生心灵,拓宽学生的认知与视野,领悟其中蕴含的优秀道德传统和先哲智慧;另一方面,也应当精心挑选符合时代意义的现代文学作品,并结合当下社会背景进行阐释和重构,延伸与丰富大学语文教学内容,让大学生既能够体味到文学艺术的魅力,丰富精神世界,又能够厚植家国情怀,提升道德修养。

(三)运用多样化教学手段

思政教育理论性与抽象性较强,如果采用传统的照本宣科的形式加以强制灌输,整个教育过程就会变得过于僵硬与枯燥乏味,不利于教育目标的最终实现。大学语文教学能够实现隐性德育的显性化,通过外在文化与审美活动的熏陶能够陶冶学生性情,提升其思想觉悟与思政素养。在课程思政背景下,传统大学语文教学方式与形式突显出一定的滞后性,难以满足现代大学生的实际需求,跟课程思政主张的以人为本的理念也存在部分违和。因此,在新时代背景下,大学语文教学方式与手段也应该适当改革,借助于科学合理的教育方法,践行以人为本的理念,增强大学生语文教学的时代感、亲和力与感染力,使得大学语文教学实现入心入脑,外化于行,内化于心。一方面,大学语文教学应当利用现代教育信息技术丰富教学模式,推动大学语文教学与现代教育信息技术的有机融合,积极创设双向互动讨论的良好课堂氛围,既要注重授人以鱼,重视知识传播,也要做到授之以渔,实现方法传递,进而通过灵活有趣的教学方法传输思政教育内容,引导学生积极参与课堂活动,实现获得新知识与道德内化的同向同行。另一方面,大学语文教学也应当拓展课程实践活动,发挥实践育人的良好功效,实现生动的价值引领。大学语文教学除了聚焦理论讲解与案例分析之外,也应当拓展校园语文实践活动,推进课程思政建设。比如,举办以爱国精神为主题的文学作品比赛,开办国学知识讲堂,等等,打造多维度、高层次的思政教育环境,从而提升大学生的道德实践能力。

综上所述,让课程思政扎根于大学语文教学,能够让学生在具有广度与厚度的语文课程中,领略无与伦比的文化魅力,将新时代青年担当内化为思想与言行,成为德智兼修的现代人才。因此,应当让课程思政贯穿大学语文教学的始终,改革与创新大学语文教学新模式,实现在教书授业中的育人传道。

参考文献

[1]李奇年.大学语文教育与思想政治教育相结合的策略探究[J].文教资料,2018(28):28.

[2]王聪,姚桃娟,牛浩昌."课程思政"引导下大学语文教学中的德育探究[J].才智,2018(13):45-46.

文学理论"课程思政"建设研究

——以马克思主义理论研究和建设工程重点教材
《文学理论》(第二版)为例

赵 彦

摘要:"马工程"教材《文学理论》是高校开展"课程思政"建设的重要基础文本。在文学理论课程教学实践中进行"课程思政"建设,需要以此教材为基础,精准提炼思政元素,实现专业素养与思政修养的同向同行。在具体的教学实践中,借助课程思政的东风,充分利用新媒体多元化手段,增强理论课堂的活力;在考核评价过程中,立足郑州师范学院2021年新修订的汉语言文学专业人才培养方案,强化落实立德树人根本任务。

关键词:课程思政;文学理论;"马工程"教材;教学改革

"课程思政"是中国高校以习近平新时代中国特色社会主义思想为指导,遵循习近平总书记关于教育的重要论述,落实立德树人的根本任务,完善全员、全过程、全方位"三全育人"的一种教育理念。2016年12月,习近平总书记在全国高校思想政治工作会议上指出:"其他各门课都要守好一段渠、种好责任田,使各类课程与思想政治理论课同向同行,形成协同效应。"2018年9月10日全国教育大会上教育部制定《关于加快建设高水平本科教育全面提高人才培养能力的意见》。2020年6月教育部下发《高等学校课程思政建设指导纲要》,要求推动高校全面加强课程思政建设。"课程思政"已成为新时代振兴本科教育与提高人才培养能力的重要着力点。

文学理论教材体系是马克思主义文学理论中国化历史进程的重要成果,"马克思主义理论研究和建设工程重点教材"(以下简称"马工程")《文学理论》更是体现了马克思主义文学理论中国化成果的定位与规范。文学理论课程作为汉语言文学专业的主干课程,也是最早修订"马工程"重点教材的课程之一,然而其实践应用效果并不理想。2013年教育部和中宣部联合下文,要求在全国高校哲学社会科学相关专业统一使用"马工程"重点教材。实际上很多高校直到 2017 年甚至更晚才开始使用该教材,这既有部分教师依赖原有教材的保守心理原因,也有第一版教材确实存在一定问题的因素。针对这一情况,2020 年 9 月编写组出版了第二版教材"马工程"《文学理论》,对第一版教材进行了重大调整和改进。

结合笔者使用"马工程"教材进行的四轮教学实践经验来看,此时正是以"马工程"教材为基础,进行本科文学理论"课程思政"教学研究和改革的大好时机。"马工程"教材在全国范围得到普遍使用是在 2017—2018 年,也与全国高校开展"课程思政"建设活动密切相关。可以说,全国高校开展"课程思政"建设促进了"马工程"教材的使用,使用"马工程"教材又是高校开展课程思政活动的题中之意,二者相互配合,相得益彰。因此,在这一背景下,依托于第二版的教材"马工程"《文学理论》,进行本科文学理论课程的"课程思政"改革研究具有重要的价值与意义。

一、立足"马工程"教材,挖掘"思政"元素

目前,国内许多高校多门课程陆续开展课程思政教学改革,"课程思政"研究已成热潮,知网上课程思政相关论文总数已达 2 万多篇,仅 2020 年一年就高达 8 千篇。相比课程思政总体研究的热潮,文学理论的课程思政研究则滞后许多。知网上文学理论课程思政相关研究文献仅有 6 篇,时间集中在 2020 年 6 月至 2021 年 8 月,其中基于"马工程"教材展开的文学理论"课程思政"教学改革与研究则处于空白状态。①

"马工程"教材是马克思主义文学理论中国化的重要成果,是中国特色社会主义理论话语体系新的结晶,"马工程"教材《文学理论》(第二版)教材更是在第一版的基础上进行大幅度修订,蕴含了更加丰富且更加符合中国新时代国情、当代大学生学情以及适应当下意识形态教育的思政理念和价值体系,非常值得深入挖掘。

首先,在编写体例和逻辑结构上,本教材注意引导学生了解和掌握马克思主义文学理论。"马工程"文学理论教材以马克思主义为基本立场和指导思想,同时批判继承或合理改造了中国文学理论传统和西方文学理论的优

---

① 本段中涉及的数据来自中国知网检索统计后得出,统计时间截至 2021 年 11 月 4 日。

秀资源,面向当代文艺现实,关注文艺理论与其他艺术门类活动的关系。全书共有 10 章,围绕文学活动的诸要素及其相互关系,建构了文学理论学科体系的 10 个基本方面,即文学性质论、文学价值功能论、文学创作论、文学作品论、文学体裁论、文学风格、流派与思潮论、文学接受论、文学批评论、文学历史演变论和文学发展论。这"十论"回答了关于文学的一系列问题:文学是什么,文学对人有什么意义和作用,文学的创作过程,文学作品有哪些构成,文学体裁有哪些种类,文学史上有过哪些文学风格、流派及思潮,读者如何接受文学作品,评论家如何开展文学评论,文学从古到今有哪些演变规律以及文学在当代面临怎样的新变化,等等,帮助学生建构系统的文学理论知识体系。尤其重要的是,"马工程"教材在对文学问题的研究中,始终以马克思主义的哲学观、世界观和方法论为指导,在文学训练中培养学生的历史唯物主义和辩证法思维,熔铸中国特色社会主义核心价值观,培养学生形成正确的国家观、民族观、世界观、人生观、价值观和文学观。

除了在编写体例和逻辑结构上更加合理和清晰之外,教材在具体内容的安排上也更加强调经典性和权威性。在讨论具体文学现象和文学作品时,大量援引马克思、恩格斯原著的相关评价。以教材绪论部分为例,22 页内容共引用了 46 条注释,其中引用马恩原著 7 条,引用列宁原著 5 条,引用毛泽东原著 10 条,引用习近平重要讲话 5 条,充分体现了权威性和经典性。特别是 2020 年 9 月修订后的第二版教材在绪论部分专节介绍了文学理论的指导思想,详述了马克思恩格斯论文艺、列宁论文艺、毛泽东文艺思想,邓小平理论、"三个代表"重要思想、科学发展观关于文艺的重要论述,并与时俱进地增加了"习近平新时代中国特色社会主义思想关于文艺的重要论述",充分强化对马克思主义文学理论中国化成果的解读阐释,为学生如何理解全书打下重要的世界观和方法论基础。"马工程"版的文学理论教材天然具有进行课程思政建设的优势,是落实立德树人根本任务、实现课程思政与专业技能同向同行的有力媒介。

二、借助"思政"东风,增强文学理论课堂活力

文学理论作为汉语言文学专业的一门基础"理论"课程,本身就偏重学理性和理论性,具有突出的意识形态特征,而且面向的又是大学新生,如果一直是教师的单向讲授的话,学生容易产生畏难心理,觉得理论枯燥难学,

还容易丧失对理论的感性体验和深入思考，从而缺失理性思维能力的训练。借助"课程思政"的"东风"，进行文学理论的教学研究和改革，重中之重就是进行课堂教学实践的改革。

首先，更新教学理念，转变传统的以教为主的教学理念，理论联系实际进行启发式教学，增强学生对理论学习的兴趣，引导学生思考，让学生从"学理论"变成"爱理论"。教师在讲授文学理论知识的时候，避免从概念出发，而是以文学作品为依托，以问题为导向，以实际为宗旨，面向当下的信息社会现实，充分了解学生的阅读范围，解决文学理论脱离现实场域、脱离文本中心的问题，以学生喜闻乐见的案例讲解文学理论知识，真正做到以理论思维指导文学实践活动和学生学习活动。比如在借助文学作品例证解释相关文论概念术语时，需要充分考虑学生的阅读经验和期待视野，注重从学生的中学课内外阅读书目中，大一已经学过的现当代文学史等文本中选取学生熟悉的文学文本，充分调动学生的学习兴趣。另外，也要充分重视新的文学现象和文化热点，关注当下流行的大众文化、网络文化和视觉文化，具备跨学科、跨媒介视域的理论思考，启发学生思考短信文学、微信文学、微博文学、广告文学、摄影文学、短视频文学现象，引发学生对理论学习的重视，从而将文学理论与社会现实结合起来深化理解。

转变教学理念就是真正做到以学生为主，把"教什么"变成"如何教"，充分发挥学生的主观能动性，多提出问题，引导学生对道德问题进行深入思考，应避免以往机械式的传达和训诫式的说教，而是借助社会现实案例引导学生思考。例如在文学的性质这一章的讲授中，借助网络上爆火的"贾浅浅诗歌事件"，请学生阅读贾浅浅多首诗歌畅谈自己的观点，不仅可以帮助学生认识文学的社会意识形态性质和审美性质，而且帮助学生树立了正确的文学观和世界观。

其次，丰富教学手段和技能，以生动活泼的方式将理论知识、专业技能和德育情怀传递给学生。转变传统的教学方式，充分利用新媒体技术，发挥互联网丰富的资源优势，引导学生进行更加广泛且深入的道德思考。可以建立微信班级课堂，提前分享与课程相关的电子书籍与案例，鼓励学生养成预习的好习惯；或者通过丰富的互联网案例加强文学理论课程与现实文学现象的联系，借助具体情境激发培养学生的同理心，强化学生理论联系实际的能力；或者充分利用教学 App 软件，在课堂上充分运用 App 的签到、抢答、点名、调查问卷和答题功能，实现实时交流、人人交流，强化学生对课堂的参与性和互动性。课后可利用教学 App 的互动性,布置、批阅课后作业,这样不仅可以及时了解学生的掌握情况,更重要的是能够不占用课堂时间将老师对学生的评价——反馈给学生,加强和学生的互动,增强学生的学习兴趣和学习信心。

课程思政是思想政治教育的新形式,借助于新媒介、新技术,可以事半功倍地创造课程思政的新形式、新样态。针对课程思政中某些感人的细节,语言难以表述的情景,可以借助新媒体技术,增强身临其境感和现实感,采用画面和视频的方式给学生带来强烈的冲击力和震撼力。例如在讲授文学创作一章的时候,给学生播放《大国重器》的视频片段,借助于更加直观的视频方式,更加清晰地向学生展示当代文学创作对时代精神的传达,不仅增强了课堂的可视性、可读性、可听性,让学生心享悦读、喜闻乐见,而且借助动态的画面和沉浸式音乐教学,可有效激发学生的民族自信心和自豪感。

三、调整人才培养方案,深化德育目标

2021 年郑州师范学院进行了新的人才培养方案修订工作,优化了课程结构,调整了文学理论课程的相关设置,设置了灵活的考核标准,更重视教师专业技能的训练和立德树人教育情怀的培养,尤其注重培养师范专业学生立德树人的教育目标。

文学理论课程是一门理论性和方法性很强的学科,对学生的理论素养和知识储备要求较高。郑州师范学院的文学理论课程一直都设置在大一学期,大一新生文学阅读基础相对薄弱,相关文学史课程还未学完,对文学理论的接受存在一定困难,因此一直存在教师教得难、学生学得难的情况。针对这种情况,2021 年的人才培养方案修订将汉语言文学专业的文学理论课程调至第三学期,即大二上学期,并在此之前开设中国现当代文学、现代汉语等课程,让学生在文学基础比较扎实的情况下再进行有一定难度的文学理论的学习,提升了学生的接受程度和教学效果。另外,在开设文学理论这门专业必修课的基础上,充分考虑学生的兴趣、特长、发展方向、社会需要等,优化课程结构,为学生建构较合理的知识、能力和素质结构,增设中国古代文论、西方文论、美学概论、中国文学批评史、现代作家作品研究等专业选修课,供学生选修。

由于文学理论学科的独特性以及传统教学观念的影响,以往文学理论

教学更多地强调专业理论知识,重视智力因素的培养,一定程度上忽视了德育工作。强化"专"而淡化"博",强化"智力"而淡化"德育",就容易产生钱理群先生所说的"精致的利己主义者",导致学生缺乏独立的个性与高尚的人格,既无法站在一定的思想高度去把握文学现象,也无法提升学生的综合素养。2021年人才培养方案调整,以"德育"为抓手,把"立德树人"作为中心环节,强化课程体系中的思想政治教育课程和专业课程的课程思政进程,创新推动"思政课程"与"课程思政"的协同育人,着重强调思想政治素养、道德素养和教育情怀,更好地落实教育部师德养成教育的具体要求,更加符合课程思政的要求;另外,人才培养方案的专业人才定位更加清晰,强调紧跟基础教育改革发展,对接基础教育需要,将乡村教育情怀和专业思想教育贯穿在四年学习的始终,引导学生关注新的教育政策对乡村教育发展的影响,提高学生献身家乡基础教育的荣誉感和责任担当意识,强化学生的专业素养和师德师风建设。

在课程考核设置上,以培养方案新的培养目标为导向,改变传统单一的以分数为导向的评价方式,尤其是期末成绩"一考定成败"的格局,设置多元的考核方式,对学生的学科素养、专业技能和情感美育进行综合考量,尤其注重对情感美育目标的考查。如结合学生在抗疫活动和2021年郑州"7·20"暴雨中的积极表现,予以适当的加分鼓励,将美育和德育落到实处。另外,考核内容和专业人才培养方案对标,注重学生的长期发展,以学生的毕业目标为前提进行设置。还针对师范生将来进行中学语文教学的职业规划,设置教学设计、教案写作、课堂讲演等多种考核方式,辅助考查学生的教育教学能力,培养学生的终身学习理念和职业发展规划,启发学生的自我反思和创新意识,培养能够自主发展、深入研究的高素质师范人才。

本版教材的后记部分指出,"马工程"文学理论教材是"推动习近平新时代中国特色社会主义思想和党的十九大精神进教材、进课堂、进头脑的重要举措",基于"马工程"教材进行文学理论"课程思政"的教学研究和改革探索,不仅是改革文学理论教学实践、增强理论课堂活力的重要举措,也是达成培养目标、完成立德树人根本任务的重要步骤,更是构建中国特色社会主义理论话语体系、培养新时代"共产主义接班人"的重要途径,在今后的教学实践中,还需更进一步的研究和探索。

参考文献

[1]习近平.把思想政治工作贯穿教育教学全过程 开创我国高等教育事业发展新局面[N].人民日报,2016-12-09(1).

[2]《文学理论》编写组编.文学理论[M].2版.北京:高等教育出版社,2020.

[3]钱理群.北大清华再争状元就没有希望[N].中国青年报,2012-05-03(3).

"课程思政"建设在比较文学教学中的实践研究

刘　鹏　葛瑞敏

摘要:课程思政是新时代对高校思想政治工作提出的新要求。在比较文学的教学实践中开展"课程思政",需要按照比较文学教学的独特性,以案例作为桥梁,思政元素体现在案例之中,实现专业知识教育与思政教育的连通;"课程思政"在实践中也要做到因"课"而异,对于不同的课程内容选择不同的思政元素,注重思政内容的丰富性与灵活性;在比较文学教学实践中突出思政教育,也要同时注重实效性与时效性。

关键词:课程思政;比较文学;教学实践

长期以来,大学生的思政教育一直由高校课程体系中的思想政治理论课程来承担。这类课程被重视程度普遍较高,且学分不低,但发挥的作用却并不完全让人满意。其主要原因是这类课程内容抽象,与实际脱离,令学生难以理解,进而导致学生学习枯燥无味,教师教学疲惫无奈。作为进行高校思想政治教育的思政课的教学几乎陷入了孤岛化、边缘化、空泛化的地步。2016年习近平总书记在全国高校思想政治工作会议上围绕"为谁培养人""怎样培养人"和"培养什么样的人"这一高校办学的核心命题,特别提出了新时期高校思想政治工作的重要指导方针,重申中国高校应该坚持社会主义办学方向,为中国特色社会主义建设培养合格建设者和接班人的根本原则,并指出高校应当"把思想政治工作贯穿教育教学全过程,实现全程育人、全方位育人";"思想政治理论课要坚持在改进中加强","其他各门课都要守好一段渠、种好责任田,使各类课程与思想政治理论课同向同行,形成协同效应"。2018年,在全国教育大会上,习近平总书记再次强调指出,要"把立德树人融入思想道德教育、文化知识教育、社会实践教育各环节,贯穿基础教育、职业教育、高等教育各领域"。

习近平总书记对思政教育的重视和要求迅速引发了对当下高校思政教

育工作的反思,促进了思政教育的改革,上海率先提出了"课程思政"这一理念。2016 年上海社会科学界第十四届学术年会开辟了思想政治教育学科专场,会上提出了"课程思政"的教育理念和设计。围绕着"全程育人,全方位育人"的要求,要求专业课程与原来的思政课程形成思政教育的协同效应,在专业课程中实现课程思政,以此方式增强思想政治教育的力度,提高育人效果。2017 年,复旦大学、上海师范大学等高校率先构建专业课程的思政教育体系,找出每个学科的思政映射点,打破思政课堂"单兵作战",思政课程"孤岛化"的困境,促使各个专业利用马克思主义的立场与方法,保证课程与思想政治理论同向而行,加强大学生思想政治课堂的价值引领,提高专业课的人文性与社会性。现在,国内许多高校已经陆续开启了"课程思政"的教学改革。

一、课程承载思政,思政寓于课程

课程思政是新时代对高校思想政治工作提出的新要求。课程思政是将专业课程与思政课程有机结合起来的一种教育理念,它以民族复兴、国家富强为出发点,一方面重视传统思政课程在高校思想政治教育中的核心地位,另一方面将各类课程所蕴藏的思政教育元素充分挖掘,这样,多方面的结合可以促使课程教学从单一的专业知识教育拓展至知识素养与道德素养的多方面培养,很好地解决了知识传授与德育工作无法同时进行的难题。课程思政促进思想政治理论教育与专业教育协调同步,是学科知识与人文素养的统一。课程思政注重知识与德育的综合,是一种全新的、全方位的、具有创新意义的思想政治教育教学新模式。在"全程育人,全方位育人"的育人理念与"各类课程与思想政治理论课同向同行,形成协同效应"的要求下,思政教育要求专业课程与思政课程协同共进,共同完成"培养什么样的人,如何培养人以及为谁培养人"这一教育重任。在完成育人目标之前,首先要明了课程思政与思政课程之间的联系和差别,找到二者形成协同效应的结合点,才能更好地实践思政教育的目的。

1. 课程思政与思政课程的联系

思政课程,即高校思想政治理论课。主要包括马克思主义基本原理概论、毛泽东思想和中国特色社会主义概论、中国近现代史纲要和思想道德修养和法律基础。思政课程是当代大学生必修的一门课程,它的设立是为了培养大学生的思想道德,也是为了帮助当代大学生树立正确的人生观、世界观与价值观。思政课程的设立强调了高校思想道德教育的重要作用,充分表达了人文素养在社会发展中的重要地位,体现了中国特色社会主义大学的本质要求。无论是现在还是以后,高校的思政课程都是不可或缺的。课程思政不是开设一门新的课程,而是一种课程观,它是将高校思想政治教育渗透到课程教学等各个环节中去,强调的是将思想政治工作与教育教学有效结合,主张使各类课程与思想政治理论课同向同行,使专业课程与思想道德形成协同效应,以润物细无声的方式实现立德树人。因此。课程思政是思政课程的升级。

2. 课程思政与思政课程的区别

一是,教育内容有所不同。思政课程主要进行思想政治教育理论与方法的讲授,是高校对大学生进行思想政治教育的主要路径。课程思政侧重于对学生进行价值引领,要求教育工作者注意了解学生的思想特点、迷茫和困惑,结合课程内容有针对性地引导学生树立正确的世界观、人生观和价值观。二是,课程地位和教育方法不同。思政课程即思想政治理论课主要是对学生进行系统的马克思主义理论教育和思想政治理论教育,课程德育色彩明显,每个大学生都要进行思想政治理论课学习,受众广、影响大,是对大学生进行思想政治教育的主渠道,采用显性教育方法,如理论讲授法、灌输法等。课程思政是在专业课中对学生进行价值引领,是在进行专业知识讲授的过程中以"润物细无声"的方式对学生进行思想政治教育,采用的是隐性教育方法,是对大学生进行思想政治教育的辅助课程。

二、当前关于课程思政的研究现状

自 2016 年习近平总书记提出高校"应当把思想政治工作贯穿教育教学全过程"要求以来,关于如何在教学中开展"课程思政"的研究就如雨后春笋一般不断出现,譬如以"课程思政"为主题关键词在中国知网检索,按照发表年度统计,检索结果显示:2016 年为 125 篇,2017 年为 227 篇,2018 年为 762 篇。这在一定程度上也能反映出学术界对于"课程思政"的关注与思考在逐年加强。在大量的研究成果中,关于"课程思政"的研究大致分为两类。

一是理论研究,包括对"课程思政"理念的理解与阐发,思政课程建设路径的探讨,如王秋《课程思政的思与行》、林海春《新时代高校课程思政实践路径研究》、高燕《课程思政建设的关键问题与解决路径》、韩宪洲《深化课程思政建设需要着力把握的几个关键问题》、王炳晨《对高校思政教育内容创新的思考》、仝玉《高校课程思政改革若干关键问题的探讨》、郑佳然《新时代高校课程思政与思政课程同向同行探析》等文章,从"课程思政"理念的提出与形成、特色与重要性,以及如何在专业课程教学中融入思政元素的路径,等等,都做出了更清晰的解释,对于课程思政在教育实施中的困难也做了一定的分析。

二是实践研究,主要包括在大学生通识课程与专业课程中融入思政元素的得与失。如顾明明《高校美术教育融入课程思政的理性思考研究》、胡敏华《思政在高校有机化学实验课程中的有效性探索》、朱晓飞《高校专业课教学的课程思政建设——以无机化学课程为例》、沈轶《课程思政融入高校大学英语课程有效途径探究》、郑迎飞《高校课程思政教学改革的思考——以〈投资学〉课程为例》、沃耘《高校法学课程思政教育教学改革路径与对策》等等。这一系列的研究主要关注课程思政的实施层面,通过各自的教学体会,来思考专业教学中实施思政教育的得与失,遇到的问题与解决的方式,为课程思政在高校教育体系中的运用提供了丰富的实践案例。

三、课程思政开展的现状与问题

综合来看,"课程思政"建设目前遇到的最大问题是:专业教育如何与思政教育达成有机融合,如何与思政课程形成协同效应。从目前课程思政的实践来看,遇到的难题与弊病主要表现出以下三种类型。

一是专业与思政"两张皮",从互不相关走向互相伤害。专业教育与思政教育"两张皮"之弊,主要表现在简单的二元对立的思维方式,认为二者在本质上是不相关的,强调专业教育是专业教育,思政教育是思政教育。因此,在专业教育的过程中,硬性插入思想政治教育内容,使得课程呈现出专业教育与思政教育"两张皮"的现象。最终导致的结果是,专业知识教育原有的科学连续性被打断,影响专业知识的正常教育;而强行植入的思想政治教育内容上又与思政课程的内容相重复,从思政教育专业性的角度看,这种思政教育又是相当失败的,远远达不到思政教育的目的。此种弊病的根源在于对于专业教育与思政教育的关系,以及课程思政的思想政治教育内容与思政课程的思想政治教育内容缺少必要的认识,导致其将课程思政理解为特定专业的知识教育与思想政治教育课的简单叠加,而导致课程思政中的思想政治教育与专业教育的有机关联被生硬割裂,最终导致课程思政建设对于专业教育与思政教育关系的处理,从互不相关的机械区分走向互相妨害的双重消极后果。

二是从漠不关心走向被动应付,重专业轻思政。这一弊病的具体表现为:教师存在专业中心主义的思维方式,认为专业教育才是课程建设的本质属性,思政教育在课程中所占的比重应当尽可能地小。因此,对于思政教育内容的融入,态度上消极应对,从最初的对思政教育漠不关心,到按照文件要求被动应付。此种情形在理工科类的课程中表现更为普遍。此种类型的课程思政建设从形式上看,大体合乎标准,但是从其产生的消极后果看,则克服问题的难度更大。

三是矫枉过正,重思政轻专业。弊在以思想政治教育淹没专业教育课程,从忽视漠视的极端走向极度重视的另一极端。在课程实践中,大量加入思想政治教育内容,以至于专业教育的空间被大大压缩,导致专业课程变成了思政课程。此种情形在人文社科类的课程中相对较多。以思想政治教育淹没专业的极端倾向,究其根本原因在于两个方面,一方面没有认识到课程思政建设的特殊性,另一方面犯了思政教育中心主义的片面病,将"每一门课程都要体现思想政治教育内容"理解并落实为"每一门课程都要充分甚至全部体现思想政治教育内容"。对课程思政建设正当性的不合理夸大,导致专业教育的人才培养目标无法实现。

通过对上述三种问题与弊病的分析,我们意识到,课程思政建设要走在正确的道路上,形成专业课程与思政教育的协同效应,不但要正确认识课程思政的真实内涵,明确思政课程与课程思政的区别与联系,有效处理专业教育与思政教育的关系,更关键的是寻找专业课程与思政教育的结合点和平衡点,要把握好"度",才能在课程实践中,真正实现专业课程与思政教育的协同效应。下面,笔者就根据自己的教学实践与思考,谈谈在比较文学的教学中,如何寻找和处理专业知识与思政教育结合点,通过建设"美的课堂",以实现课程与思政的协同效应。

四、比较文学与思政教育的结合点与实践路径

比较文学是一门跨国家、跨文化、跨文明、跨语言的文学比较研究,其目

的是以世界性眼光来寻找各民族文学的通约性因素,寻找到文学与文化的通行规律,并促进世界文学与文化的发展。比较文学的"跨越性"特征向来被认为是国与国之间、文学与文学之间、文化与文化之间进行交流的"桥梁"。今天,国际交流的频繁变得前所未有,比较文学这座文化交流之桥显得更加重要。我们要实现"中国梦",寻求中华民族的伟大复兴,除了进行国际经济交流,实现经济基础的建设之外,还要在民族精神的层面上实现"文化自信"。能够实现"文化自信"的"文化",不单单是中国传统的优秀文化,更是融合了世界文化的优秀成果而形成的"新文化",是社会主义先进文化的体现。因此,需要我们打破国家民族之间的界限,进行广泛的文学与文化交流,以促进新的文学与文化的诞生。在笔者看来,比较文学课程与思政的关系体现在四个方面:①比较文学主张的跨国家跨民族的文化交流,是促进新的文化生产,建设社会主义先进文化的保证;②比较文学通过参照其他民族文化,反观本民族文化,是继承与发扬本民族文化的外在力量;③通过比较文学关注国际间文学与文化的交流,希望促进世界文学的诞生,体现出一种人类命运共同体的意识;④比较文学的世界性眼光,有助于培养当代大学生更高远的理想,更博大的人格。

在宏观层面思考了比较文学与思政教育的"结合点"之后,比较文学"课程思政"的建设还要具体到深挖比较文学课程的"思政基因"上。比较文学课程的学习,不能仅仅停留在对于比较文学学科知识的讲解上,要将知识传授放在建设社会主义先进文化的大视野中来加以考量,在比较文学课程中融入民族文化、革命文化和社会主义文化的内容,充分理解比较文学知识背后的国际性视野、价值关怀与世界文学的追求。在进行中外文学与文化的比较时,要客观和全面地分析不同国家、不同民族的文化优长,在充分了解异质文化的基础上,一方面对世界各民族创造的优秀的文化成果,积极吸收借鉴,加以转化;另一方面,引入其他民族的文化参照系,反观自身,我们对本民族所创造的文化也会有更清晰的认识与评价,进而思考传统文化如何继承与发扬的问题。这两方面的结合,不但体现出比较文学以世界性的眼光与胸襟,融合各民族文化的特点,也唯有如此,才能兼容并包,有效地促进当代社会主义先进文化的建设,这也是我们树立文化自信的必由之路。

比较文学"课程思政"建设还要体现在具体的教学环节之中。比较文学是一门理论性与方法性很强的学科,通过关注国际间的文学关系与各民族文化的异同,形成了影响研究与平行研究两大领域,通过研究文学与其他人类认知领域的交叉关系,形成了跨学科研究,因此比较文学借鉴了文献学、接受学、心理学和审美批评等理论,然后以国际间的文学现象与运动为研究对象,诞生了流传学研究、译介学研究等研究方法。这些理论与方法对学生的知识基础与理论基础要求比较高,也使得学生对比较文学的学习比较吃力,在具体的教学实践中,理论的阐述往往又不易融入思政元素,为了帮助学生能够顺利地掌握比较文学的理论与方法,同时渗入思政教育,笔者在进行比较文学教学时,采取了以案例搭桥的方式,实现专业知识传授与思政教育的有机融合。具体而言,就是以生动的案例来推动学生对理论与方法的理解,在案例的选择上,首先选择那些具有思政元素的案例,在以案例来推动专业知识教育的同时,亦收到思政教育的"润物细无声"的效果。例如讲到"变异学研究",就以"马克思主义的中国化"为例,谈马克思主义到中国的文化语境中,如何创造性转化,成为中国特色社会主义文化的一部分;讲"流传学研究",以寒山诗与意象派的关系为例,谈中国的诗歌美学如何启发和影响了西方现代诗歌,从某一方面讲,也是对中国传统诗学的再发掘与再评价。以案例搭桥,在知识传授与课程思政之间形成联动机制,有效融合,共同实现知识学习与思政教育的目的。

五、比较文学教学中的融入思政的教学实践

1. 以案例来推动理论学习与思政教育

比较文学课程是一门理论性与方法性很强的学科,对学生的理论素养与知识素养要求比较高。20 世纪 90 年代,比较文学课程纳入本科课程时,很多学者认为不妥,认为比较文学超出了本科生的接受范围,比较文学作为一门课程与研究方法,更适宜于给研究生开设。后来随着比较文学学科的发展,与本科课程的变化,比较文学课程才成为各大高校中国语言文学专业的必修课。比较文学在学科特点上体现出综合性的特征,它要关注国内外的文学理论、文学作品、文学现象,以及作家与作家之间、作品与作品之间、现象与现象之间的事实联系和价值关系,这就造成了比较文学学科关注内容的庞大,这一点有利也有弊,弊处在于世界文学浩如烟海,人力有限,只能撷取一角;好处是因为世界文化交流的频繁,国与国之间的文学与文化交流的案例俯拾皆是,对于说明和理解比较文学的研究内容与方法非常方便。用案例来推动学生对于比较文学的理解,能让学生收获不少实例知识,加强

对比较文学理论与方法的理解,就教学过程而言,因为有丰富的案例的加入,学生的学习兴趣也会增强,避免了纯理论讲授的枯燥,同时通过具体的案例分析,也会帮助学生掌握一些比较文学研究的方法。

比较文学与思政教育的融合,就在案例之中。尤其近百年来,中国现代文化生成与发展的过程,就是中国本土文化与外来文化的交流与对话的过程。从晚清的师夷长技以制夷,到戊戌变法,再到新文化运动,我们常用一句话来形容:欧风美雨席卷中国。中国现代文化的生成过程,就是中国本土文化与外来文化在中国具体的历史语境中不断博弈和转化的过程。因此,能够与比较文学理论与方法相关的案例不胜枚举。在无数的案例中,能够体现思政教育的案例是首选。比如以比较文学课程中的"渊源学"为例,渊源学是研究以作家作品为主体的某些起点不明确的文学现象的域外来源问题。渊源学的研究目的,是以具体历史材料探索某一种文学现象的国外来源,追根溯源地还原两者之间发生历史事实的真实状态。本课以"左翼革命文学的渊源"为案例,来探讨 20 世纪 30 年代左翼革命文学的起源问题,由于学生已经学习过"中国现代文学"课程,对 30 年代的左翼文学运动有所了解,所以探讨"左翼革命文学的渊源"就有了三重意义:①可以复习旧知识;②借旧知识融入新知,熟悉中又陌生,能很好地衔接学生的知识点,扩大知识面;③"左翼革命文学的起源"的探讨可以很好地融入思政元素。20 世纪 30 年代的左翼革命文学与世界无产阶级革命运动和革命文学的兴起有着密切的关系,苏联、东欧国家、美国、日本等国先进的文学作品,诸如高尔基的《母亲》、法捷耶夫的《毁灭》、绥拉菲摩维奇的《铁流》、肖洛霍夫的《被开垦的处女地》、雷马克的《西线无战事》等作品深刻影响了左翼文学运动和左翼作家,而且随着革命文学的论争,大大促进了马克思文艺理论的翻译形成了建立在唯物史观基础上的马克思主义文学批评。苏联的"无产阶级文化派""拉普"和波格丹诺夫的"文艺组织生活"论均成为中国左翼文学的理论来源。对左翼革命文学起源的探讨与追溯,一方面可以让学生更好地理解什么是渊源学研究,另一方面在对革命文学起源的追溯过程中,也要融入对马克思主义文论、社会主义现实主义的创作手法等知识,可以让学生同步受到马克思主义思想与社会主义文学的教育。这样一来,通过"左翼革命文学的起源"的探讨,就把具体的知识、比较文学的理论、思政教育有机结合起来,在保证学生受到专业知识教育的同时,也实现了思政教育的目的。

2.专业课程中融入的思政元素要因"课"而异,注重思政内容的多元化

课程思政作为一种新的教学观念,强调专业教育与思政教育的同一性。对于课程思政建设的实践来说,要从顶层设计的高度,提高思想站位,深入挖掘每一门专业课程具有的思政教育潜力和资源,则是一个普遍要求。但是这一要求在课堂教学实践中,还要求老师根据课程内容的特性,因"课"施教,这个"课"是指教材中每一章节的不同内容,由专业知识的特殊性,教材的每一章节并不一定都能以显性的方式体现出思政教育的内容。这时就要求老师要根据不同的章节内容,以显性或隐性的方式来体现思政,甚至如果这一章节不能直接与思政元素挂钩,也不要强行"拉郎配",否则,不但达不到期望中的教学效果,还容易引起学生的反感。比如,在讲到"比较文学的学科发展史"中,主要讲述法国学派、美国学派对于比较文学研究领域的拓展、研究方法的更新,更多还是要从学科发展史的角度,以一种客观呈现的方式来讲述这一学术发展历程,这时就不易加入思政元素。窃以为,对于某些特定的知识领域来说,不易加入思政元素的,可以通权达变,千万不要强行贴合思政内容,即影响专业知识的讲授,又达不到思政效果。

课程思政要注重专业教育与思政教育的同一性,但对于不同的教学内容,不仅要注重灵活性,还要体现思政内容的多元化。课程思政与思政课程的不同之处就在于:思政课程即高校思想政治理论课,有明确的规定内容,主要包括马克思主义基本原理概论、毛泽东思想和中国特色社会主义概论、中国近现代史纲要和思想道德修养和法律基础等;课程思政是一种思政教育的理念,它没有具体的课程,却体现在每门课之中,它用自己独特的方式,与思政课程一道,共同培养大学生的思想道德,帮助当代大学生树立正确的人生观、世界观与价值观。思政课程的内容是明确的,每一门课都有其明确的要求与具体的培养目标,但课程思政不一样,它要根据专业课程内容的特殊性,有所选择地融入思政元素,并不要求内容上整齐划一。思政的内容可以是马克思主义、毛泽东思想、邓小平理论,也可以是习近平总书记对新时期社会主义文艺的要求;既可以是传统文化的继承与发扬,也可以是社会主义先进文化的自信;既可以是人类命运共同体的阐述,也可以是当代大学生的"四个意识";等等。社会主义教育的根本目的是培养"合格的社会主义建设者与接班人",围绕这一目标,思政内容是多元的丰富的,完全可以与具体的课程内容相结合,体现出思政教育丰富灵活的一面,避免对思政教育理解的简单化与平面化。比如在"比较诗学"这一章中,本来是理论性很强的一章,中西文论都有各自的文化传统与独特性,但是现在我们的现代文论显然受到西方文论的影响更多,但是刘若愚在写作《中国文学理论》一书时,特别提到,中国古代文论的许多世界性因素是不可忽略的。刘若愚就是以世界性的眼光,来重新整理中国古代文论,进而试图实现东西方文论的互证与互通。钱钟书也说过:"东海西海,心理攸同。"人类同生活在一个地球上,虽然民族、肤色不同,但心理是可以互通的,随着科技的发展,人类之间的交流也越来越频繁,已经形成了"人类命运的共同体"。通过东西方文论的讲述,也可以印证习近平总书记"人类命运共同体"的思想。

3. 课程思政建设要注重实效性与时效性

检验思想政治教育的效果有两大要求:实效性与时效性。实效性主要是指思想政治教育要通过学生的世界观、价值观和人生观的塑造效果来体现;时效性侧重反映的是思想政治教育最新动向、最新成果的落实情况。在比较文学的教学实践中体现思政教育的实效性与时效性,主要通过学生的言行与作业考核来实现,学生学会用辩证唯物主义的方式来思考问题,对于当代文化的热点问题能够有清醒的认知,对当代大学生的职责与使命有明确的认识,虽然并不一定是通过比较文学的课程思政造就的,但比较文学的课程思政一定是其中的一部分。因为铸造人的灵魂是一个长期的过程,所以课程思政建设是一件长期工程,将课程思政落到教学的各个环节之中,取得实效并能与时俱进,是对课程思政建设更进一步的要求。具体来说,课程思政建设永远是进行时,需要我们反观人类需求和知识本质,从课程的专业规定和价值规定双重维度审视课程思政的基本属性;需要我们立足于时代要求和社会需求,在教学实践中检验与反思课程思政的实效性,使课程思政能够落到实处;也需要我们关注国家大事,关注社会主义人才培养的时代需求,在时代的感召与要求下,不断更新思政内容,保证思政教育始终符合党和国家的要求。

六、结语:建构"美的课堂"

我们对文学艺术的批评经常从两种标准出发:艺术标准和政治标准,这两者有时也是合为一体的。文学是一种审美意识形态的表现,体现为它的审美属性之中缠绕着意识形态的内容,而意识形态巧借审美来表现出来,换句话说,它的功利作用隐含在非功利的审美之中。文学的政治功用要借审美来实现,其实现方式一定是美的,如果不美,那么文学的现实作用难以体现。对于比较文学课程与思政的关系,也是如此,思政内容需要借助美的课堂来体现,这个"美"的核心,即知识的魅力与思维的乐趣。因此,关于如何在课程教学中融入思政教育,笔者在具体的比较文学的教学中,形成这样的认识:建构美的课堂。"美的课堂"不仅仅是指课件的漂亮,教学语言的美妙,课堂组织的得当,更是要体现在知识的魅力与思维的乐趣,这才是大学课堂的本色。也正是在知识与思维的乐趣中,思政的内容才能以一种"随风潜入夜,润物细无声"的方式来体现,而不是把比较文学课程强行比附思政内容,进行"标语口号式"的解读,或者加一个思政的尾巴,这样的思政,不但难以起到思政应该起到的效果,反而容易让人产生逆反心理。对于年轻的大学生来说,思政教育当然重要,但是如果不是在知识的魅力与思维的乐趣中,来体认思政教育,那么思政教育就会流于空泛。

参考文献

[1]习近平.在全国高校思想政治工作会议上强调:把思想政治工作贯穿教育教学全过程 开创我国高等教育事业发展新局面[N].人民日报,2016-12-09(1).

[2]习近平.北京大学师生座谈会上的讲话[N].人民日报,2018-05-03(1).

[3]《比较文学概论》编写组.比较文学概论[M].2版.北京:高等教育出版社,2018.

[4]刘若愚.中国文学理论[M].南京:江苏教育出版社,2006.

[5]张鲲.高校"课程思政"的时代命题与建设路向[J].北方民族大学学报,2019,2(146).

[6]郑佳然.新时代高校"课程思政"与"思政课程"同向同行探析[J].思想教育研究,2019,3(3).

[7]吕村.应用型高校专业课程与思政课同向融合研究[J].河南牧业经济学院学报,2018,6(6).

[8]邱伟光.课程思政的价值意蕴与生成路径[J].思想理论教育,2017,7(7).

[9]敖祖辉,王瑶.高校"课程思政"的价值内核及其实践路径选择研究[J].黑龙江高教研究,2019,3(299).

兼顾文化自信、美育德育和学术训练的课程思政

——以中国现当代文学史教学为例

靳静静

摘要：中国现当代文学史的教学在中国语言文学的学科素养形成中具有相当重要的作用。同时因其与近现代革命史之间的密切关系，在课程思政方面也正面临着一些新的亟待解决的问题。教育部明确要求高等教育事业应为增强民族文化自信，提高国民素质，以及"加强基础研究人才培养"提供重要支持。这些都要求中国现当代文学史教学，需要兼顾文化自信、美育德育和学术训练的课程思政内容。因此，本文将尝试从树立文化自信、进行美育德育培养和引导学术训练三个层面，分析现当代文学史教学改革实践中的大学思政教育。

关键词：中国现当代文学史；文化自信；美育德育；学术训练

中国现当代文学史教学在中国语言文学相关专业的教学中处于一个非常重要的位置，它既担负着美育德育的重要任务，同时也需要兼顾专业的学术引导。除此之外，尤为重要的一点是其学科属性对于教学过程中的课程思政提出了更为严格的要求。2016 年 7 月 1 日，习近平总书记在庆祝中国共产党成立 95 周年大会上的讲话提出："文化自信，是更基础、更广泛、更深厚的自信。在 5000 多年文明发展中孕育的中华优秀传统文化，在党和人民伟大斗争中孕育的革命文化和社会主义先进文化，积淀着中华民族最深层的精神追求，代表着中华民族独特的精神标识。"中国现当代文学史因其与近代中国革命密不可分的联系，在课程思政方面正面临着新的教学要求。教育部明确提出高等教育事业应为增强民族文化自信，逐渐提高国民素质，以及"加强基础研究人才培养"提供重要支持。而中国现当代文学史作为文学和史学相结合的学科，其本身有着天然的文化教育、德育美育的教学优势，课程思政的开拓领域更为广泛。同时需要注意的是，中国现当代文学是

中国语言文学的二级学科,其最为重要的专业核心课程就是中国现当代文学史,因此在教学过程中也必须兼顾学术训练的基础培养。正因如此,本文尝试从课程思政和学术训练融合的角度探讨中国现当代文学史的课程思政教学。

中国现当代文学史是中国语言文学类专业学生的必修课程,一般分为中国现代文学史和中国当代文学史两个部分进行教学。在以往的教学中已经形成了以传授史识为中心和重点的教学方法。采用这一教学方式与课程本身的特点相关——需要了解并掌握大量的文学史知识。不过随着互联网的高速发展,知识的获取变得迅速且渠道多元,这就要求文学史的教学做出相应的调整,课堂教学不能再以教授和传播文学史知识为主。对学生的培养方式也需要进行适当的转变,应当考虑从单一的"传播—接受"的模式转变为"传授"与"启发—引导"相结合的模式。在教学模式的转变中,教学目标的设置也就有了相应的改变,由传统的"传授史识"转变为学生思想方式的启发和引导。如何进行学生思想方式的启发和引导,则需要考虑文学史本身的特点并结合高等教育的育人目标来设计,而这其中课程思政是需要重点考虑的维度。这种课程教学的转变遵循了中国现当代文学史的本质特点——"'文学史'作为一种'知识',其确立以及演进,始终与大学教育密不可分",所以不能只将其作为学术观念来描述,更应该"作为一种教育体制来把握"。

党的十九届五中全会通过的《中共中央关于制定国民经济和社会发展第十四个五年规划和二〇三五年远景目标的建议》(以下简称《建议》),明确了"建设高质量教育体系"的政策导向和重点要求。这说明现阶段高等教育有着更为务实的培养目的。教育部明确提出:"首要标准是教育系统必须增强'四个意识'、坚定'四个自信'、做到'两个维护'"。"四个自信"中"文化自信"的内容与文学史的思政教学息息相关。在教育部的要求中同时还提到了教育事业应为国民素质逐渐提高提供重要支持,加强基础研究人才培养。在这样一个前提下,文学史的教学必然面临着更高的思政要求,因为"'文学史'作为一种知识体系,在表达民族意识、凝聚民族精神,以及吸取异文化、融入'世界文学'进程方面,曾发挥巨大作用"。因此,为适应新的人才培养政策,中国现当代文学史的教学必然要做出调整以适应相应的教学任务。这一调整最核心的内容是如何融合知识获取、学术研究与课程思政。就目前的教学经验来看,中国现当代文学史的教学有可能从建立文化自信、着重美育德育和引导学术训练三个维度实现对学生思想政治方面的教育。

一、针对不同层次的学生设计相应的阅读课程,培养其文化自信

中国现当代文学的授课对象大致有三类:①全日制高校中文专业大专生、非中文专业的本科生和成人教育中文专业的学生;②全日制高校中文专业的本科学生;③全日制高校中国现当代文学专业的硕士研究生和博士研究生。这三种授课对象因其在专业程度上的差别,几乎恰好对应了中国现当代文学史教学目标的三个层面。

首先,对于第一类学习者来说,中国现当代文学史教学的主要目标是培养学习者"以现代汉语来表达现代中国人的感情及其审美精神"。现代文学通过白话文确立了有别于古典文学的美学规范。而且随着历史发展,白话文不再仅仅具有交流的工具性作用,它越来越呈现出其作为文学载体的独特审美形态。因此,中国现当代文学史首要的教学目的就是关注现当代文学在提高整个民族的语言表达能力和语言文学素养方面的实绩。正因如此,在设计课程时需要考虑引导教学对象认真阅读中国现当代文学,"通过经由大师们艺术提炼的语言,来认识这个民族所拥有的美好情操和传统文化积淀"。中国现当代文学不仅呈现了中华民族由古典转向现代过程中真切的心理折射,同时也体现着现代中国人所具有的审美能力和道德情操,它同时具有传统性和现代性。现代文学经典中,虽然早期常存在翻译腔和欧式语言表达,但本质上其审美内核依然是非常中国化的,这在"新月派""湖畔诗人"等群体的诗歌作品和诗歌理论中有着鲜明的体现。而当代文学中的经典,因为不再有早期白话文学的某种生涩和不成熟,加之西方现代派的影响,所以更具有时代的特征,是中国当下社会的即时反映。中国现当代文学本身所具有的传统与现代的双重属性,是进行民族文化自信课程思政的最好范例,所以在教学中应该引导学生认真细读和体会。尤其是在莫言等当代作家的作品逐渐走向世界文坛的今天,引导学生细读作品更能增强他们对民族文学、文化的自豪感。

其次,对于第二类学习者来说,中国现当代文学史的教学除了历史知识的学习之外,尤为重要的是学习中国现当代文学史所具有的独特精神内核。即引导其了解中国近现代波澜壮阔的革命历史与现当代文学史之间的紧密联系,要能够使学习者深刻理解"中国知识分子感应着时代变迁而激起的追

求、奋斗和反思等精神需求"。中国现当代文学史的发生发展是和五四新文化运动同步的,因此了解其发展历程也是感受知识分子可歌可泣的梦想史、奋斗史和血泪史的过程。在课程教学中不能只注重引导学生的审美体验,更为重要的是从文学史的根源引导学生感受中国知识分子奋斗不息,追求国家独立和民族自强的顽强精神。本质上来说,作为"中国脊梁"的知识分子,他们的精神气质也融合在经典的作品中,因此有意识地引导学生阅读经典,应该成为中国现当代文学史思政教学中予以特别重视的部分。这也就是陈平原先生所说的文学史教学应该具备的"表达民族意识、凝聚民族精神"的品质。

最后,对于硕博研究生阶段的学习者来说,中国现当代文学史的学习是在基本史实的基础上进行更为深入的研究和探索的过程,这就需要学习者树立基本的史学意识,而其最为核心的内容就是树立唯物主义的历史观。因此在这一阶段的现当代文学史教学中,树立正确的文学史观是最为重要的课程思政内容。中国现当代文学史的发展与中国社会历史的变革紧密联系,它发生在中国由传统转向现代的宏大社会历史背景下。在急遽的社会变革浪潮中,中国现当代文学和其他人文学科一起承担了重铸中国社会人文传统的责任和使命。同时伴随着传统士大夫庙堂政治文化的解体,新的文学形态开始形塑为更多元的知识分子价值体系。这一社会历史过程在文学中的体现需要更为客观的认识和研究。硕博阶段学生的文学史观树立就关系到现当代文学历史书写的客观性和合法性。也就是说在这一过程中,更具专业深度的硕博等阶段的学习者成了参与构建知识分子价值体系的一分子,因此在文学史教学中应该使他们意识到这一使命的重要性。这就意味着在他们对中国现当代文学史进行研究和总结的时候,需要具备唯物主义历史观,并以此对文学现象和文学作品进行价值意义的取舍,同时避免历史虚无主义的干扰。在教学中,笔者就发现学生受到"民国四大渣男"等历史虚无主义网络谣言的影响,认为郭沫若是一个私德败坏的知识分子,从而无法客观评价作家本人的情况。这说明中国现当代文学史的教学需要引导学生树立历史唯物主义的观念,打破网络信息中的历史虚无主义。同时应引导学生真正以唯物主义历史观进行研究,使其既能体会欣赏消融于具体作家复杂命运和作品之中的美学精神,也能继承传扬现代知识分子追求民族自强的精神传统。按照陈思和先生的说法,那就是:"需要本专业的学生在学习与实践中超越职业性质的劳动岗位,慢慢地摸索知识分子的精神立场。"这种教学立场重点在于思政树人，通过对现代知识分子人文精神传统的学习，达到让知识分子精神薪火相传、继往开来的教学目的。

在中国现当代文学史的教学中，无论是哪一个阶段的教学，阅读优秀作品都应该成为教学中的基础环节，其是实现各层面教学目的的重要保障。如果不进行作品阅读解析，文学史的学习就会成为流于历史事件记载的"无源之水，无本之木"，更深层次的民族精神的学习和知识分子传统的继承都将变成空洞的理论口号。人的认识只有通过感性体验才能达到理性飞跃，而阅读经典作品的教学设置也是如此：首先通过对作品审美方面的教学引导使学习者有所感性体验，其次对其进行文学史知识和观念训练达到理性认知，最后再涉及精神层面的学术讨论，使其达到马斯洛需求层次理论的最高层——自我实现。

中国20世纪文学（作为"中国现当代文学"另一个指代）一直是一个"开放性"的"正在进行时"，因此我们的文学经典也一直在"现代性"的道路上持续推进。这其中尤以当代文学新时期之后的实绩最为突出，引导学生阅读当代文学的经典作品就成为建立文化自信的重要方式之一。21世纪以来，中国当代作家的作品不断走向世界，莫言、刘震云、阎连科、苏童等人的作品被翻译成多国文字在世界各地发行，向世界展示了一个面向"现代"的"传统"中国。而新一代年轻作家，刘慈欣、郝景芳等人获得"雨果奖"则显示出中国文学以更加自信的姿态面向世界、面向"现代"、面向未来。正因如此，中国现当代文学史的思政教学中"文本阅读"理应成为树立文化自信的非常重要的教学环节。

二、在中国现当代文学史教学中融合美育和德育

从发生学的角度来看，"启蒙"是中国现代文学产生的直接原因之一。由此可见，中国现代文学的发生不仅仅是一个文学事件，它同时是一种担负着启蒙大众的责任的文化形态，是一个事关国族命运的社会事件。对于这一点新文学运动的先驱们有着明确的文化构建企图。例如周作人早期的文学主张就明确提出新文学的创作目标是"人的文学"和"平民文学"，要反对非人的文学。他对于理想的"人"是这样阐述的："关于道德的生活，应该以爱智信勇四事为基本道德，革除一切人道以下或人力以上的因袭的礼法，使人人能享自由真实的幸福生活。这种'人的'理想生活，实行起来，实于世上

的人无一不利。"要塑造这一理想的"人",则"所以我们的在文学上略略提倡,也稍尽我们家人类的意思"。这些借文学来启蒙个人的主张在周作人的其他文章,如《平民文学》《新文学的要求》《个性的文学》等作品中都有着详尽的阐述。这说明在 20 世纪初的中国,所谓文学的启蒙意识,其本质是以文学作为美育和德育的载体进行理想"个人"的塑造。以此为出发点,整个 20 世纪中国文学其实都是沿着这样的路径发展下来的。也就是说中国 20 世纪文学史,或者说从学科角度来讲的"中国现当代文学史"其课程内核是在从人文精神角度承担着美育和德育的教学目标任务。

具体而言,中国现当代文学史中的美育教学要体现人文学科的特质,即重视学习者语言文字素养的培养和对文学审美情趣的提升。健康的文学趣味、丰富的学识经验以及艺术的创作才能都是文学修养的重要方面,当然也应成为中国现当代文学史重要的教学目标。所谓文学趣味,简单来说就是具备辨别文学作品艺术价值高低的能力,且能够秉持较高的文学价值标准来欣赏评判作品。所以在中国现当代文学史的教学中,应当让学生从文本阅读入手进行基础性的培养。教师系统布置并引导学生阅读经典作品,组织学生围绕经典作品展开作品细读讨论,这样才能避免"常识丰富,趣味欠佳"的困境。阅读经典文本能使学习者直接触摸语言文字,直面历史文化,深入作家的精神境界,进而形成一种热爱,保持品鉴、推敲、探究的热情。建立学习者对于语言文字的兴趣与热爱是文学美育的首要目的。在此基础之上,教师应该引导学习者积累学识经验,因为学识经验本身也是形成文学趣味的重要部分。其原因在于如果要进一步欣赏品鉴文学作品,必然要有相关的学识经验作为理性判断的基础,否则只凭个人好恶必然会有所偏颇,造成趣味狭窄,甚至可能在欣赏评判时忽略文学的丰富性。在前二者的基础上,教师可以进一步培养学生的文学创作能力,如果可以实现文学理论与实践的结合,不失为一种促进当代文学发展的手段。

就德育方面的教学来说,中国现当代文学史这一门课程有着先天的优势,其发生发展中形成的"介入"社会的基因具有德育教学的示范性意义。除了上文谈到的中国现代文学塑造个人的创作目标,另一个需要考虑的就是对于本学科的学习者来说,他们对于本学科的热爱可能不单单出于文学鉴赏和研究的考量,而更多的是出于精神探索的需要。就如陈平原先生所说:"无论教授还是学生,谈论鲁迅等话题,不仅仅是求知,更包括精神探索以及介入社会变革的愿望。"对于当代文学来说也是一样,当学习者阅读余华、刘震云等人的作品时，也同样重视他们笔下众生的生存形态，进而探究后现代社会中事关个人的形而上问题的困境和形而下社会问题的解决之道。在笔者的教学过程中就了解到，多数本科学生阅读过余华的《活着》，并以此为出发点思考过中国人对于生存的态度。这说明当代文学带给学习者的远不止于阅读快感，它同时具有形塑个人精神世界的重要作用。因此，在中国现当代文学史的教学中也就必然要重视其"树人"的德育重任。教学活动不能成为一种冷冰冰的纯粹"课题"的学术研究活动，"没有压在纸背的人生经验与社会关怀，并非理想的学术状态"。对于本身在课程思政方面可以培养学生社会责任感和批判精神的中国现当代文学史来说尤其如此。不过需要注意的是，在实际教学过程中仍然需要把握适当的尺度，使教学活动的设置既能引导学生建立国家主人翁精神，积极参与社会建设，同时又要避免学生因年轻冲动而产生缺乏理性思考的行为。

对于中国现当代文学史的教学来说，要实现美育和德育的教学目标必须重视任课教师的引导。这种引导不仅需要生动的课堂讲授，同时也依赖于设置灵活的授课方式，通过组织阅读讨论等活动，帮助学生建立美学素养和道德素养的自我培养机制。高校的教学更应注重"授之以渔"而非"授之以鱼"。通过一段时间的教学实践，笔者发现组织学生进行一定程度的学术训练能更好地完成这一教学目标。

三、通过组织学术训练，引导学生建立学科思维体系和思想价值体系

传统的文学史授课方式常重讲授而轻训练，学生在记住一大堆文学史实、发展脉络等知识后却没有形成个人对文学的认识方式和研究路径。虽然就本科生来说，文学史的教学目标偏重传授学科知识，但若没有以学术研究作为引导方向进行训练，一则学生容易因为枯燥的学习内容而丧失对文学本身的兴趣，二则也无法为今后从事更高阶的研究工作打下基础。但如果文学史教学只重视学术训练研究，也会对教学目标的设定造成一定的难度，主要原因在于：一方面中文专业绝大多数的本科学生毕业后主要是就业而非专业研究，另一方面本科生的文学素养未必能支撑更深入的专业研究。因此，如何能"有教无类"而又"各得其所"就成为文学史教学的一个重要难题。笔者在中国现当代文学史的教学中，逐渐摸索出"大班授课，小组研讨"

相结合的授课方式,这种教学方式较好地解决了上述问题。在教学过程中既能引导学生根据个人素养和需要来选择文学史的学习方法,也能兼顾中国现当代文学史在本科阶段的课程培养目标。

这种教学方式意在以"推动课堂革命,把沉默单向的课堂变成碰撞思想、启迪智慧的互动场所"为目标,尝试激发学生学习兴趣和潜能。在教学环节中以学生为中心,课堂上完成文学史基础知识的讲授之后,鼓励一部分具有探索和创新精神的学生通过阅读作品,查阅相关文献,将知识使用于文学研究。借助文学研究这一方式,引导学生构筑社会主义真善美的思想价值体系,提升其审美能力和培养其个人道德素养。这种教学方式可以兼顾知识学习和学术训练,也充分尊重了学生个人的学习选择。例如在讲到当代文学的新时期文学时,除了在课堂上把20世纪80年代文学概况大致讲清楚外,同时引导学生认识、体察当时的文学创作特色,具体体会何为"伤痕"何为"反思"。在课堂上讲授20世纪80年代文学史知识及作为文学现象的"伤痕文学"之外,还可以组织对此类问题感兴趣并且学有余力的学生进行小组讨论。例如以"《班主任》与'伤痕文学'的发生"作为论题开展专项研讨。在小组研讨前教师要提前干预指导,例如预留阅读书目、分享相关资料;在小组研讨时,教师需要根据参与人数多少组织学生进行个人汇报或小组汇报等方式进行研讨,并指导学生撰写论文或制作PPT,主持汇报讨论过程。任课教师在整个过程中具有辅助和引导的作用,需要把控选题、指导、组织、点评等各环节。这样的教学形式要真正达到以学生为主、教师为辅的引导性学术训练目的。

在教学过程中,根据各个学期的时间分配可以安排7~8次的小组讨论。整个小组讨论根据各学期的授课内容,以补充、深化教学内容为目的进行设置,涉及现当代文学发展的各个阶段和各种文学现象。例如在现代文学讲授周期可以大致安排如下讨论内容:

(一)《新青年》创刊与五四新文化运动的发生

(二)文学研究会与创造社对现代文学创作的贡献

(三)新月派诗歌的创作理念和创作实践

(四)中学教材中的鲁迅

(五)大革命失败对现代文学的影响

(六)我们如何理解茅盾的《子夜》

(七)《包身工》与报告文学

（八）巴金《寒夜》赏析

而在当代文学讲授周期则可以大致安排以下讨论内容：

（一）《班主任》与"伤痕文学"的发生

（二）《红高粱》：我们如何叙述战争

（三）《活动变人形》与意识流小说的叙事艺术

（四）《玫瑰门》中的女性成长叙事

（五）《单位》《一地鸡毛》与新写实主义小说

（六）《白鹿原》：我们如何叙述历史？

（七）余华与先锋小说

（八）讲述你心目中的20世纪中国文学

通过学术训练性质的小组讨论，会增强部分学生学术研究的专业性，为想要从事文学研究的学生打下学术知识和方法的基础。实际上通过这种学术训练的方式，不仅可以帮助学生形成一定的学术素养和学术思想，同时也可以帮助学生构建唯物主义史学观，这是在学术训练中展开课程思政的重要方式。

在教学设计中需要注意的是，小组研讨的方式应侧重于引导学生对文学作品、文学现象等进行自主的研究、探索，重在培养其自动自发探索文学本质和文学史脉络的能力。同时在这一训练过程中，学生也会在大量阅读中增强自身的文学素养，在深入探索文学家精神世界的同时陶冶个人的情操，在独立思考的过程中建立个人的研究路径和方法。这样基于学术训练的教学环节就在培养学生学科思维体系的同时兼顾了学生思想价值体系的构建。学生学科思维体系和思想价值体系都是课程思政重要的内容。中国现当代文学史教学在这些课程思政方面具有相当的优势：①由于中国现当代文学本身所具有的美育、德育特质（对此本文在前一部分已有叙述）；②对于唯物主义历史观和思维体系的培养也恰合了知识分子对自身修养的要求，对于学生养成不浮躁、认真钻研的学习习惯颇有效果，这同样是提升自我修养的重要途径。这样"大班授课，小组研讨"的教学方式基本上同时满足了知识获取、学术训练和自我修养三个方面的教学要求。这一教学过程将思政教育恰到好处地融合于科研训练过程中，避免了学生对于枯燥说教的抵触情绪，变学生被动接受为主动思考。

韩愈在《师说》中认为"师者，所以传道受业解惑也"。这句话中"道"除了解释为"道理"之外，也另有学统、方法之义。"传道"位于"受业"与"解惑"之前,即说明老师的第一任务是阐明道理、传授方法,在此基础之上再讲授知识、解答疑惑。而这与我们目前的高等教育思政教学要求正有着异曲同工之处。也正因如此,高等教育中的思政教学就不应仅仅局限于对学生进行思想政治的宣传,其更重要的意义在于帮助青年学子建立完整的世界观、人生观和价值观,引导其形成唯物主义价值观和思想体系,培养其人道同情、社群意识和社会关怀。要达到这些思政教学目的必然不能仅仅依赖课堂讲授,也需要探索其他教学形式。考虑到党的十九届五中全会《建议》中对于未来高等教育的要求,要使高等教育在文化自信、提高国民素质、加强基础研究人才培养等方面发挥重要作用,那就必然需要调整以往传授知识为主的文学史教学方式。中国现当代文学史的教学因其自身的特性可以尝试使用灵活的授课方式,以达到建立文化自信、兼顾美育德育和引导学术训练这三个层面的思政教学目的。这种"大班授课,小组研讨"的方式在实践成熟之后,也可以为其他高等教育学科的教学提供一种新的课程思政思路。

参考文献

[1]陈平原.作为学科的文学史[M].北京:北京大学出版社,2011.

[2]陈宝生.建设高质量教育体系[N].光明日报,2020-11-10(13).

[3]陈平原.作为学科的文学史[M].北京:北京大学出版社,2011.

[4]陈思和.中国当代文学史教程[M].上海:复旦大学出版社.2012.

[5]陈平原."文学"如何"教育"[N],文汇报,2002-02-23.

[6]陈平原.作为学科的文学史[M].北京:北京大学出版社,2011.

课程思政背景下中国当代文学教学改革探索

巴俊玲

摘要：中国当代文学作为高校文学院的专业基础课，蕴含丰富的思政元素，在课程思政建设方面有天然的优势，与塑造当代大学生的社会主义核心价值观有密切的联系。在课程思政背景下，中国当代文学课程要与思想政治理论课同向而行。要进一步修订教学大纲，以经典文学作品为抓手，讲好"中国故事"，创新教学模式和考核方式，打造新时代思政金课，实现立德树人的教育目标。

关键词：课程思政；中国当代文学；教学改革

21 世纪以来，国家陆续出台一系列文件强调高校必须贯彻立德树人的根本任务。2016 年 12 月 8 日，习近平总书记在全国高校思想政治工作会议上强调，高校必须把思想政治工作贯穿教育教学全过程。根据习近平总书记的讲话精神，高校中的各门课程都要与思想政治理论课同向而行，形成协同效应，要"守好一段渠、种好责任田"。2020 年 6 月，教育部印发《高等学校课程思政建设指导纲要》（下文简称《纲要》），为高校课程思政改革指明了方向。作为师范院校中国现当代文学专业的任课教师，必然要承担课程思政的责任，力求把课堂变成思政与专业无缝衔接的优质课程。

中国当代文学一般特指 1949 年以后的中国大陆文学，包含中国"五四"以来的新文学运动发展到社会主义历史阶段以后所产生的文学现象和文学过程。1940 年代的延安文艺整风和延安文学实验，可以视为"当代文学"的直接渊源。周扬在《新的人民的文艺》中，指出毛泽东《在延安文艺座谈会上的讲话》规定了新中国的文艺的方向。由此可见，中国当代文学史课程具有鲜明的政治性，在课程思政建设方面具有天然的优势。

而事实上，近年来中国当代文学课程教学中存在着令人担忧的现象。不少年轻的学生们对左翼文学作品、红色经典小说缺乏深入阅读的兴趣，反而痴迷于网络热门小说，不利于课程思政的有效开展。20 世纪 90 年代以来,伴随世界政治格局的变化和中国市场经济体制变革,中国当代文坛也发生了剧变,从 20 世纪 50—70 年代的政治一元化,发展到新时期文学性的复苏,再到 90 年代后的价值多元化,传统的家国情怀、文化观念、伦理思想遭遇挑战。当代部分作家为了解构之前的一元化政治话语,在作品中以先锋的姿态凸显个人欲望,走向历史虚无主义的误区,甚至不惜以审丑取代审美。如第三代诗歌高举"反文化""反英雄"的大旗,以世俗价值观消解崇高,颠覆世人对于诗歌的审美观念。商业化写作大潮中,文坛出现了身体写作、欲望书写等充满噱头的写作现象。这无疑为当代文学史教学内容的甄别增加了难度。在当代文学教学方面,不少师生存在重"个人主义"轻"集体主义"的不良倾向。"00 后"大学生成长于物质富足的和平年代,远离新中国初创时期的艰难岁月,对于社会主义改造的伟大实践缺乏感性认知,因而对柳青、赵树理这些大作家缺乏应有的关注。"00 后"身处消费主义文化的包裹中,容易成为钱理群教授口中的"精致的利己主义者"。正因为缺乏对红色经典文学的深刻认识,学生们倾向于在网络文学中实现自己的"白日梦"。由此可见,中国当代文学史课程思政建设与改革迫在眉睫。

一、根据《纲要》,修订教学大纲

《纲要》中指出:"落实立德树人根本任务,必须将价值塑造、知识传授和能力培养三者融为一体、不可割裂。全面推进课程思政建设,就是要寓价值观引导于知识传授和能力培养之中,帮助学生塑造正确的世界观、人生观、价值观,这是人才培养的应有之义,更是必备内容。"

郑州师范学院现当代文学教研组在修订 2021 年的教学大纲时,特意增设了课程思政方面的教学目标,"立足新中国文学,让学生感受中国当代文学作品所蕴含的社会主义政治理想与爱国主义情怀。理解与当代文学发展相关的民族历史文化知识,正确认识中国当代文学的发展过程及其特点。培养学生高层次的审美鉴赏力,激发学生热爱祖国语言和民族文化的感情,增强民族自豪感和文化自信心"。此外为了保证思政目标的实现,在 2021 版教学大纲中,强调运用马克思主义历史的美学的观点、方法,全面系统地讲授 1949 年以来的中国文学思潮、文学运动、文学批评和文学创作发展的基本概况。通过红色经典文学的解读,培养学生的美好情操和完善的人格品质。以文本阅读、分析为着眼点,注重文本细读,培养学生审美思维和思辨能力。

要深入挖掘思政元素,在教学课时的安排方面,重点突出具有社会主义文化特色的教学内容,如20世纪50年代的政治抒情诗、农村题材小说、红色革命小说等。相对应地,可以减少20世纪90年代以来的非主旋律文学的教学课时,帮助学生认识到社会主义制度的优越性。如讲授李准的短篇小说《李双双小传》,不能再像以往从人民公社运动一笔带过,可以从新中国妇女地位的提升来展开。作为一名普通的乡村妇女,李双双从"喜旺家的""喜旺嫂子",到真正拥有自己的名字,这一转变有赖于新中国的制度优越性。在1950年颁布的《婚姻法》中明确规定,男女权利平等,保护妇女和子女合法利益。1954年,男女同工同酬被写入新中国宪法。1960年,李准创作《李双双小传》,展现了农村妇女在社会主义制度下的全新变化。学生了解了新中国女性地位的变迁历史,才能够充分认识到《李双双小传》的经典价值,同时增强生活在社会主义中国的幸福感。以当代经典文学作品为抓手,进行社会主义革命文化和社会主义特色文化教育,增强学生对社会主义制度的认同感和自豪感,这是中国当代文学史课程大纲的核心目标。

二、立足红色经典,讲好"中国故事"

中国当代文学的发展主要经历了三个阶段:20世纪50—70年代,"文艺为政治服务,为工农兵服务";20世纪80年代,"文艺为人民服务,为社会主义服务";20世纪90年代至今,"弘扬主旋律,提倡多样化"。从传统农业大国转向工业大国,从封闭走向开放性社会,从本土面向全球的文化冲突,当代文学任课教师需要在各种意识形态博弈的过程中传播文学经典。部分年轻学子易于将政治性与文学性形成二元对立的局面,将"人的文学"与"人民文学"割裂开来,远离政治,追逐所谓的纯文学。而实际上,"人民文学"是"人的文学"的发展与延伸,两者是辩证统一的关系。正如习近平总书记在文艺座谈会上的讲话所强调的,"人民不是抽象的符号,而是一个一个具体的人",新时代中国特色社会主义文学是由彰显人性的"人的文学"与强调社会性的"人民文学"共同构成的。因而在教学过程中,既要注重弘扬红色文学中的社会主义核心价值观,又要发掘其中的人性内涵,春风化雨,润物无声。

近年来,习近平总书记多次在讲话中强调,实现中华民族伟大复兴,必须坚定中国特色社会主义道路自信、理论自信、制度自信、文化自信。在中国文联十大、中国作协九大开幕式上的讲话中,习近平总书记指出,"广大文艺工作者要把培育和弘扬社会主义核心价值观作为根本任务,坚定不移用中国人独特的思想、情感、审美去创作属于这个时代、又有鲜明中国风格的优秀作品"。中国当代文学见证了共和国70年的历史风云,涌现出一批弘扬我国优秀的传统文化、党领导的革命文化、社会主义先进文化的经典作品。立足经典文学作品,讲好"中国故事",是中国当代文学课程思政建设的关键环节。

在教学过程中,文学史要与社会史、思想革命史相结合,不能仅仅限于文学思潮和作家作品。话剧《茶馆》发表于1957年,是老舍最具影响力的剧作。老舍没有直接歌颂新中国,反而截取了旧中国的三个时期,即戊戌变法后的晚清社会、辛亥革命后军阀混战的民国时期和抗战胜利后的国民党统治时期,从侧面透露了只有社会主义才能救中国的政治主题。教师应抓住王利发、秦仲义、常四爷的悲剧人生,结合晚清以来的社会历史,让学生在理解人物形象的同时,认识到改良主义、个人奋斗、实业救国的道路是行不通的,从而增强对社会主义制度的自信心。柳青的《创业史》是当代最优秀的表现农村社会主义革命和建设生活的作品。在教学过程中,既要注重人物形象、小说语言、叙事模式等文学性因素,更要紧密结合农村合作化运动的时代背景,帮助学生准确理解作品的深层内涵。柳青创作《创业史》的初衷在于向读者回答,"中国农村为什么会发生社会主义革命和这次革命是怎样进行的"。他坚信社会主义制度是人类历史上最先进的制度,只有社会主义制度才能从根本上改变贫苦农民的命运。梁家三代人的创业史,也是整个中国贫苦农民的创业史。为了创作这部社会主义史诗,他甘心扎根长安县(今陕西省西安市长安区)皇甫村,在长达14年的农村生活里,亲身参与当地的农业合作化运动,真正地贴近人民、深入生活。习近平总书记高度赞扬柳青"深入到农民群众中去,同农民群众打成一片"的创作精神。柳青在皇甫村过着苦行僧的生活,却时刻牵挂群众的生活。他知道蛤蟆滩稻子产量低,鼓励互助组组长王家斌到眉县去买稻种,这件事成为《创业史》中梁生宝买稻种的真实原型。他主动把《创业史》的稿酬一万六千多元全部捐给公社。1961年,写作《创业史》第二部时,柳青向中国青年出版社预支稿费,为皇甫村购买高压电线设备。教学过程中,要抓住柳青的创作经历,对学生进行社会主义核心价值观教育。关在象牙塔里不会有创作灵感,真正伟大的作品应该深入人民群众的生活,反映人民的喜怒哀乐。改革开放的伟大实践为我国当代文学提供了丰富的素材和宝贵的资源。路遥的长篇小说《平凡的世界》全景式地描写了改革开放之前和改革开放初期我国城乡的巨大变化,堪称我国改革开放的一部史记。1986 年,《平凡的世界》出版时,正值先锋文学崛起,文学形式、技巧的探索成为主潮。卡夫卡、马尔克斯、福克纳等西方现代主义作家的作品被当时作家视为创作的标尺。路遥没有追溯热潮,而是选择坚守现实主义文学精神和创作方法,为当代文学贡献了经典之作。自出版以来,《平凡的世界》在当代长篇小说中长期位于畅销榜前列,在中国读者大众中产生深远的影响。主人公孙少安、孙少平兄弟是在"城乡交叉地带"为改变自身的困境奋斗拼搏的农村知识青年的代表,他们的人生故事能够为广大农村青年或城市底层青年提供向上的精神动力。要真正理解孙少平的人生选择,必须回到 80 年代改革开放的历史语境。如小说中多次提到了"劳动"的观念,如"只有劳动才能使人尊严地活着"。《平凡的世界》实际上响应了"中国梦"的时代主题,即"实现中国梦,最终要靠全体人民辛勤劳动"。

三、以生为本,改革教学和考核方式

高校课程思政关系到"高校培养什么样的人,如何培养人以及为谁培养人"的根本问题。高校教师要在课程教学中发挥立德树人的重要作用,积极参加师德师风培训,敢于创新教学模式,提升自身思政育人的主动性和实践能力。

（一）构建线上线下一体化课堂

在课程思政背景下,中国当代文学课程需要打通文学史、社会史、思想史,这意味着教师们不能再局限于传统教学模式,而应该建构线上线下一体化课堂。在课前,教师可将课程相关的文献资料上传至线上教学平台,并发布相关的讨论题。如在讲《创业史》专题之前,教师可以发布关于农业合作化运动的纪录片,或电影《柳青》的精彩片段,增强学生对于这部社会主义建设史诗的感性认识。超星、智慧树、爱课程等学术网站有着大量关于中国当代作家作品的优质课程,为线上学习提供了丰富的资源。郑州师范学院文学院教师杨烜主持的线上精品课程《文学百年》,可以作为优质网络教学资源,为学生提供开阔的文学视野。此外,推荐学生关注《文艺报》《当代作家批评》等与当代文学研究直接相关的微信公众号,引导学生关注社会主义新

时代文艺政策领导下的学术研究热点。

（二）重视学生的主体性和参与性

立德树人是中国特色社会主义教育的首要任务,师范院校更要遵循政治工作、教书育人、大学生身心发展规律,从入耳—入脑—入心三方面实现思政任务。传统的以讲授为主的教学模式并不能让学生主动"立德",无法让学生实现从思想到行为的变化。在线上线下一体化课程的新媒体教学模式下,教师要坚持以生为本的原则,注重学生的主体性,丰富学生参与课堂的途径。近年来,我院中国当代文学课程开始积极探寻新型教学模式,如多媒体教学、互动式教学、情景教学、专题式教学等。如对于莫言小说进行专题式教学,课前在智慧树平台发布莫言小说的研究文献和作家访谈视频,设置讨论题,如"莫言小说中的东西方文化资源",同学们可自愿参与讨论,分享观点或者围观、点赞、追评。在这个过程中,学生们能够主动深入思考当代文学中的本土性与世界性的问题。课堂的导入环节由传统的教师讲授转为学生主题发言。每次选择2～3位学生代表围绕课前讨论题发言,并展示10分钟以内的PPT。其他学生可以随机点评,教师启发引导。根据学生们的反馈,主题发言是每周课程最为期待的环节,能够明显提升综合性专业技能。此外,在设计学期作业的过程中,要结合本专业的特色,突破学期小论文的单一模式。如在路遥小说专题,结合《人生》的最后一章《并非结局》,可以让学生续写高加林的人生。不少学生能够将高加林后半生的命运转折与中国的改革开放联系起来,既深化了对典型人物的理解,又能够认识到改革开放对国人命运的巨大影响。

（三）创新课程考核方式

课程考核方式是教学中重要的一环,也是检验课程思政成果的手段。中国当代文学以往惯有的考核方式由平时考核和期末考试两部分组成。作为考试课,在以往的命题中,教师命题倾向于教材的基础知识,如文学思潮流派、代表作家作品。在课程思政的背景下,我们对中国当代文学课程的考核方式也正在寻求新思路。比如在平时考核环节,除了考勤和学期小论文,可设置多元化的评价环节,如课上主题发言、微课展示、学生互评等。期末考试可以由一贯的闭卷考试改为开卷考试,学生们不再一味背诵文学史中的基础知识,能够充分展现自己的家国情怀、文化认同和审美能力。2021年,我院中国当代文学开卷考试中,论述题不再局限于人物形象、艺术成就,而是以习近平总书记在文艺工作座谈会上的讲话为依据,让学生深刻认识到当代文学以人民为导向的创作导向。

中国当代文学课程蕴含着丰富的思政元素,高校教师要不断探索,将专业知识与思政教育紧密相连。当代文学中大量的爱国主义作品,如《青春之歌》《红旗谱》《红日》等,是进行社会主义核心价值观教育的生动教材。阿城、汪曾祺等作家以现代的审美眼光重新审美传统文化,激活了汉语的美感,现代白话文的底色里闪耀着唐诗、宋词、元曲的光芒。这些清新自然的文字既能净化心灵,又会让学生们抛开"以洋为尊"的偏见,坚定文化自信。高校教师要充分认识到课程思政建设的重要性,深入发掘思政元素,革新教学内容和教学模式,发挥课程育人职责。

参考文献

[1]何毅亭,阎晓宏,高洪波,等.新时期文艺道路的光辉指南:学习习近平文艺工作座谈会重要讲话[M].北京:中共中央党校出版社,2015.

[2]谢建文.新时代中国现当代文学课程思政改革探析[J].新乡学院学报,2021,38(11):71-73.

[3]张敏.课程思政背景下中国现当代文学课程改革研究[J].河南科技学院学报,2021,41(2):74-79.

[4]李海燕.中国现当代文学课程思政的现实价值与实现路径[J].高教论坛,2022(4):18-20.

[5]杜若松.课程论视角下专业教学课程思政改革研究:以《中国现当代文学》课程为例[J].长春师范大学学报,2021,40(7):138-142.

"中国古代文学"课程思政教学模式探究

赵　莉

摘要:中国古代文学是汉语言文学专业体系中具有重要理论基础作用的一门必修专业课,对培养学生的文学素养,理论水平和理解能力,构建正确的世界观、人生观和价值观具有重要的作用。在新文科建设背景下,基于郑州师范学院应用型人才培养目标,在中国古代文学教学改革中,融入课程思政育人理念,对教学大纲、教学模式、考核评价等环节进行了系统的改革与尝试,取得了良好的育人效果。

关键词:课程思政;中国古代文学;教学模式;研究

2016年12月7日至8日全国高校思想政治工作会议在北京举行,习近平总书记在会议上强调,要坚持把立德树人作为中心环节。要把思想政治工作贯穿教育教学全过程,实现全程育人、全方位育人,要用好课堂教学这个主渠道,使各类课程与思想政治理论课同向同行,形成协同效应。课程思政要求在非思政课程上,通过挖掘或融入思政元素,改革教学方法,实现专业课程的培养与立德树人育人理念的相得益彰。让学生在专业课程知识的学习和实践中确立科学的人生观、价值观和世界观,为学生的成长成才奠定思想基础。近年来随着新兴科技革命和产业技术革命的快速发展,社会急需具有市场竞争力的创新型人才,这也对高校的人才培养质量提出了新的要求,因此,国内各高校都在积极探索和推进新文科建设工程。新文科相较于传统文科,更加注重对学生应用实践能力的培养。对教师来说,除了给学生讲授专业理论知识外,还要注重在教学中融入本课程研究领域的新进展和新成果。深化教育教学改革,全面提高应用型人才培养质量,增强学生就业创业能力,提升服务行业和地方经济社会发展的能力。在这一背景下,中国古代文学专业在人才培养方案修订中,明确提出要在新文科背景下建设新文科专业,在育人模式上实现专业教育与课程思政协同育人效应。因此,本文结合郑州师范学院专业实际,以中国古代文学教学改革为例,阐述在课程思政教学模式建构方面所做的探索与努力。

一、改革前中国古代文学课程教学状况

中国古代文学是汉语言文学专业的一门必修基础课。课程内容涵盖先秦、秦汉魏晋南北朝、隋唐五代、宋金元、明清、近代等六个文学史时期,包括诗歌、辞赋、散文、骈文、词曲、戏剧、小说等多种文学体裁以及各个时期的文学发展、嬗变和文艺思潮。这些内容是中华民族丰富文化遗产的重要组成部分。本课程的教学目的是使学生系统地学习中国古代的优秀作品,培养和提高阅读、鉴赏、分析和评价中国古代文学作品的能力,通过重点掌握文学史上的主要作家和代表作品,了解掌握中国文学史上各个时期的文艺思潮、文学走向及其各不相同的文体、风格与流派,以便为未来中国古代文学的教学和研究打下比较坚实的基础。

通过近 10 年的教学实践和学生反馈发现,尽管中国古代文学教学在整个专业教学体系中起着基础性和先导性作用,但是由于课程历史跨度大,所涉及的基础理论知识比较多,一些文学理论概念较为抽象,对教师的教学水平和学生的理解能力提出了比较高的要求。课程改革之前,2020 年和 2021 年对郑州师范学院汉语言文学专业(2020 级 100 人和 2021 级 120 人)进行了课程问卷调查,共收回有效问卷 220 份。学生的全员参与和积极的意见反馈,说明学生比较关注中国古代文学课程建设并且乐于提出自己的意见。

有 30.6% 的学生反映课程比较难,不容易学。有 30.61% 的学生感觉教材比较枯燥,自学起来难以集中精神。通过课下与学生交流,学生感觉课程比较难的一个主要原因是学生们经过多年的学习与训练,已经习惯了用传统的记背方式来学习文科课程。而中国古代文学课程历史跨度大,知识点密集,基础理论知识较多,一些文学理论概念又较为抽象难记,掌握中国文学史上各个时期的文艺思潮、文学走向及其各不相同的文体、风格与流派需要学生具备较强的理解能力和分析总结能力。这就导致在学习中国古代文学过程中出现认识和理解上的不适应。

另一个不可忽视的原因是中国古代文学本身是一门理论性非常强的课程,很多知识点涉及大量的文学理论知识。《中国古代文学》课程主要采用国家规划教材,这些教材的优势是由国内重点大学或知名教授根据其所在高校的人才培养目标和教学大纲编写,具有很强的理论性和逻辑严密性。

但是对于应用型本科高校学生而言,这类教材涵盖的内容过于系统化和理论化,缺乏一定的趣味性与可读性,学习起来就会比较吃力。一旦在听课时跟不上教师的授课节奏,就更加难于产生兴趣,形成恶性循环,进而导致部分学生在心理上产生了对中国古代文学学习的恐惧,影响了学习效果,甚至完全失去学习兴趣。

有 50.82% 的学生对中国古代文学的作家、作品比较感兴趣,而对文学理论感兴趣的只有 10.2%。这说明学生们对中国古代文学课总体来说是感兴趣的,原因应该出在我们的教材分析和授课模式上。通过课程组教师认真的分析,受传统中国古代文学课程教学模式的影响,教师在开展教学活动时,课堂上经常出现教师过于注重理论讲述而忽略帮助学生建立文学思维的过程。部分教师过于注重讲授课程理论,而忽视了对古代文学发展脉络的整体把握和对其未来发展方向和当代价值的分析与展望。导致学生在学习时感受不到中国古代文学课程的文化价值。

有 26.61% 的学生承认,选择学习中国古代文学课程,因为它是一门专业必修课程,纯粹是为了学分,属于被动上课。这说明传统教学模式学生的参与度不高,很多学生并没有从内心认识到学习中国古代文学课程的重要作用。分析发现主要原因还是出在我们的教学模式没有跟上学校办学定位和人才培养目标的要求。在人才培养方案中,留给中国古代文学课程的学时有限,经典教材中涉及的中国古代文学的内容又比较多。教师为了在有限的时间内尽可能多地给学生讲授理论知识,也就很少有时间思考课程的育人效果,甚至根本就没有思考过如何在课程中融入课程思政育人内容。这也说明,我们以前传统的教学模式,本课程并没有实现人才培养方案中提出的,培养学生形成马克思主义的人生观、价值观和世界观的目的。

基于以上学生反馈和分析并结合郑州师范学院实际,我们从 2019 版人才培养方案开始,对中国古代文学课程进行了教学改革和探索,以期实现课程思政与专业课程协同推进促进学生的成长成才。课程思政和中国古代文学课程的连接点在于引导学生的道德教育和综合素养的提升,课程思政能够强化中国古代文学课程教学的现实性和实践性,引导学生将文学学习同现实生活联系起来,促进自身文学专业学科的社会实践,从而实现学生在思政教育和专业学科共同作用下的全面发展。

二、开展中国古代文学课程思政教学模式改革与实践

(一)建立多元化教学评价体系,引导学生个性化发展

高校中国古代文学课程应当按照学生发展的需求进行教学改革,从而实现以专业学科教学引导学生全面发展的目的,这也是思政教育对于高校教学所提出的要求。以学生发展为导向,中国古代文学课程应当强化其专业学科特色,以中国古代文学涵养推进学生内涵式发展,强调中国古代文学对于学生成长的精神引导。那么在中国古代文学课程的教学中,教师应当根据学生的专业学习和个人发展要求建立科学的学生评价体系,以多元化、个性化的评价创新体系引导学生实现内在修养和外在学科能力培养的统一。

引导学生内涵式发展、建立学生多维视角的创新评价体系,实际上是以学生发展为导向的思政教育对于中国古代文学课程所提出的更高的教育要求,课程思政强调学生的道德教育和自身发展,这也是高校专业教学所必须重视的。中国古代文学作为基础类的中文课程,它的教学内容能够引导学生掌握中国语言文字的文学知识和文学技能,同时学生在学习中国古代文学的过程中,也能深刻地感受到中国古代文学的精神魅力,从而推进自身的道德发展和人格培养,对于中国古代文学课程的教学而言,后者才是最重要的。

中国古代文学课程在教学中强化对于学生的多维评价,旨在实现学生个人发展同专业学习的融合,并且推动学生在科学评价体系中更好地完成专业学习并且实现自身的发展,从而保证学生学习质量和发展质量的同步性。中国古代文学课程应当根据教学层次和学生的发展阶段,建立不同的评价侧重点。在本科阶段,学生应当掌握的是对于中国古代文学基本文字技能和精神涵养的理解,重在指导学生对于中国古代文学文字之美和精神之美的感受。

在这个阶段,中国古代文学并不能为学生的道德行为和实践行为产生实质的帮助,它的作用在于引导学生发现文学的精神价值,帮助学生建立明确的道德审美,那么对于学生的课程评价重点要放在学生对于中国古代文学基本知识和精神内涵的理解上。

在这些能力的培养中,学生会将自己对于事物、行为的评价标准作用于

中国古代文学的研究项目当中,客观上促进了学生创新思维的发展,同时学生也进一步实现了中国古代文学的精神价值和现实价值,从而推动学生个人在中国古代文学课程引导下的专业社会实践。在研究生阶段的评价,则是考查学生对于中国古代文学的实践力和创新力。

(二)注重学生优秀传统文化教育,提升学生的人文素养

中国古代文学能够以丰富的中国古代文学内涵实现对于学生的优秀传统文化教育,以优秀传统文化精神不断提升学生的道德和精神涵养,从而实现道德教育的目的,这也是课程思政对于学生发展的要求。对于师范院校学生而言,以中国古代文学内涵提升自身的人文素养,不仅仅是学生全面发展、接受人文教育的需要,同时这也是师范学生作为未来教师的职业要求。师范院校需要将中国古代文学课程的教学进一步落实到具体的教学应用当中,帮助学生在未来的教师岗位能够胜任小学阶段、中学阶段等不同教育阶段对于中国古代文学的课程要求。高校要引导学生重视高校课程同未来职业教学课程的联系性和统一性,这能够提升学生对于教师职业岗位的适应力,同时以高校所学的专业知识应用到具体的教学岗位中,也提升了学生自身的职业竞争力。对于师范学生的培养是不同于一般的专业学生的,这是因为师范学生要将教师职业道德作为自身发展的标尺。

学生学习中国古代文学课程,除了要掌握必要的古代文字能力和知识,同时也需要将自身的道德建设融入中国古代文学的课程实践当中,在未来的教学生涯中,以优秀的师德向学生传达中国古代文学的精神魅力,这也是师范院校强化思政教育同中国古代文学课程的融合的重要目标。高校在开展中国古代文学课程教学时,应当遵循由宏观到微观的原则,既要引导学生在中国古代文学的学习和实践中培养自身的文化自觉,同时也要引导学生提升中国古代文学的研究能力,由抽象的中国古代文学审美转化为具体的对于中国古代文学的作品研究,从而提升学生的中国古代文学专业能力。学生在自发的中国古代文学的研究行为和研究方法中能够获得对于中国古代文学更为深刻的认知,从而以对中国古代文学全面的理解引导自身的学习和发展。高校不能忽略对于中国古代文学课程的实践性,这也是开展专业教学的重要一环。传统意义上的中国古代文学课程只是简单的理论教学,教师也只是通过对于中国古代文学作品来引导学生掌握基本的古代文字、涵义,这种浅尝辄止的教学方法显然已经不适应当代高等教育和学生发

展的需求。教师应当引导学生在中国古代文学研究的基础上,探究中国古代文学的现实意义和现实应用途径,推进学生开展关于中国古代文学课程的社会实践,这既能引导学生在具体的社会实践中感受到中国古代文学的精神魅力和现实价值,同时这也是传承中国古代文学的有效形式,以现实实践促进中国古代文学的创新和发展。

(三)改革考核评价方式,提升学生的综合素质

考核评价是反映教师教学和学生学习效果的有效手段。在教学改革中,为适应和满足我校应用型人才培养目标要求。我们对照汉语言文学专业师范专业认证的要求,考试不仅要评价学生对理论知识的掌握情况,还需要考核学生分析和解决实际问题的应用能力。同时,考核还要全面地反映学生的综合素质,即考察学生的自主学习能力、实践应用能力和创新思维能力等。另外,通过考核还要诊断出教学中存在的问题和不足,为后续教学改革提供参考。为实现以上这些考核目标,在中国古代文学课程的考核评价上,首先采用了平时考查与期末考试相结合的办法,即平时考核占30%,侧重考察学生的调研能力,阅读收集材料能力,课堂参与情况,课后作业完成情况等这一部分主要借助学习通平台完成;期末考核占70%,主要是通过闭卷考试的方式进行。实践证明,平时考核有利于调动学生的参与度,开阔学生的知识视野。期末考试试题设定上,除了考核学生对基础理论知识的掌握情况外,重点通过诗歌鉴赏题和分析论述题来考核学生解决实际问题的能力。考试结束后,通过试卷分析认真研判学生的平时成绩与期末考试结果,得出学生对各个考核点的完成和掌握情况,为深入改革提供重要参考。

(四)紧扣课程思政要求,强化中国古代文学课程的实践性和教育作用

以人才培养质量作为衡量专业学科教学的重要标准,这既体现了专业学科的教学质量要求,同时也体现了专业学科教学效果和教学目的。高校中国古代文学课程的教学目标是培养学生的中国古代文学素养,同时掌握基本的中国古代文学的专业能力。但是对于学生的发展而言,中国古代文学课程所给予的专业知识和专业能力传授不能满足学生全方位的发展要求。要真正扩展中国古代文学课程的教育影响力,高校需要以课程思政的要求增强中国古代文学课程的实践性和教育性,提升中国古代文学课程的育人作用力,实现专业学科对于学生发展的促进作用。

以中国古代文学学科教学内容为基础,重视对于学生中国古代文学学

科能力的培养,同时也要以课程思政的要求为导向,将思政教育的实践路径和精神内涵融入中国古代文学教学当中。中国古代文学在一些文学作品中强调爱国精神、家国精神,这是符合当前社会主义核心价值观的。中国古代文学教师应当将文学作品中的爱国主义精神内涵进行深刻剖析,引导学生不断学习前人的品性和行为方式,这能够推动学生开展具有爱国主义的社会实践。中国古代文学课程由于理论性较强,高校应当开展相关的文体实践活动,让古代文学真正鲜活起来,让学生们深刻了解中国古代文学的艺术内涵、文学价值,并且引导学生在文学作品的欣赏中获得精神层面的升华,以前人的精神品质不断鼓舞自己的学习和生活。课程思政能够为中国古代文学课程提供实践和教育上的方向性,引导中国古代文学教学贴近现实、贴近生活,这也是实现中国古代文学教学创新的重要形式。

对于学生的个人发展而言,他们需要从中国古代文学中获得精神熏陶,同时也要将中华优秀传统文化同当代的社会价值观联系起来。只有这样才能实现个人发展的与时俱进,既继承优秀传统文化的精神涵养,同时又将优秀传统文化精神落实到具体的社会实践和个人发展当中,从而真正实现中国古代文学课程对于学生的教育作用。中国古代文学需要借助于课程思政来突出自身学科教学上的育人特征,将学生的道德教育和个人发展作为中国古代文学课程的重要教学目标,不断推进中国古代文学的教学创新。

三、以中国古代文学提升课程思政的文化内涵,强化课程思政 教育对于学生的影响力

随着思政教育的不断深入,课程思政教学和实践方式已经趋于模式化,这很容易导致思政教育教学质量下降,学生对于课程思政也渐渐失去兴趣,这是不利于高校思政教育工作的开展的。对于学生的发展而言,自发性学习是最为重要的,高校推进课程思政同中国古代文学课程的融合,能够以中国古代文学课程的教学内容实现课程思政教学的生动化、创新化,这能够不断提升学生对于课程思政的学习兴趣。对于课程思政教学模式而言,它也需要不断地实现内容和形式上的创新。中国古代文学课程在教学内容上是非常富有人文精神气息的,同时中国古代文学作品中饱含着中华优秀传统文化精神,这能够为课程思政提供新的教学内容,不断创新课程思政的实践方式。

高校专业学科教学应当不拘泥于形式,中国古代文学课程虽然是属于文学类的学科教学,它带有明显的文学学科特征,同时专业学科的学业要求也是引导学生掌握基本的中国古代文学的语言、文字、研究方法,等等,但是学生对于中国古代文学的学习不仅仅体现在中国古代文学的课堂教学当中,也可以在课程思政教学中得到实现。课程思政的教学理念是开展学生的道德教育,以明确的社会现实要求指引学生的人生发展方向和社会实践方式,它的教学内容是广泛的,同时也是具有理论性的,课程思政需要借助一定的教学内容载体来成为开展思政教育的佐证,而中国古代文学即是最好的教学内容物。

在课程思政教学中,思政教师以中国古代文学中的作品为例,去进一步讲解中华优秀传统文化和精神,这需要教师和学生必须掌握一定的中国古代文学理论和知识技能,教师通过引导学生精读和研究中国古代文学作品,使学生感受和理解到中国古代文学作品中所包含的人文精神和品格涵养,在接受道德熏陶和教育的过程中,学生也能够掌握中国古代文学的学习方法和实践路径,这对于学生的专业学科而言也是非常有用的。文化具有感召力,它能够潜移默化地影响学生的行为、思想,从而塑造学生的人格,高校需要将中国古代文学转化为课程思政教学所需要的材料,引导学生加强对于中国古代文学的学习和理解,从而深刻理解中华优秀传统文化精神。课程思政能够增强学生对于中国古代文学学习的现实性和责任感,让学生明确中国古代文学作品的现实价值和教育意义。

在新文科背景下,基于我校应用型本科高校的办学和人才培养目标定位,对《中国古代文学》课程进行了多角度的教学改革与探索,取得了一些成绩。但我们深知,教学改革与创新将是一项综合性的、持续的改革工程。新文科、新理论、新知识、新技术仍在迅猛发展,有着无限广阔的应用前景,这为深化教学改革既带来了机遇和挑战,也赋予了了新的责任和使命。只有如此,高校育人教学改革才能取得新的更大的成就。

参考文献

[1] 习近平.把思想政治工作贯穿教育教学全过程 开创我国高等教育事业发展新局面[N].人民日报,2016-12-09(1).

[2] 白静,张军强.新媒体语境下中国古代文学研究的文化担当[J].长春师范大学学报,2020,39(5):115-117.

[3]支媛.内涵式发展及其学生评价多元化体系构建:基于中国古代文学课程改革视角[J].六盘水师范学院学报,2020,32(2):102-106.

[4]桂玉."课程思政"路径下高校教育教学和教师价值回归探析[J].河南工程学院学报(社会科学版),2020,35(2):92-96.

[5]华云松.高等师范院校人文课程与中小学传统文化教育的对接:以小学教育专业中国古代文学课程为例[J].沈阳大学学报:社会科学版,2020,22(2):213-216.

郑州文化融入中国古代文学课程思政
"一核三联"教学模式探索

赵 莉

摘要:将郑州文化融入古代文学课程思政具有落实立德树人根本任务、丰富古代文学课程思政资源、优化古代文学课程结构等现实意义。在教学中可尝试运用"一核三联"模式。"一核"是指以古代文学专业课课堂教学为核心;"三联"分别指第一课堂与第二课堂的联动;古代文学专业课与地方文化、文学选修课的联动;承担古代文学课程的学院与学校各相关职能部门的联动。在这种教学模式下,郑州师范学院文学院在古代文学课程思政教学中充分利用郑州地方文化开展实践探索,进行了有益的实践探索。

关键词:古代文学;课程思政;郑州文化;"一核三联"教学模式

习近平总书记在 2016 年全国高校思想政治工作会议上强调,要把思想政治工作贯穿教育教学全过程,实现全程育人、全方位育人。各门课都要守好一段渠、种好责任田,使各类课程与思想政治理论课同向同行,形成协同效应。此背景下,如何在专业课程的教学中将课程思政元素融入课堂、如何育人成为当前各个高校和教师们关注的热点。为了贯彻国家教育方针政策,在"三全育人"视域下高校古代文学课程思政工作不应再囿于课堂之内。以立德树人为目的,充分挖掘地方文化资源,以当代意识去粗取精,去伪存真,将其中优秀的课程思政因素融入古代文学教学,"一核三联"模式不失为一种有益的尝试。"一核心"是指古代文学专业课课堂教学;"三联动"分别是指第一课堂与第二课堂的联动,古代文学专业课程与郑州文化与文学选修课的联动,文学院与学校其他学院与相关职能部门的联动。

一、郑州文化融入古代文学课程思政的必要性与可行性

(一)落实立德树人根本任务

郑州文化融入课程思政资源具有贴近实际、贴近生活、贴近学生的特点。对大学生来说,郑州作为其生活和学习的大环境,具有真实性、鲜活性,能够发挥吸引力大、感染力强的优势,有助于提高大学生学习兴趣与参与热情。将古代文学课程思政与郑州本土文化结合起来,通过切实感受郑州文化独特的历史内涵和文化魅力,大学生更易于在潜移默化中接受人格塑造和精神激励,深化对地方、对国家的文化认同,助力落实立德树人根本任务,提升高校人才培养质量。

(二)丰富古代文学课程思政资源

华夏文明有五千年悠久的历史,并且地域辽阔,孕育了多彩的地方文化,包含着丰富的文化内涵。地方文化中的精髓不仅对当今社会经济、政治、文化发展起到积极作用,还能作为一种优质课程思政资源充实当代大学生的精神世界,促进大学生健全人格的形成。郑州地处中原大地,是五帝、夏、商三代的腹地而成为中华文明的轴心区,是中国八大古都之一。郑州文化丰富多彩,涵盖黄河文化、黄帝文化、嵩山文化、少林文化、商都文化、河洛文化、姓氏文化、客家文化、戏曲文化等。郑州文物资源众多,人才辈出,创造了灿烂的中原文化,享誉海内外的中国功夫从嵩山少林寺走向世界。郑州地区长期生活中形成的历史传统、价值观念,是当地宝贵的物质和精神财富,是中华优秀文化的重要构成部分。在古代文学教学中,将郑州文化融入课程思政,能够扩大古代文学课程思政资源,丰富古代文学课程思政形式。

(三)优化古代文学课程结构

2020 年和 2021 年对我校汉语言文学专业(2020 级 100 人和 2021 级 120 人)进行了课程问卷调查,共收回有效问卷 220 份。有 26.61% 的学生认为,选择学习中国古代文学课程是因为它是一门必修课,纯粹是为了学分,属于被动上课。这说明传统教学模式学生的参与度不高,很多学生并没有从内心认识到学习中国古代文学课程的重要作用。分析发现主要原因还是我们的教学模式没有跟上学校办学定位和人才培养目标的要求。将郑州文化融入古代文学课程建设,发挥郑州文化日常性与真实性的优势,可以拉近

与大学生的距离,能使学生通过观察、感受、反思加深对学科知识的理解,并达到健全人格的目的,这对古代文学课程来说无疑是一种优化与提升。此外,古代文学课程结合郑州文化,也可以构建具有独特地域色彩的课程特色。

二、郑州文化融入古代文学课程思政的"一核三联"教学模式

将地方优秀传统文化融入古代文学课程思政教学,通过对地方文化切实的感受、体验提升学生的涵养和素质,可以从以下几个方面展开。

(一)加强"一个核心"——古代文学专业课课堂教学

古代文学教师是进行地方文化与课程思政融合的主要力量,任课教师自身要开拓思路,在提高教学和课程思政水平的同时加强对郑州文化的了解与学习,让授课内容更具吸引力。将郑州文化与古代文学课程思政结合起来,首先应去芜存菁,筛选出郑州文化中精华且适用于古代文学教学的部分,进行资源整合,以便呈现于古代文学的课堂之中。

在课堂教学中,要在遵循大学生认知规律和古代文学教学规律基础上,结合教学内容,进行教学手段、教学方法改革。为了增强郑州文化的形象性、直观性,可以适当使用现代教育技术,提高学生兴趣。例如,利用多媒体展示图片、视频的音画效果让学生对郑州文化可见可感,增进大学生对郑州文化的理解和认同。在信息化时代的背景下,虚拟仿真技术日渐成熟,其模拟现实、三维可视性能增强学生身临其境的感受。例如,教师在讲授中原地区山水文学时,可以在虚拟仿真实验室进行,使用地理教学资料介绍山水特色,为课堂教学的作品讲解提供情境基础。课堂上教学时间有限,教师也可以利用线上线下相结合的方式,以视频的方式学习郑州文化,拓展文章阅读,并通过考核督促学生学习。

(二)加强第一课堂与第二课堂的联动

第二课堂是针对第一课堂而言的,具有素质教育内涵的学习实践活动,即学生在教学计划规定课程之外自愿参加、有组织进行的各类活动。在古代文学课程思政的实施中不应忽视第二课堂建设。加强第一课堂与第二课堂的联动,要将郑州文化与古代文学专业特色统一起来,充分发挥第二课堂实践育人的作用。

一般而言,高校都位于地方经济文化相对发达的区域,是各时期文人活

动较集中的地方,留下了众多古代文学相关的历史文化遗迹。各高校应根据实际条件,在第二课堂活动中号召并组织中文及相关专业学生参观、调研富有教育意义的地方文学遗迹,将第二课堂作为第一课堂的延展和补充,让学生在可触可感中深化古代文学课程思政知识,提升思想认识。例如,教师在讲授王维《归嵩山作》时,可以利用第二课堂组织学生登临嵩山,面对巍巍嵩山吟诵"清川带长薄,车马去闲闲。流水如有意,暮禽相与还"的名句,在真实情境中激发学生对祖国名山大川的热爱,体会作者人格操守与精神追求。

（三）加强古代文学专业课与郑州文化、文学选修课的联动

在课程思政背景下将郑州文化融入古代文学教学,除了要强化第一课堂与第二课堂的联动,还要加强古代文学专业课与郑州文化、文学选修课的联动,以构建古代文学课程思政多维体系。

无论是对郑州文化的内化吸收,还是对文学作品的价值认同,都需要教师充分讲解、学生体察认同的过程,否则浮光掠影,无法取得理想的课程思政效果。古代文学专业课课时有限,选修课的开设增加了课堂教学的时间,能较好地弥补这一点。为配合郑州文化、文学选修课的使用,编写郑州文化与文学教材和讲义是一项基础工作。郑州文化、文学选修课应纳入人才培养方案,制订教学计划,规定课时和学分,组织学生进行系统学习。在期末进行考查时,应注重发挥学生的自主性、能动性,确立以"个性发展"为考查原则:在大的思想方向性正确的前提下,给予大学生个性发挥的空间;注重考查通过郑州文化、文学的反思与探究,学生个体认识的提升、合作及实践能力等方面的改善情况。

（四）加强文学院与学校其他学院与相关职能部门的联动

为保障地方文化与高校古代文学教学的融合,各高校应调度教务、科研、财务、后勤等部门在经费、技术、人员、场地等各方面给予必要的支持;搭建合作平台,组织古代文学教师与郑州文化研究机构、研究学者进行广泛交流,如座谈会、专题研讨会、项目合作等,为工作的开展提供便利。在校园文化建设中,对郑州文化与古代文学课程思政融合应给予足够的重视,适当加入郑州古代文学课程思政元素,例如,对当地或游宦的古代文学家的事迹、作品,以图片、建筑等形式在校园展示栏呈现;新生入学进行展板展示、广播,以召开班会等方式进行宣传普及,营造良好的古代文学课程思政氛围。

三、郑州文化融入地方高校古代文学课程思政的实践

近年来,郑州师范学院文学院古代文学课程思政充分利用了地方文化开展实践探索,积累了一些有益的经验。

我校位于河南省会郑州市,是一所市属本科高校,具有传承与弘扬郑州地方文化传统的先天优势,目前建立了国家中心城市研究院、郑韩文化发展中心、戏曲研究所等各级研究机构。2008 年 7 月 20 日,郑州市委常委研究通过,郑州精神正式确定为"博大、开放、创新、和谐"。"博大"是指郑州悠久的历史和深厚的文化积淀;"开放"是郑州城市的鲜明个性和城市品牌;"创新"是对郑州市历史、现实精神面貌的总结及未来发展趋势的展现;"和谐"则是对郑州地域文化的本质概括。郑州是黄帝文化的发源地。在黄帝时代,部族融合是其一大特征,这与和谐的文化指向是相吻合的。郑州又是河洛文化的发源地。河图洛书、阴阳太极图,彰显出的是天地人和、天人合一的自然景观与人世间"其乐也融融、其处也洽洽"的太平盛世景象。以当代价值观念和文化自觉来阐释郑州文化主体精神,至少包括以下五个方面内容:坚守传统、继往开来的传承意识;海纳百川、多元并蓄的开放精神;奋发图强、大有作为的进取意识;天人合一的和谐精神;勇于担当、维护民族团结的"大一统"精神。从《诗经》到魏晋六朝时期的何休、郭象、何晏、郭璞、何逊,再到唐代诗人杜甫、高适、李商隐,再到冯梦龙、何景明、方回、方苞、高鹗,历朝历代无数的文人雅士和皇皇巨著,共同照亮了郑州文学与文化的璀璨天空,今天的我们也通过这些文学作品吸收着郑州文化的营养,丰盈着自身的生命。

在课程思政背景下,我校古代文学专业教师为提高郑州文化融入教学的能力,通过学术研讨会、项目合作、讲座、进修等形式,积极进行郑州文化学习,并结合古代文学教学大纲,对可资借鉴的郑州文化进行系统的梳理。

在课堂教学中,教师利用多媒体进行图片、视频展示,使学生充分理解地方文化蕴含的古代文学课程思政内涵。例如,中国古代第一部诗歌总集《诗经》记录着当时流传于民间的歌谣——十五国风,其中所收录的郑州人的咏唱是十五国中篇数最多的,《郑风》《桧风》均来自于今郑州地区,占了总量的六分之一,无论情、无论爱、无论恨、无论思,郑州人以赋、比、兴的艺术手法,巧妙地表达出了心中的情思,成为中国最早歌唱中的天籁。在讲授

《诗经》中《郑风》《桧风》时,可以在讲解《诗经》章名的同时,加入对于郑州文学与文化内涵的讲说,增强学生对于郑州文化的认同感与自豪感。同时,还通过坤山文语等平台进行关于郑州文化的视频学习,并推荐学生在课下阅读《诗经译注》《杜诗详注》《杜诗讲演录》《中国文化论纲》《嵩阳书院》《河洛文化十五讲》等著作,增加学生对于郑州地区文学与文学的知识积累。

在第二课堂中,郑州师范学院依据古代文学教学进度,安排汉语言文学、汉语国际教育、汉语言三个专业学生去嵩山少林寺、嵩阳书院、杜甫故里、康百万庄园等地考察调研。学生在直观的认识和感受中,增进了与古人的情感交流,加深了对教学内容的理解。

在选修课方面,我院拟在第一学年第一学期或第二学期在全校范围开设"中原文化概论""郑州文化概论""嵩山文化讲座"等课程,而古代文学课程从第二学期开始,因此学生在古代文学学习之前或与之同时,已对郑州文化有了一定认识,为古代文学教学与郑州文化融合打下了基础。古代文学任课教师承担"中原文化概论""郑州文化概论"等选修课程的教学工作,可以通过布置作业,让学生在提高对于古代文学与郑州文化感受力的同时,培养文化素养和实践能力,提高文化综合实力;也可以"嵩山文化览胜""郑州文化对人生的启示"为题,让学生在总结反思中获得思想上的升华。

郑州师范学院高度重视课程思政工作,对古代文学课程思政与地方文化融合给予了大力支持。学校注重在校园文化建设中营造思政氛围,发挥隐性教育的育人功能。例如,东校区北侧一处园林名为"廉园",将郑州地区历代勤政为民、做官清廉的清官好官事迹用长廊的形式展示出来。学校也为第二课堂的调研活动提供了充足的后勤和经费保障。我校将郑州文化融入古代文学课程思政以来,取得了良好效果。在第二课堂调研中,有的学生参观杜甫故里长 120 米、宽 2.5 米的"诗圣碑林"时,内心有很大的触动。他说:"杜甫的诗作,就是他的家国情怀,就是他的布衣担当!我们这一代青年人,应该学习古圣先贤们的家国情怀,肩负起学习郑州文化与传播郑州文化的历史重任。"

总而言之,古代文学课程思政工作的开展必须挣脱传统文化思维的束缚,以多样灵活的方式与地方文化相融合,将家国情怀、理论知识与生活实践联系起来,从而使学生达到知行统一,有效提高高校课程思政的实效性。

参考文献

[1]习近平.把思想政治工作贯穿教育教学全过程 开创我国高等教育事业发展新局面[N].人民日报,2016-12-09(1).

[2]桂玉."课程思政"路径下高校教育教学和教师价值回归探析[J].河南工程学院学报(社会科学版),2020,35(2):92-96.

[3]姜国峰.思政课程与课程思政"点频共振"协同育人模式探究[J].中学政治教学参考,2020(26):58-61.

[4]谢相勋.高校第二课堂活动课程研究[M].成都:四川大学出版社,2012.

[5]程有为.河洛文化概论[M].河南:河南人民出版社,2007.

"戏曲专题"课程思政的实践探索
——两岸隔不断的戏曲文化亲缘

陈国华

摘要:在《戏曲专题》教学改革中,融入课程思政育人理念,使学生领悟中国戏曲的艺术魅力,提高对传统艺术的鉴赏和分析能力,提升对中国戏曲现象的思考深度。文章以论述两岸戏曲交流的进程为切入点,理清各个时期两岸戏曲的交流重点。探究同根同源的京剧、共荣共长的歌仔戏、双向传播的昆曲等两岸戏曲交流的代表模式,分析两岸戏曲交流的典型个案——豫剧,构建切实可行的两岸戏曲交流的平台,提高两岸戏曲交流的流畅性和稳定性,给两岸戏曲交流发展带来更大的空间。对两岸戏曲交流的研究,对于增强两岸人民的凝聚力、维护祖国的统一,有着不可替代的价值。

关键词:课程思政;《戏曲专题》;两岸戏曲交流

近年来,在戏曲专题课中,我们紧密结合学科专业特色和大学生思想特点,深入挖掘戏曲文化的思想内涵,增强思政课教学实效,探索落实立德树人根本任务的有效路径。

在戏曲专题这门课中我们牢牢把握内容选择。加强两岸文化交流,增进情感、共识,能够为海峡两岸和平统一奠定基础。据此,中共中央积极采取措施,大力加强两岸文化交流。在戏曲专题中我们引导大学生深入理解两岸戏曲的交流历史,不断增强大学生对两岸人民的情感认同、两岸传统文化脉息相通,挖掘思政教育与戏曲教学的契合点。我们主要从以下几方面引导学生了解两岸戏曲交流问题。

一、两岸戏曲交流的历史进程

台湾戏曲已走过三百多年的历史,每个剧种的形成或传播均与祖国大陆息息相关。

由明朝到清朝,是大陆戏曲的旺盛时代,而台湾戏曲就在此间输入。明清时期大陆向台湾大量移民,移民带去了各自家乡的戏曲,作为怀念故土、向往家乡的感情寄托。台湾的移民人口以闽南人占绝大多数,客家人次之,所有在闽粤流行的戏曲,包括北方传来的剧种全部流传到台湾。连横在《台湾通史》中载:"台湾之剧,一曰乱弹,传自江南,故曰正音。其所唱者,大都二簧西皮,间有昆腔……二曰四平,来自潮州,语多粤调,降于乱弹一等。三曰七子班,则古梨园之制,唱词道白,皆用泉音,而所演者则男女之悲欢离合也。又有傀儡班、掌中班,削木为人,以手演之,事多稗史,与说书同。……又有采茶戏者,出自台北,一男一女,互相唱酬,淫靡之风,侔于郑、卫,有司禁之。"书中所记载的剧种,在明清之际,随着大陆多次移民传入台湾。

日占时期是台湾戏曲发展的一个黄金时期。何绵山在《试论日本侵占台湾时期福建戏曲对台湾戏曲的影响》一文中说道:"福建戏班在此时持久且大规模的赴台演出,……在各方面提供了难能可贵的借鉴,不仅在表演方面,而且在剧目、舞台美术等方面也起了丰富和提升的作用。"大量的大陆戏班巡演对提升台湾戏曲的艺术水准有极大的推动作用,使戏曲深入人心。

20世纪40年代末,国民党退往台湾,大陆有不少戏曲剧团,如京剧、秦腔、川剧、豫剧、梆子、评剧、黄梅戏、越剧等,亦随之流传台湾。有的作为随军剧团,为守台的大陆籍士兵演出;有的作为民间剧团,活动于台湾的城乡集镇,成为台湾人民不可缺少的文化生活。

20世纪80年代后,海峡两岸互通友好,是以戏曲的交流为先导的。从戒严到解严,影响着台湾戏曲的外在环境与发展趋势,台湾戏曲打开了新的一页,实现了与大陆的交流与互补。1992年上海昆剧团成为两岸开放交流后,首个赴台演出的大陆传统戏曲团体。随后,北京京剧院、四川省川剧院等多个团体相继赴台演出,开始了各种地方剧种的交流演出。此外,两岸戏曲还进行了学术交流与人才培养交流。随着闽台共同举办了首届两岸的歌仔戏艺术研讨会后,其他剧种如京剧、昆曲、豫剧等也多次举办了海峡两岸发展理论研究会。进入新世纪,两岸交流继续向深度和广度进展。两岸演员多次同台演出,举办艺术节等,进行了全方位、深层次的交流。

二、两岸戏曲交流的代表模式

(一)同根同源的京剧交流模式

京剧在晚清时期由大陆传入台湾,20世纪前半期,大陆京班赴台大多以商业性质的演出为多,名伶名票组团前来,为台湾京剧奠定了稳固的根基,台湾本土京班出现。1949 年,国民党撤离大陆驻守台湾,带来了不少京剧演员和票友。如顾正秋以正统京剧流派传人的资历来台湾,开启台湾京剧史的重要一页。国民党军队中也有多个京剧剧团和学校,民间艺人们也陆续创立京剧学校和成立京剧社团,台湾京剧搞得如火如荼。20 世纪 70—80 年代,以郭小庄为代表的雅音小集,使台湾京剧从通俗转化为精致,当代传奇剧场更是开发全新表演方法。20 世纪 90 年代,北京京剧团、中国京剧院、湖北京剧团等的名角分别赴台湾演出,掀起了内地京剧院团纷纷跨海赴台献艺的热潮,大陆剧团对台湾京剧审美观产生了影响。近年来,两岸京剧交流加速,两岸合作深度交流,大陆导演、编剧、作曲与台湾国光、复兴合作频繁,台湾京剧演员与内地演员联袂演出,台湾的王海波、魏海敏还先后获得了中国戏剧梅花奖。魏海敏还拜梅葆玖为师,京剧"梅派"在台湾也有了传人。

(二) 共荣共长的歌仔戏交流模式

明末清初,大量的闽南移民迁徙到台湾,带去了闽南民间音乐"歌仔",于 20 世纪初在台湾形成了歌仔戏。20 世纪 20 年代,歌仔戏传回闽南。抗战时期,大陆新改良的歌仔戏再一次流传到台湾,在台湾深受欢迎。1949 年后,大陆和台湾所实践的多种模式,如电视歌仔戏、舞台歌仔戏、野台歌仔戏、老歌仔戏、专业剧团体制和民间职业剧团经营模式等,为后来的交流提供了多种思路。两岸在隔绝近 40 年后,歌仔戏再次成为海峡两岸文化交流的重要内容。相继在大陆及台湾召开了多次的海峡两岸歌仔戏学术研讨会和交流演出,两岸的歌仔戏剧团也进行了多次的互访交流,有师资交流、剧本交流、演出交流、艺术家交流等多种交流形式,并定期举办海峡两岸歌仔戏艺术节。歌仔戏是中国 300 多个地方戏曲剧种中,唯一根在大陆而形成于台湾,由海峡两岸人民共同创作和培育的地方剧种。两岸歌仔戏优势互补,切磋融汇,寻求更多共生共荣成长空间。

(三) 双向传播的昆曲交流模式

清朝康熙年间,一些到台湾担任官职的人,把昆曲戏班也带到台湾。但昆曲在台湾真正蔚为气候,是从 1987 年后两岸日趋频繁的交流开始的。1992 年上海昆剧团赴台,开启了两岸昆曲交流演出的扉页。此后大陆六大昆剧团先后赴台公演。2000 年台湾联合昆剧团参与苏州首届"中国昆剧艺术节",这是台湾昆剧首度"输出"到大陆进行交流演出。联合国教科文组织授予昆曲"人类口述和非物质文化遗产代表作"的殊荣,六大昆剧团或以名角专场,或以剧团特色,或以经典名剧,或以行当组合的方式来台演出。台湾也积极制作优秀昆曲,如以台湾白先勇为首,以苏州昆剧团为演出班底,精心排演了全本《长生殿》与青春版《牡丹亭》,台湾编剧曾永义编写的《梁山伯与祝英台》与《孟姜女》,这几出台湾昆曲精品,不仅在台湾受到高度关注,而且纷纷应邀到大陆演出,无论在大学校园或是剧场中,都获得了热烈的反响。两岸昆曲的演出交流,从20世纪90年代的单向输入逐渐演化为双向交流。

三、两岸戏曲交流的典型个案——以豫剧为例

豫剧是河南著名的地方戏曲剧种,台湾豫剧是中国豫剧的一个重要组成部分。台湾豫剧是随国民党军队传入台湾,并在台湾进一步发展起来的。豫剧在台湾历经半个多世纪,成为台湾很受欢迎的剧种,在台湾发展成为除京剧外第二大剧种,是目前唯一获得政府资助的地方戏曲。台湾豫剧发展与中原豫剧有着密切的关系,新时期以来台湾豫剧的发展历史见证了海峡两岸豫剧的交流与互动过程。

(一)两岸豫剧团互访演出

1949年之后,豫剧传播到台湾。海峡两岸在经济、政治、意识形态方面走上了完全不同的发展道路,这也使两岸豫剧走上不同的发展轨迹。中国大陆改革开放以来,以经济建设为中心,并发表《告台湾同胞书》,台湾1987年宣布解除"戒严",两岸豫剧交流也应运而生并不断加强。大陆和台湾豫剧的演出交流,始于20世纪90年代初。

1993年,以马金凤为团长的"河南省豫剧友好慰问巡演团"第一次访问台湾。全团共37人,演员阵容强大,包括谷秀荣、王清芬、贾廷聚、张新芳等著名豫剧表演艺术家,代表了豫剧艺术的最高水平,河南省豫剧团在台北市、台中市、台南市、高雄市、基隆市、桃源市、依兰市、新竹市、云林县等10余个县市巡回表演,在台湾的河南老乡听到了熟悉的乡音乡情,反响强烈,此次巡演促进和加强了两岸同胞的感情。

1998年,台湾国光豫剧团、河南豫剧团首次在香港联袂演出。以张岫云、王海玲为代表的台湾国光豫剧团一行40人无论到哪里演出,都引起轰动,豫剧团展示了河南梆子原汁原味的风格,得到了各界的认同和赞美,台

湾豫剧团经过长期努力,取得了不俗的成就。双方建立了沟通渠道,相约要经常彼此沟通交流。

1999 年,河南青年豫剧团到台湾和台湾国光剧团豫剧队联合推出了"海峡两岸豫剧名家台湾之旅"。当地媒体称强大的"豫剧旋风"席卷台湾岛。

2001 年,台湾豫剧团一行 48 人的代表团到河南郑州、洛阳、济源、濮阳、驻马店、周口、许昌等七市巡回演出,总共演出 12 场,演出了《中国公主杜兰朵》《大脚皇后》等台湾豫剧新编剧目,河南戏迷在家乡欣赏了台湾风格的豫剧,台湾豫剧让河南人民耳目一新。一时间,台湾豫剧团已成为人们津津乐道的一个热门话题。

2003 年 10 月,为庆祝豫剧进入台湾 50 周年,河南省派出了 35 人的豫剧艺术团访问台湾,和台湾国光豫剧团在岛内从台北到高雄共演出 9 场,历时 20 余天,进一步扩大了豫剧在台湾的影响。

2013 年,为庆祝台湾豫剧 60 周年,台湾豫剧团带着新编排的豫剧《花嫁巫娘》来到河南演出。河南豫剧院也到台北市著名文化中心上演了精彩的剧目。

从 1993 年河南省豫剧赴台友好演出团到台湾演出,拉开了两岸豫剧团交流的序幕,此后,两岸豫剧团互访交流不断,演出已经超过了 100 次,展现了非常强大的表演能量,两岸豫剧团的精彩演出令两岸观众新奇不已,感受了豫剧的不同风采,豫剧在台湾的影响力进一步彰显。

(二)两岸豫剧理论研讨会

"海峡两岸豫剧发展理论研讨会"自 2001 年开始举行以来,至今已举行了十多届,是两岸学者开展豫剧发展交流、为两岸豫剧发展建言献策的重要平台。

2001 年 5 月,第一届"海峡两岸豫剧发展理论研究会"在郑州举行,专家学者来自北京、上海、台湾和河南,此次研讨会是两岸豫剧交流的一个新的起点,将两岸豫剧交流活动上升到理论高度。并达成每年度在海峡两岸轮流举办研讨会的共识。

2002 年 9 月,第二届"海峡两岸豫剧发展理论研讨会"在郑州举行,讨论两岸豫剧的发展规划,为两岸艺术家联合创作豫剧《曹公外传》奠定了基础。

2003 年 10 月,第三届"海峡两岸豫剧发展理论研讨会"在台湾高雄举行,总结了台湾豫剧的现代化和本土化特色。

2004 年 6 月,第四届"海峡两岸豫剧发展理论研讨会"在郑州举行。会议的主题是"交流—提高—发展",与会专家学者围绕两岸豫剧发展问题,进行了深入的交流和探讨。

2005 年 9 月,第五届"海峡两岸豫剧发展理论研讨会"在北京举行,会议对两岸豫剧艺术合作提出了许多切实可行的建议。如构建一个协同培训两岸豫剧人才的基地,定期为台湾豫剧演员进行培训,为台湾豫剧的进一步发展提供支持和指导等。

特别是 2010 年 9 月 18 日至 9 月 20 日,河南省文化厅(现省文化和旅游厅)组派河南豫剧精英一行 10 人赴新加坡参加 2010 年新加坡华族文化节,与台湾豫剧团和新加坡戏曲学院共同举办了"亚洲豫剧论坛",成为豫剧发展史上第一次跨国举办的豫剧论坛。

2014 年 4 月,第十一届"海峡两岸豫剧发展理论研讨会"在郑州召开。来自海峡两岸的 30 多位豫剧界专家、学者会聚一堂,就豫剧的个性化保护、两岸豫剧交流合作、"豫剧走出去"发展战略等议题展开了深入探讨。

十几届研讨会对于推进豫剧的繁荣发展,加强海峡两岸豫剧交融具有重要意义。通过两岸豫剧发展研讨会,把豫剧交流置身于更深广的理论视野中,提升了交流水平。

(三)两岸豫剧人才培养交流

两岸豫剧界通过人才培养的交流,相互学习、相互促进,寻求更多的共生空间。

1998 年,台湾豫剧团和河南省艺术学校签订了协议,每年台湾国光豫剧团派出两到三名学生到河南省艺术学校进修学习,河南省艺术学校每年派几位老师到台湾国光剧团教授豫剧。

2001 年 5 月 19 日,台湾豫剧大师张岫云收河南省豫剧名角牛淑贤、王清芬等为弟子。

2004 年年初,台湾青年豫剧演员小杨凌拜郑州豫剧著名演员胡美玲为师。

2013 年,台湾豫剧团竹笛手林丽秋和笙演奏员黄泳宪来到河南拜师学艺,在豫剧作曲名家方可杰、朱金键和张廷营三位老师不遗余力的指导下,他们技艺大涨,完成了豫剧《三打桃三春》《杨金花》等的作曲配器。

海峡两岸豫剧艺术具有很强的互补性,台湾豫剧团的策划、管理、营销和学习精神等都值得大陆学习,大陆曾派河南豫剧业务骨干到台湾学习。河南有许多艺术精湛的一流剧团、演员、作曲家、导演等,为台湾豫剧团培养新生代演员也是不遗余力。豫剧人才培训计划在实施中,两岸互派人员,互帮互学,在业务上共同进步,让豫剧艺术花开两岸。

(四)两岸豫剧全方位合作

近年来,河南与台湾之间的豫剧交流与合作无论在规模上还是在水平上都有了很大的进展。豫剧是中国第一大地方剧种,也是台湾的主要剧种,因此在海峡两岸的戏曲交流中起着非常重要的作用。两岸豫剧交流不断扩大和深入,从剧本创作到导演,从作曲到舞台表演,双方进行了全面合作。河南豫剧和台湾豫剧优势互补,相互影响,对两岸豫剧的发展都起到了一定的促进作用。

2003年中秋节,豫剧《曹公外传》在台湾排练和演出,它是海峡两岸豫剧艺术家在同一个舞台上共同演绎的成功范例,由著名作家罗怀臻和河南省一级作家姚金成编剧,上海戏剧学院李建平导演,河南著名作曲家耿玉卿音乐设计,集中了两岸著名的豫剧演员,在豫剧发展史上留下了灿烂的一笔。

2013年,台湾豫剧团排演的《花嫁巫娘》由台湾知名编剧施如芳创作,台湾豫剧皇后王海玲与台湾京剧小生曹复永领衔主演,音乐设计则由河南省著名作曲家左奇伟担任,音乐设计融合了京剧、豫剧与台湾民歌,获得了专家学者与现场观众的广泛好评,演出堪称戏曲界的盛事。

河南省多次组织艺术家赴台参与台湾豫剧团的剧目生产,创作了《武后与婉儿》《中国公主杜兰朵》《刘姥姥》《秦少游与苏小妹》《慈禧与珍妃》《狸猫换王子》《大脚皇后》等剧目。

尤其是2011年,由中国文化部、河南省文化厅、郑州市政府、中华豫剧文化促进会共同主办的豫剧盛会中国豫剧艺术节开幕式在河南艺术中心大剧院举行,洛阳牡丹马金凤、台湾豫剧皇太后张岫云两位大师荣获中国豫剧节"豫剧终身成就奖"。

两岸豫剧交流中各自体现了独特的艺术风格,有很强的互补性,这是交流的内在驱动力。两岸豫剧交流是一个互动、互利双赢的过程。两岸豫剧通过交流与合作,共同继承、发扬和促进了中国豫剧文化的优良传统,共同促进了豫剧的现代化进程,适应了年轻观众的审美要求,共同走向国际舞台,从而扩大了豫剧的影响,开创了豫剧未来发展的新方向,这是两岸豫剧交流的最大意义所在。

四、两岸戏曲交流的现实意义

两岸戏曲交流有利于缓和两岸关系。两岸人民对中华戏曲具有较强的认同感,加强两岸戏曲交流,能增进互信合作,因此我们应加大交流强度、深度、广度,提高交流层次,逐步实现两岸戏曲交流经常化制度化。通过戏曲交流的情结作用,可以加深两岸同胞之间的互相理解,沟通两岸同胞的情感。民间关系密切了,就可以促进官方交换有关发展两岸关系和两岸统一方面的意见。

两岸戏曲交流有利于增共识去隔阂。两岸既包含着同根同源的传统文化,又涵盖着不同的现实文化,在戏曲方面表现为内涵意义、价值取向、意识判断等方面的差别,这决定了两岸戏曲观有共性的一方,也有个性的一面。而戏曲属于民间艺术,相对而言,政治色彩比较淡薄。在一定条件下,戏曲具有超越政治信仰、制度障碍、观念分歧的共性,从而使双方走到一起,进行和平交流。也正是由于这个缘故,在两岸各个方面的交流中,戏曲成为交流的先驱者。戏曲又是联系感情的纽带,它能在交流中潜移默化联络人们的感情。两岸通过在演出中切磋演艺,共叙亲情,抒发血浓于水的感情,有利于消除隔膜,增进双方共识,联结双方的情感纽带。

两岸戏曲交流有利于共同繁荣中华戏曲。两岸戏曲都包含着传统性、现代化的理念,通过两岸戏曲交流与合作,可以达到互相学习、取长补短,实现优势互补,从而共同繁荣中华戏曲的目的。大陆戏曲的原生态特征保留突出,有艺术精湛的名角,有一流的剧团,台湾同胞从中能领略到中国戏曲的精髓,引发对传统的回归与尊重。台湾戏曲在中西方多元文化语境中形成了颇具台湾风格的特性,台湾性、现代性特征突出,日新月异的台湾戏曲对大陆同行同样有很大的吸引力。两岸戏曲在交流合作中有利于共同推进中华戏曲的现代化进程。

两岸戏曲交流有着共同文化根基的凝聚力。台湾与祖国大陆血脉相连,文化相通。台湾戏曲文化是博大精深的中华文化的一部分,它与中华文化有着不可分割的关系。台湾传统戏曲根植于中华文化的土壤,体现了民族文化心理、民族核心价值观念,沉淀着中国世世代代民间社会的道义和审美选择,是富有浓厚的中国历史传统和民族特征的文化艺术。两岸血同缘根同宗,有着交流的向心力。两岸"人同祖、血同缘,同宗共祖、一脉相承",中华戏曲是两岸人民共同创造和培育的,台湾戏曲无论从根源还是从其内容素质及存在方式和表现形态上,都与中华戏曲属于同一系统,是中华戏曲的重要组成部分。

两岸文化交流是国家对台总战略的重要组成部分,是党和国家整个对台工作的重要方面,而戏曲是中华传统文化的重要资源。加强两岸戏曲交流必须科学规划,切实加强戏曲交流工作的计划性,制定和完善有利于戏曲交流的政策、法律体系和体制机制,合理发挥政府的作用,充分调动各部门的积极性,搭建两岸戏曲多元交流平台,培育戏曲交流中介机构,提高海峡两岸戏曲交流的流畅性和稳定性。

总之,立足戏曲专业特色,将两岸统一思想教育融入戏曲专业学习,让思政课与戏曲融合,探索戏曲课程思政的教学体系和内容体系,形成一套彰显戏曲教学特色的课程思政教学方法,推动思想政治教育创新发展。

参考文献

[1]吕诉上.台湾电影戏剧史[M].台北:银华出版部,1961.

[2]王安祈.台湾京剧五十年[M].台北:传统艺术中心,2002.

[3]陈耕,曾学文,颜梓和.歌仔戏史[M].北京:光明日报出版社,1997.

[4]陈芳,严立模.台湾豫剧五十年图志[M].台北:国光剧团,传统艺术中心,2003.

[5]林鹤宜.台湾戏剧史[M].台北:台北空中大学出版社,2003.

爱国之情　感人肺腑

——试析杨炯《从军行》中的思政元素

刘秀芬

摘要：根据教育部《高等学校课程思政建设指导纲要》（以下简称《纲要》）要求，古代文学课程确定思政育人目标，并且始终贯穿在具体的教学过程中，试以杨炯《从军行》分析为例来做具体阐释。

关键词：古代文学；思政；爱国；杨炯；《从军行》

2020 年 6 月，教育部印发《高等学校课程思政建设指导纲要》（下称《纲要》），全面推进高校课程思政建设。《纲要》提出，课程思政建设要在所有高校、所有学科专业全面推进，围绕全面提高人才培养能力这一核心点，围绕政治认同、家国情怀、文化素养、宪法法治意识、道德修养等重点优化课程思政内容供给，提升教师开展课程思政建设的意识和能力，系统进行中国特色社会主义和中国梦教育、社会主义核心价值观教育、法治教育、劳动教育、心理健康教育、中华优秀传统文化教育，坚定学生理想信念，切实提升立德树人的成效。

根据《纲要》要求，古代文学课程确定课程思政育人目标如下：通过学习文学史和作品，激发学生对传统文化的兴趣和爱好；净化青年学生的心灵，培养他们对真善美的追求；培养学生高度的爱国主义精神和民族自豪感，增强文化自信。这一目标始终贯穿在具体的教学过程中，下面试以杨炯《从军行》及同类题材的作品为例来具体阐释。作品教学分课前、课中、课后三个环节。

首先，课前让学生预习中国 MOOC 郑州师范学院古代文学教研室录制的《中国古代文学史》唐宋部分慕课第一讲，并画出思维导图。

然后，在课堂上，师生互动共同完成教学任务：

1. 先简单向学生介绍一下作者的生平经历及相关情况

杨炯（650—?），华阴（今陕西华县）人，自幼聪颖博学，高宗显庆四年

(659),杨炯年仅十岁即以神童应举。显庆五年(660)待制弘文馆(相当于国家级图书馆)。在此职位上待了十六年后,于上元三年(676)始任校书郎,武后垂拱元年(685)因堂弟参与徐敬业讨武则天受牵连而被贬为梓州司法参军,天授元年(690)任满回到洛阳,武则天诏其与宋之问分直习艺馆。如意元年(692)出任盈川(今属浙江衢州)令,世称"杨盈川"。杨炯虽仕途坎坷,但文才出众,擅长写作五言律诗,与王勃、卢照邻、骆宾王并称"初唐四杰"。

2. 着重带领学生深入挖掘作品内涵,帮助学生了解作品中蕴含的爱国主义思想

杨炯的《从军行》是初唐一首非常有名的边塞诗歌,其中所流露出来的爱国热情感人肺腑,催人泪下。全诗如下:

> 烽火照西京,心中自不平。
>
> 牙璋辞凤阙,铁骑绕龙城。
>
> 雪暗凋旗画,风多杂鼓声。
>
> 宁为百夫长,胜作一书生。

《从军行》这个题目属于乐府《相和歌辞·平调曲》旧题,多以军旅战争之事为题材。杨炯这首《从军行》是旧瓶装新酒,他用乐府古题写成了一首非常成熟的五言律诗。

首联"烽火照西京,心中自不平",写边境急报传到京城,立即激起了诗人心中的爱国之情。烽火,古代边防报警的信号。从边境到内地,沿途高筑烽火台,有敌情就在台上点火示警,根据敌情之缓急,逐级增加烽火的炬数。西京,指京城长安。"照"字渲染出一种紧张的战争气氛。诗人目睹外患严重,心中难以平静。"自"字,写出了人物的思想境界,表现了诗人那种爱国热情是出自肺腑,而非外人强加。

颔联"牙璋辞凤阙,铁骑绕龙城",写主帅率领军队辞别京城,奔赴前线,以排山倒海之势包围敌方要塞的过程。牙璋,调兵的符牒,由两块合成,朝廷和主帅各执其半,嵌合处呈齿状,故名,这里指代奉命出征的将帅。凤阙,汉武帝所建的建章宫上有铜凤,故称凤阙,后来常用作帝王宫阙的泛称。铁骑,精锐的骑兵,指唐军。龙城,汉时匈奴大会祭天之处,故址在今蒙古国鄂尔浑河东侧。这里泛指敌方要塞。这一联将唐军反击侵略的军事行动写得迅猛凌厉,声势逼人。

颈联"雪暗凋旗画,风多杂鼓声"描写将士们顶风冒雪奋勇作战。上句写大雪纷飞,落满军旗,使旗帜上的图案也为之暗淡失色。凋,原意是草木枯败凋零,此指失去了鲜艳的色彩。下句写狂风怒吼,与进军的雄壮鼓乐混杂在一起。这两句一色一声,有力地烘托出唐军将士不畏艰苦英勇报国的战斗豪情。

中间两联对仗精工,颔联中"牙璋"对"铁骑","凤阙"对"龙城",对仗极为工稳流丽。颈联亦然。这两联词采典雅壮丽,而又丝毫没有板滞僵化的嫌疑。关键在于诗人能一意贯注,一气呵成,完全以气概胜。正如古人评价,三四句写得"实而不拙",五六句写得"虚而不浮"(《唐诗广选》引蒋仲舒语),的确如此。

尾联"宁为百夫长,胜作一书生",百夫长,泛指下级军官。这两句表达了诗人投笔从戎、卫国立功的愿望:宁愿做一名卑微的军官冒着生命危险血战沙场,也不愿安全地躲在书斋当中舞文弄墨消磨时光。这两句诗直抒胸臆,语言质朴,音调嘹亮,表现出作者不畏牺牲、慷慨赴敌的勇气和决心,这种高亢激昂的英雄气概令人击节赞叹,所以成为流传千古的名句。

整首诗节奏明快,笔力刚健,气势雄浑,充满着雄壮昂扬的报国激情,反映了处于上升时期的大唐帝国文人士子的爱国思想、尚武精神,以及他们豪迈自信的心态,能够成为初唐边塞诗的名篇,绝非偶然。

3. 注重广度,联系诗史上同类题材进行比较,深化爱国主义思想对学生的浸润

在中国诗史上,这种慷慨从军的爱国诗篇自古就有。《唐诗意》认为"此诗有《诗经·秦风·无衣》意",的确如此。《诗经·秦风·无衣》是《诗经》中最为著名的爱国主义诗篇,它是产生于秦地(今陕西中部和甘肃东南部)人民与吴军作战的军中战歌,表现出秦国人民英勇无畏的尚武精神,是一首慷慨激昂的从军曲。诗云:"岂曰无衣?与子同袍。王于兴师,修我戈矛,与子同仇。岂曰无衣?与子同泽。王于兴师,修我矛戟,与子偕作。岂曰无衣?与子同裳。王于兴师,修我甲兵,与子偕行。"整首诗一共三章,结构相同,诗意在重章复沓的句式中逐层递进,表现了秦军战士出征前互相鼓励、同仇敌忾、舍生忘死的高昂士气。

杨炯《从军行》对盛唐边塞诗的创作产生了深远影响。特别是最后两句表现出的慷慨从军的热情对盛唐诸多诗人都有很大影响。比如盛唐边塞诗人高适《塞下曲》中的"大笑向文士,一经何足穷",岑参《送李副使赴碛西官军》中的"功名只向马上取,真是英雄一丈夫",那种英风豪气虽历千年而不灭;即便是盛唐山水田园诗人王维也曾写下过不少气冲霄汉的边塞游侠诗作,比如《少年行四首》中的"孰知不向边庭苦,纵死犹闻侠骨香",这是足以感天动地的爱国精神和民族力量。这些诗句与杨炯的《从军行》均有前后承传关系,其中慷慨激昂的爱国思想一脉相承,跨越时空而遥相呼应。它们异曲同工,一并成为唐诗中弘扬主旋律的作品。诵读这些诗篇,人们往往都会为诗中熊熊燃烧的火一样的爱国激情所感染所震撼,从而对之满怀崇仰并心驰神往。

最后,布置作业:阅读超星网站所上传的相关教学材料,并完成线上习题。

总之,在具体的教学实践中,古代文学课程采用了各种方法提高教学质量,完成思政育人目标:课前课后,通过线上观看视频及阅读材料并完成一系列作业,增强了学生的自主学习能力;课堂上,通过学生的小组活动、代表发言以及教师的精讲,大大激发了学生的学习热情,培养了学生对传统文化的热爱以及学生的家国情怀;通过师生互动分析作品的艺术成就,提高了学生的人文素养和审美情趣;通过联系诗史进行纵横比较,增强了学生对古代文学作品深度和广度的认识,并进一步增强了学生的文化自信。当然,由于种种原因,也还存在不少不足之处,在以后的教学实践中,我们将竭尽全力进一步克服困难,弥补缺陷,以期圆满完成各项教学目标。

参考文献

[1]杨炯.杨炯集[M].徐明霞点校.北京:中华书局,1980.
[2]陈伯海.唐诗汇评 M].杭州:浙江教育出版社,1995.

美不胜收　灵愚共感

——试析张若虚《春江花月夜》教学中的思政元素

刘秀芬

摘要：根据教育部《高等学校课程思政建设指导纲要》要求，古典诗词鉴赏课程确定思政育人目标，并且始终贯穿在具体的教学过程中，试以张若虚《春江花月夜》教学为例来作具体阐释。

关键词：思政；张若虚；春江花月夜；审美情趣；文化自信

依据 2020 年 6 月教育部《高等学校课程思政建设指导纲要》"在高校人才培养目标中，价值塑造是第一要务"以及 2016 年 7 月习近平总书记在庆祝中国共产党成立 95 周年大会上提出的"四个自信"中的"文化自信"，古典诗词鉴赏课程确立的思政育人目标如下：通过学习诗歌内容以及感受其艺术魅力，培养学生积极健康的价值观，培养学生的人文修养和审美情趣，从而增强文化自信。下面，着重以张若虚《春江花月夜》的教学为例，发掘其中的思政元素，并浅谈价值目标在具体的教学过程中的贯彻和实施。

《春江花月夜》中的思政元素主要体现在培养学生的审美情趣和文化自信之上。在漫长的中国诗歌发展史上，这首诗可以说是一首灵愚共感的佳作。人们拜倒在她的脚下，被她的美所吸引所震撼，给予了她无尽的赞扬。如清王闿运"孤篇横绝，竟为大家"（《湘绮楼论唐诗》）；闻一多更将这首诗推为"诗中的诗，顶峰上的顶峰"（《唐诗杂论·宫体诗的自赎》），诸如此类，不一而足。在具体的教学过程中，笔者主要从虚实结合这一角度去挖掘其潜在的艺术魅力。

《春江花月夜》这首长诗之中虚与实两种艺术手法结合得非常完美。袁行霈先生评价这首诗时曾说过："从月生写到月落，把客观的实境与诗中人的梦境结合在一起，写得迷离惝恍，气氛很朦胧……亦虚亦实，忽此忽彼，跳动的，断续的，有时简直让人把握不住写的究竟是什么，可是又觉得有深邃的丰富的东西蕴涵在里面，等待我们去挖掘、体味。"（《如梦似幻的夜曲——

张若虚〈春江花月夜〉赏析》)的确,作者实写景物时给人感觉一片空灵虚幻,而采用虚笔言理、抒情时又往往能借景托出。实景能虚写,虚境中又含实景,虚虚实实,妙趣横生,直令人目迷神驰,心向往之。

诗篇一开头便大笔泼墨,气势不凡。"春江潮水连海平,海上明月共潮生。"春天的夜晚,诗人伫立江边,只见江潮起伏,汹涌奔流;这种景色已足够壮观;但作者的视野并没局限于此一隅。他似乎能视通万里,在他的想象中看到了春江远与海接的壮丽景观;而且在远方辽阔的大海之上,一轮明月伴随着春潮的涌动而生。读者面前立刻出现了一幅波澜壮阔的神奇画卷:月亮如同诗人久久期待的一位美丽女神,款款降临在明净皎洁的夜空之中,向那富有无穷生机和活力的健壮青年般的江海流露出无限深情的注视。苍茫的大海,一下子银光普照,流光万里,熠熠生辉。春、江、月、夜属于实写,"连海平"则属于想象,带有虚意。江潮浩瀚无垠,仿佛和大海连在一起,的确,景象因这一虚笔而显得更加大气磅礴。另外作者用了一个"生"字,而未用"升"字,音同意异,效果悬殊。张九龄的《望月怀远》中的名句"海上生明月"也是这样。"生"字运用拟人手法虚写,赋予了本来没有生命情感的明月与江潮以无尽的灵性,极有情趣;而"升"字则显得平淡无奇。有了这些虚笔,这两句诗的境界更加深远了,画面也更加生动活泼了。

接着作者采用工笔细描进一步写景。"滟滟随波千万里,何处春江无月明?""滟滟随波""春江月明"实写月照水面,波光粼粼的景色,但"千万里""何处无"则带有虚意。诗人运用想象、夸张的手法表现江流的绵长以及月照范围之广。这两句实中寓虚。"江流宛转绕芳甸,月照花林皆似霰。"前句实写江流曲曲折折绕着开遍鲜花的洲渚流淌,后句则采用比喻,虚中有实。写月亮把光辉洒向那花林,白天还五颜六色的花林此刻如同一下子撒上了一层洁白的雪珠。把月光映照下的花朵比作小雪珠,实际上是采用侧面烘托的手法虚写月光的皎洁。"空里流霜不觉飞,汀上白沙看不见。江天一色无纤尘,皎皎空中孤月轮。"诗人仰望空中,流霜的飞动似乎也觉察不出来了;俯视沙汀,本来白天粒粒可数的沙子此刻也看不见了。实写流霜、白沙、纤尘之看不见摸不着,仍是采用侧面烘托的手法虚写月之皎洁。前三句以实写虚。第四句聚焦空中皎皎孤月,属于实写,如同一句题画诗,待画面景物写足之后绾结收束起来;又如一位端庄矜持的女神,在诗人千呼万唤之后,待随从的侍女们缤纷而出按序罗列好之后方盛装出场。但在她展露容颜之前,诗人早已通过众多侍女的陪衬映照,将她的美一点一点地暗示了我们。作者所写春、江、花、月、夜五种景物,都是自然界的真实存在,但经过诗人的妙笔点染,似乎都幻化为仙境中的景色了,迷离惝恍,幽洁朦胧。《唐诗鉴赏辞典》中吴翠芬先生对这首诗的评价可谓贴切中肯:"虽用水墨勾勒点染,但'墨分五彩',从黑白相辅、虚实相生中显出绚烂多彩的艺术效果,宛如一幅淡雅的中国水墨画,体现出春江花月夜清幽的意境美。"

　　这八句写景,诗人给我们展现出了一幅境界空灵、色调淡雅的神奇图卷,足以唤起人们对这一美好境界的追求和向往。同时这幅画本身也含有一种象征的虚意。它象征着初盛唐士子纯净明朗的性情以及他们对理想浪漫境界的探求和追寻。这八句以实写为主,带有虚意,实中藏虚,亦真亦幻,美丽至极。但作者并不满足于此,而是由此画卷衍生出更加深邃的问题。

　　"江畔何人初见月,江月何年初照人?"聚焦这一轮素魄,诗人想得更深更远了。远古初期,是谁在江边第一次见到了这轮月亮? 而这江上的明月又是哪一年才开始照耀人类? 这牵涉一个古今中外都一直在探讨、但始终都没有答案的哲学问题——人类的起源与宇宙的根本问题。《春江花月夜》这首诗既没有宗教的神权色彩,也不同于科学家的推论,更不是哲学家所给出的答案。他上承《楚辞·天问》而来,以文人的眼光好奇着、疑惑着、追寻着。问过之后,自己又作如是回答:"人生代代无穷已,江月年年只相似。"人类与宇宙的本原既不可知,但并无郁闷与痛苦,他只是在努力探寻着"有限"与"无限"、"有情"与"无情"的关系问题,并最终豁然开朗,得到了精神上的解脱:虽然个体生命是短暂的,转瞬即逝,相对于永恒的宇宙来说只不过是昙花一现;但人类的存在却代代延续,绵远久长,无穷无尽,如同那亘古不变的明月一样年年岁岁永恒如斯。正如闻一多以诗人的感性所悟到的"更夐绝的宇宙意识! 一个更深沉,更寥廓更宁静的境界……对每一问题,他得到的仿佛是一个更神秘的更渊默的微笑,他更迷惘了,然而也满足了"(《唐诗杂论·宫体诗的自赎》)。葛兆光先生评价这几句对哲理的探索"有一种明媚的青春意识和淡淡的伤感情怀"(《唐诗选注》),但这种淡淡的伤感情怀与《古诗十九首》中"生年不满百,常怀千岁忧"的忧伤痛苦以及曹操《短歌行》中"对酒当歌,人生几何? 譬如朝露,去日苦多"的无奈感喟都迥然有异;也没有陈子昂"念天地之悠悠,独怆然而涕下"的深沉悲怆或刘希夷"年年岁岁花相似,岁岁年年人不同"的凄凉感伤。与前人相比,他更加潇洒通透了。"不知江月待何人? 但见长江送流水。"此时的江月脉脉含情,似乎在等待着什么人? 也许是在等待她的意中人? 也许是在等待人类的认同与赞许? 也许是在期待人类与自然的和谐统一？诗人没有说,但见长江之水无语东流。这句诗给人留下了丰富的遐想空间,令人深思,韵味无穷。这一段对哲理的思索和探寻,相对于第一段的写景来说,属于虚写。因为哲理属于意识形态的范畴,它没有具体的形体,所以是虚笔。但虚写中又时时映带着明月与江水这些实景,可谓虚由实生,虚中有实。

接着四句过渡:"白云一片去悠悠,青枫浦上不胜愁。谁家今夜扁舟子,何处相思明月楼?"作者轻轻荡开一笔,将诗笔由天上跳转到了人间,不由得讴歌起那超越时空、永恒绵长的思妇游子相思之情。作者以"白云悠悠"象征游子的悠悠不返。青枫浦,古代送别的地点。"谁家""何处"写尽了普天下游子思妇的两地相思。

"可怜楼上月徘徊,应照离人妆镜台。玉户帘中卷不去,捣衣砧上拂还来。"从"应"字可推测出来这八句是诗人想象中的"扁舟子"(或即作者自身)所想象出的一幅心灵的图画。他采用了从对方着墨的艺术手法来虚写思妇的相思,突出了男女双方的深情厚谊,一笔两写,比直接单纯地写游子的思家念亲艺术效果要好得多。此处虚中有虚,虚境叠加,境更远,意更浓。这几句来源于曹植《七哀诗》:"明月照高楼,流光正徘徊。上有愁思妇,悲叹有余哀。"高楼徘徊的月光相似,但曹植诗中的月光给人的感觉庄重高深,这首诗中的月光则更显得调皮可爱一些;思妇之情也同中有异。曹植所塑造的思妇忧愁悲叹、哀伤不已,而张若虚笔下的思妇则更多的是对远方爱人炽热而悠远的眷恋以及对未来真诚美好的期盼。"卷不去""拂还来"这两个动作看似无理却有情。明月于人何干,她却如此怨恼不愿见?细思是月光触动了她的相思之情,月圆而人不圆,故有此举。这两句细腻地刻画出思妇的一片痴情,达到了古典诗学所谓的"无理而妙"的境地。月色可恼,却接着又说"此时相望不相闻,愿逐月华流照君。"痴想着能像月光一样跨越时空与游子常伴,这种深情是多么真挚动人!"鸿雁长飞光不度,鱼龙潜跃水成文。"鸿雁长飞相思难传,鱼龙潜跃尺素在望。这八句所写虽为尘俗之爱相思之情,但已完全没有了前代宫体诗的污秽和浮艳,作者不是着力刻画思妇的外貌服饰,而是用清淡疏朗的笔墨描述她的行为和心理,因而情思更显纯洁深沉,典雅含蓄。另外明月高楼、镜台帘幕、纯情思妇这些意象的塑造,再加上离这幅虚想的画面更远的月照鸿飞、深水鱼跃的虚景组合,使诗歌的境界更显高远脱俗。

接下来,诗情更加缥缈悠逸。"昨夜闲潭梦落花,可怜春半不还家。江水流春去欲尽,江潭落月复西斜。斜月沉沉藏海雾,碣石潇湘无限路。"在思妇的梦境之中,花落闲潭,春天已半,而游子依然漂泊天涯,不能回家。紧接着诗人又将诗笔从梦境移回到实境:春光将尽,流水无情,落月西斜。这实景同时不也蕴含了青春流逝岁月难驻的感慨和忧伤? 再接下来继续写实景:海雾迷茫,隐没斜月。碣石潇湘,路途遥遥。相聚无期,可悲可叹。然而诗人在这山穷水尽之时忽又振起笔锋,于是便又峰回路转,柳暗花明:"不知乘月几人归,落月摇情满江树。"在这月明之夜,总会有人乘着月色回到家中与亲人团聚,畅享久别重逢的幸福与喜悦。这个"情"字,既凸显了相思本身,同时又立即将这片相思融化消散在了江边的树上。境界幽远迷离,如梦似幻。相思的人儿,此刻再看落月,觉得她似乎也从阴霾之中解脱了出来,好像是在摇动着身姿,婆娑起舞,将她不绝如缕的柔情洒满江树,与人间依依惜别……因为有了这一笔,诗情又出现了一次升华。刚才相思而不得见的幽怨被冲淡了,离人似乎也从他人的团聚之中获得了慰藉与希望。整首诗首尾圆合,天衣无缝。"起用出生法,将春、江、花、月逐字吐出;结用消归法,又将春、江、花、月逐字收拾。"(清徐增《而庵说唐诗》)

诗歌从"白云一片去悠悠"至结尾均属诗人想象之辞。诗人由己及人,推想着这明月之夜普天之下亘古及今那永恒纯洁的两地相思之情。而这种情感的抒发又以景托出,在春江花月夜的美景的烘托点染之下,情感的抒发显得更加蕴藉委婉、含蓄空灵,可谓虚以实显,虚中有实。而且,这一段想象中又有想象,虚中有虚;实境中又含梦境,实中寓虚。

文如其名,整首诗就像作者的名字一样,若虚若实,耐人品味。作者因为灵活采用了虚实结合的手法,实中生虚,虚中含实。虚虚实实,相互映带补充,相得益彰,意趣无穷。诗境因此而显得更加悠远迷离,含蕴丰富,诗人也因此获得了千古不朽的名声。

总之,在张若虚《春江花月夜》的教学实践中,我们通过运用线上线下相结合的教学模式,采取师生互动、生生互动、教师精讲等教学方法,逐步发掘出作品中所蕴含的无穷魅力,提升了学生的审美情趣,增强了学生的文化自信,而且,润物无声,巧妙地完成了教学任务。

参考文献

[1][清]彭定求,等.全唐诗卷一一七[M].北京:中华书局,1960.
[2]陈伯海.唐诗汇评[M].杭州:浙江教育出版社,1995.

[3]闻一多.唐诗杂论·宫体诗的自赎[M].北京:中华书局,2009.

[4]人民文学出版社编辑部.唐诗鉴赏集[M].北京:人民文学出版社,1981.

[5]俞平伯,萧涤非,周汝昌,等.唐诗鉴赏辞典[M].上海:上海辞书出版社,2004.

[6]葛兆光.唐诗选注[M].杭州:浙江文艺出版社,1999.

[7]唐圭璋.词话丛编[M].北京:中华书局,1986.

气压百代　雄视古今

——杜甫《登岳阳楼》教学中思政元素的发掘和实施

刘秀芬

摘要：根据教育部《高等学校课程思政建设指导纲要》要求，中国古代文学课程着重点主要在"中华优秀传统文化教育"上，大力弘扬以爱国主义为核心的民族精神，培养具有家国情怀、文化自信以及审美情趣的新时代大学生是高校古代文学教师的主要任务。拟以杜甫《登岳阳楼》的教学为例来作具体阐释。

关键词：思政；杜甫；《登岳阳楼》

2020年6月，教育部印发《高等学校课程思政建设指导纲要》（下称《纲要》），全面推进高校课程思政建设。根据《纲要》精神，课程思政建设要在所有高校、所有学科专业全面推进，围绕全面提高人才培养能力这一核心点，围绕政治认同、家国情怀、文化素养、宪法法治意识、道德修养等重点优化课程思政内容供给，提升教师开展课程思政建设的意识和能力。教育部高等教育司负责人表示，当前，高校中还不同程度存在专业教育与思想政治教育"两张皮"现象，未能很好形成育人合力、发挥出课程育人的功能。

作为一名高校古代文学教师，着重点主要在"中华优秀传统文化教育"上。加强中华优秀传统文化教育，我们应当大力弘扬以爱国主义为核心的民族精神，坚定学生的理想信念，教育引导学生深刻理解中华优秀传统文化的思想精华和时代价值，教育引导学生传承中华文脉，培养具有家国情怀、文化自信以及审美情趣的新时代大学生。全面推进古代文学的课程思政建设就是要解决这一问题，我们应当把教育教学作为最基础最根本的工作，构建更高水平的人才培养体系，采取更为灵活巧妙的方法润物无声，以期切实提升立德树人成效，促进学生的全面发展。

下面拟以杜甫《登岳阳楼》的教学为例来做具体阐释。

首先，简单介绍一下作品的影响和地位，激发学生的学习兴趣和热情。

在群星灿烂、百花争艳的唐代诗坛，有许多著名的诗人都写下过有关洞庭湖的佳作，如孟浩然、李白、刘禹锡等人。然而古今评价较高的当首推杜甫的《登岳阳楼》这首诗，正如刘克庄《后村诗话》所评："岳阳楼赋咏多矣，须推此篇独步，非孟浩然辈所及。"这首诗不仅在题材方面是同类作品中的佼佼者，而且在体裁上，也是杜甫五律中的代表作。胡应麟在《诗薮·内篇》卷四中曾说，唐代五律，除了李白以外，只有杜甫，"气象巍峨，规模宏远，当其神来境诣，错综幻化，不可端倪。千古以还，一人而已"。而且，他说，五律之"宏大"者，则以这首为代表。由此可见杜甫这首诗在后人心目中的地位。

其次，引导学生熟悉作品的创作背景，了解作者当时处境的艰难。

《登岳阳楼》这首五律写于杜甫晚年 57 岁之时。他 59 岁去世，所以这首诗是他在生命的最后两个年头写下来的一首充满忧国之思的写景佳作。唐代宗大历三年（768）冬，经历了长期战乱、奔波之苦的诗人杜甫，又一路漂泊来到了岳阳，面对浩瀚无边的洞庭湖水，他感伤身世，忧念国家，万千感慨，系于笔端。整首诗内容如下：

> 昔闻洞庭水，今上岳阳楼。
>
> 吴楚东南坼，乾坤日夜浮。
>
> 亲朋无一字，老病有孤舟。
>
> 戎马关山北，凭轩涕泗流。

然后，具体分析作品的内涵和艺术，发掘作品中蕴含的爱国思想和艺术技巧的高超之处。

首联"昔闻洞庭水，今上岳阳楼"，写出作者对洞庭湖神往已久，现在终于登上岳阳楼可以观看一览奇观了，流露出一种夙愿终于实现的欣喜之情。但通篇来看，整首诗抒写的并不是诗人欣赏洞庭湖的喜悦，而是沉郁悲壮的情怀，与首联所抒之情相反。所以，这两句诗情与后面形成一种反跌，波澜起伏，极富顿挫之致。

颔联"吴楚东南坼，乾坤日夜浮"为千古名句。吴楚，指春秋战国时的吴、楚两国之地，在我国东南一带。大致说来，吴在洞庭湖东，楚在洞庭湖西。坼，分裂。乾坤，指日月。《水经注·湘水》："湖广圆五百余里，日月若出没其中。"这两句意思是：洞庭湖的万顷碧波、千层巨浪，把吴、楚两地广袤区域冲开、分裂；日月星辰乃至整个乾坤宇宙都像日夜沉浸在湖水之中，随着湖水的动荡而沉浮起落。这两句写出了洞庭湖浩瀚无边、气势磅礴的壮观景色，同时也蕴涵着国土分裂、乾坤动荡之意，历来为后人叹赏不已。

颈联"亲朋无一字,老病有孤舟"抒发了诗人个体生命的孤独与渺小。意谓亲朋故旧音讯隔绝,无一字书信相寄。自己年老多病,带着一家老小在一叶孤舟之上,四处漂泊。当时已 57 岁的杜甫,由于战乱、饥寒、流落、劳顿的长期折磨,身体已衰弱不堪——右臂瘫痪,耳朵失聪,还患有慢性肺病、消渴病(糖尿病)等。此时,他面对烟波浩渺的洞庭湖,怎能不感慨万千?

这两联在艺术笔法上可以说是由大到小,小大相形,相得益彰。颔联写景雄浑开阔,而颈联写情则凄怆悲凉。正如《瀛奎律髓汇评》中俞犀月所评:"三、四极开阔,五、六极暗淡,正于开旷处俯仰一身,凄然欲绝。"所言极是。黄生《杜诗说》也评道:"前半景如此阔大,五六自叙,如此落寞,诗境阔狭顿异。"一纵一收,这种由情绪的起伏变化所造成的"诗境阔狭顿异",其实也正是杜甫年轻时在《进〈雕赋〉表》中所说的"沉郁顿挫"在其诗歌中的具体体现。

然而诗人即使已沉沦潦倒到这般地步,仍时时刻刻胸怀天下关注国事,结尾他吟出:"戎马关山北,凭轩涕泗流。"当时北方少数民族吐蕃入侵,边境不宁,长安戒严。想到这里,诗人凭轩独立,涕泗横流。如果是身居庙堂的士大夫,能够兼济天下、关注局势尚可理解,而杜甫此时不过为一介布衣,且困顿失意,体弱多病,日暮途穷,就像他在《旅夜书怀》中所说的"飘飘何所似,天地一沙鸥"一般孤独渺小,但他仍能以国事为念,心忧天下,胸怀广博,这种淑世情怀确实是难能可贵的,千年之间罕有其匹,所以无愧于"诗圣"的称号!

最后,联系诗史同类题材作品,凸显杜甫此诗中的爱国思想和艺术个性。

孟浩然也有描写洞庭湖壮阔景象的名句"气蒸云梦泽,波撼岳阳城"(《临洞庭湖赠张丞相》),写景也同样雄浑壮阔,气势磅礴。可他是出于干谒的目的而写此诗。后两句紧接着便说"欲济无舟楫,端居耻圣明",表达了他想做官而无人引荐的心情。所以,可以看出,孟浩然描写洞庭湖景色的目的,主要是来表达他自己的求仕之心,仅仅局限于个体身世之感。而杜甫眼中不只有洞庭,还有吴楚乃至整个乾坤;他胸中不仅有他自己,更融合了天下国家,苍生社稷。境界之高,胸怀之大,非他人能比。

李白《游洞庭湖五首》(其二)诗云:"南湖秋水夜无烟,耐可乘流直上天。且就洞庭赊月色,将船买酒白云边。"李白与族叔泛舟洞庭,见明月皎洁湖水澄澈,不由生发乘流直上青天之想。而且他还想向洞庭湖赊几分月色,乘着小船到白云边买酒去。这首诗写得天真脱俗,洒脱不羁,充满浪漫主义的奇思妙想,非常符合李白"诗仙"的艺术个性。与杜甫《登岳阳楼》相比,一浪漫飘逸,一沉郁悲壮,各异其趣。

刘禹锡的《望洞庭》诗云:"湖光秋月两相和,潭面无风镜未磨。遥望洞庭山水翠,白银盘里一青螺。"这首诗写湖水与素月交相辉映,湖面平静无风,宛如未经打磨的铜镜一样柔和朦胧。远望洞庭山水,好似白银盘里托着一枚青螺。全诗通过想象、比喻等手法,化大为小,把洞庭美景写得如同妆台奁镜、银盘青螺般的清奇精致,千里洞庭似乎成了一件小小的精美工艺品,从而表现出诗人壮阔不凡的气度和高卓清奇的情致。而杜诗中的颔联名句则是化小为大,洞庭湖似乎把能吴、楚两地分割开来;日月星辰、天地宇宙都像日夜浮浸在这湖水中一般。二人笔法不同,一收缩变小,一延伸放大,各尽其妙。

当然,这四首描写洞庭湖的名篇在艺术上各有千秋,体现出不同作家不同的创作个性。但若论境界和胸怀,当首推杜甫《登岳阳楼》这首诗作。整首诗一气贯注,大气磅礴;家国之悲,深蕴景中,情景交融,境界浑成;语言朴素自然,风格沉雄悲壮。其气魄,足以压倒百代;其胸襟,足以雄视古今! 正如《唐宋诗醇》所评:"元气浑沦,不可凑泊(拼凑、刻意营造之意),千古绝唱。"所论极是。

总之,通过以上教学环节具体安排、实施,师生互动,不仅共同发掘到了杜甫《登岳阳楼》这首诗中爱国思想的光辉,进一步增强了学生的爱国意识;通过作品深厚博大的思想内涵和高超巧妙的艺术手法的分析,进一步培养了学生解读作品的能力,提升了学生的审美情趣,增强了学生的文化自信,并且巧妙达到了润物无声的育人效果。

参考文献

[1]杜甫撰,仇兆鳌.杜诗详注[M].北京:中华书局,1979.

[2]陈伯海.唐诗汇评[M].杭州:浙江教育出版社,1995.

论中国古代文学教学中的人格培育

盛　敏

摘要：文学的特质决定了它在教育中的特殊功能。中国古代文学的使命不只是传递文学知识，它还要在青年学子的人格培育中发挥应有的作用。树立人格的理想典范，有利于帮助青年学生建立起对高尚人格的认同，并以此为坐标定位自己的人生价值追求；人性的纯美，可以净化某些不良世风投射在青年们心灵上的些许暗影；文学史上那些独特的生命个体，无疑会引导青年走向个性化的丰富人生。

关键词：理想人格；古代文学；纯美人性；独特个性

教育的一个重要使命是塑造人的心灵，提升人的境界，使人类获得更加健全的人格。这恰好是文学所要面临的课题。我国高等教育中的文学课程正是在对此一问题的思索中展开的，并且面临着新的困惑：文学课如何才能适应时代的需要，塑造出人格健全的建设性人才？本文试图探讨如何在古代文学教学中实施人格教育的问题。

一、人格的培育与文学

《辞海》（第 7 版）中对人格的释义为："①人的性格气质、能力等特征的总和。如人格化。②指作为人应有的品德、尊严、体面等。如：人格高尚、丧失人格。法律上指人能作为权利、义务的主体的资格。"人格在心理学上亦称"个性"，指个人稳定的心理品质。包括两个方面，即人格倾向性和人格心理特征。前者包括人的需要、动机、兴趣和信念等，决定着人对现实的态度、趋向和选择；后者包括人的能力、气质和性格，决定着人的行为方式上的个人特征。这两方面的有机结合，使个性成为一个整体结构。由于个人的遗传素质尤其是社会实践活动各不相同，使个人之间在人格倾向性和人格心理特征方面各不相同，形成不同的人格，即个别差异。这种个别差异不仅表现在人们是否具有某种特点上,而且还表现在同一特点的不同水平上。

再来看辞海对"文学"的释义:"……现代专指用语言塑造形象以表现社会生活,表达作者思想感情的艺术,故又称'语言艺术'。文学通过作家的想象活动把经过选择的生活经验体现在一定的语言结构之中,以表达人对自己生存方式的某种发现和体验,因此它是一种艺术创造,而非机械地复制现实。……文学的形象不具有造型艺术的直观性,而需借助词语唤起人们的想象才能被欣赏。这种形象的间接性既是文学的局限,同时也赋予文学描写生活的极大自由和艺术表现上的巨大可能性,特别是在表现人物内心世界方面,可以达到其他艺术所不可及的思想广度和深度……"

人格的社会性及不同个体人格的差异决定了培育是一个漫长而复杂的过程。道德与伦理的说教很难真正打动年轻人的心灵,理想人格的培育更无从说起。文学特有的情感性、感染性,以及它表现人物内心世界的广度和深度决定了它是成就孩子理想人格的最为自然和有效的方式。

二、树立人格的理想典范

发掘作品中的理想人格,以典范指引方向。《离骚》这首抒情长诗之所以打动了一代又一代的仁人志士,就在于它表现出了一种崇高的人格美,一种执着守卫个体生命尊严的人格意识。但是,历史上对屈原的评价却褒贬不一。司马迁在《史记》中热情地为他作传,赞之曰:"其文约,其辞微,其志洁,其行廉。……其志洁,故其称物芳。其行廉,故死而不容。自疏濯淖污泥之中,蝉蜕于浊秽,以浮游尘埃之外,不获世之滋垢,皭然泥而不滓者也。推此志也,虽与日月争光可也。"班固《离骚序》则曰:"今若屈原,露才扬己,竞乎危国群小之间,以离谗贼。然责数怀王,怨恶椒兰,愁神苦思,强非其人,忿怼不容,沈江而死,亦贬絜狂狷景行之士。……谓之兼《诗》风雅,而与日月争光,过矣!"对屈原人格有所贬抑。王国维说:"其(屈原)人格亦自是千古。"

对屈原的不同认识与评价,与后人的人格差异有着直接的关系。司马迁与王国维等人对屈原的标举与景仰,反映了他们之间人生价值的认同——坚持道义、理想与独特的人格高于生命。司马迁《报任少卿书》所表述的生死观:"人固有一死,死,有重于泰山,或轻于鸿毛,用之所趋异也。"简言之,生命的价值才是他最重视的东西。因此,他认为,屈原为了人格的尽善尽美,为了保全其"日月之志"而怀沙投江,践行了自己"怀清白以死直"的生命诺言。他说:"余读《离骚》《天问》《招魂》《哀郢》,悲其志。适长沙,观屈原所自沉渊,未尝不垂涕,想见其为人。"屈原的"为人"深深震撼着司马迁,可见在为人和人格道德上,太史公是绝对认同屈原此举之价值的。在20世纪风雨如晦的年代里,王国维先生亦以一死见其独立自由之意志。班固也是一位了不起的史学家,但他从维护封建统治的立场出发评价人物,定夺是非,其人格意识打上了更多正统思想的烙印,显然缺乏司马迁批判现实的胆魄。人格的高下差异,于此可见一斑。这种认识渗透进古代文学的教学中,有利于帮助青年学生建立起对高尚人格的认同,并以此为坐标定位自己的人生价值追求。

三、揭示人性的纯美境界

叶嘉莹先生认为,在中国诗歌史上,只有陶渊明是真正达到了"自我实现"境界的一个诗人。陶渊明性格的最大特点可以概括为"任真"。苏轼赞他:"欲仕则仕,不以求之为嫌;欲隐则隐,不以去之为高;饥则扣门而乞食,饱则鸡黍以迎客:古今贤之,贵其真也。"在《归去来兮辞》的序中,他说:"质性自然,非矫励所得。饥冻虽切,违已交病。"他的《五柳先生传》借五柳先生夫子自道:"闲静少言,不慕荣利。……短褐穿结,箪瓢屡空。晏如也。常著文章自娱,颇示己志。忘怀得失,以此自终。"这种"任真"和他所处的社会环境强烈冲突。他在《感士不遇赋》中说当时的世风是"真风告逝,大伪斯兴,闾阎懈廉退之节,市朝驱易进之心。怀正志道之士,或潜玉于当年,洁己清操之人,或没世以徒勤"。官场的虚伪与矫饰对尚真的陶渊明来说,是无法忍受的。彻底绝望之后,他选择了归隐,在田园生活中体会人生的价值与真谛。也正是在这一点上,他成为后人难以企及的典范。朱熹就曾盛赞他真能高于假清高的晋宋人物。实则此后的历代文人都很难做到真正摆脱名利的束缚,所以陶渊明才成了后人心中高风亮节的典范。

"文如其人",陶渊明任真自得的本性是形成其诗歌"质而实绮,癯而实腴"风格的直接原因。他其实是在用他的生命去书写,用他的生活去实践他的诗篇的。他的诗不是写给别人,而是写给自己的。所以,在古代文学的教学中,我们就可以从陶诗的风格讲到他的为人,以作者任真自然、远离污浊世俗的纯美人性净化某些不良世风投射在青年们心灵上的些许暗影。

四、凸显个性的独特魅力

在中国古代的诗人中,最具个性的是李白。尽管他向往功名,但前提是必须保持自己独立的人格和尊严,这是道家追求绝对自由、蔑视俗谛桎梏思想的影响。他生就一副傲骨,决不在人前卑躬屈膝,而要"平交王侯",与王公贵族平起平坐,甚至"自称臣是酒中仙,天子呼来不上船"。当因此被权贵排挤时,他更是愤怒地宣称"松柏本孤直,难为桃李颜","安能摧眉折腰事权贵,使我不得开心颜"!表现出独立不屈的人格。所以,李白对后世的巨大影响,首先便是他诗歌中所表现的人格力量和个性魅力。在中国古代个体人格意识受到正统思想压抑的文化传统中,李白那"天生我材必有用"的非凡自信,那"安能摧眉折腰事权贵"的独立人格无疑有着巨大的魅力。

晚明小品文是我国古代文学艺术长廊中的又一朵奇葩。它的出现是晚明个性化思潮的产物,创作风格趋于生活化、个人化,率真直露,渗透着晚明文人特有的生活情调和审美取向。袁宏道的游记小品能充分注意大自然景观的个性特征,他笔下的每处山水都有着各自独特的风貌和品格,正所谓"美在个性中"。他对山水灵气与个性的把握,与他那种闲适拔俗的情怀和放浪不羁的胸襟十分合拍。张岱《自为墓志铭》袒露自己年轻时历尽繁华的生活,展示真我,洗去浮华。晚明小品文对后世的影响很大,周作人、林语堂等现代作家对个性的提倡便与小品文崇尚自由与个性的文化内涵有着直接的关系。当代青年崇尚个性,甚至标榜另类,这是人性发展的要求,但它无疑需要教师适当的引导:如何充分展现自我,张扬个性,成就你丰富多彩的人生?你的生命价值如何在独特的个性中实现?

正是在此种意义上,我们认为,古代文学作为师范学院中文系的专业课程,在常规教学之外,还要承担起培育青年学生理想人格的时代使命。学子们的思想素质、人格修养取决于他们所接受的教育,反过来,他们又将决定着祖国的明天。利用古代文学课堂培育青年学子的理想人格,刻不容缓。

参考文献

[1]李梦生,史良昭.古文观止·屈原列传[M].上海:上海古籍出版社,2005.

[2]戴锡琦,钟兴永.屈原学集成[M].北京:中央编译出版社,2007.

[3]朱东润.历代文学作品选[M].上海:上海古籍出版社,2002.

[4]屠友祥.东坡题跋·书李简夫诗集后[M].上海:上海远东出版社,1996.

[5]逯钦立.陶渊明集[M].北京:中华书局,1979.

从《大学》入门修德，重建"为己"学风

盛　敏

摘要：从《大学》入门修德，重建"为己"学风是实施课程思政、建构更为宏远的育人格局的需要。《礼记·大学》提出的"三纲"即明明德、亲民、止于至善和"八目"即格物、致知、诚意、正心、修身、齐家、治国、平天下，为学者建立了一个由内到外的为学路径，指出个人的道德提升是根本，先做人再做事。"为己"即成就自己、完成自己，自我完成之后再进一步推己及人，最终走向成就外物。为己之学强调的是伦理道德性而非功利性。正因为己，所以能够安心修己而不为外物所役，不会因一时的风气所趋而动摇对自我品格的坚持。它弘扬人自我完善、修身养性的内在价值，肯定人不受外在功名利禄所役使的独立精神和人的主体性。

关键词：《大学》为己之学；成己成物

郑州师范学院文学院积极响应学校的号召，实施课程思政，挖掘和梳理课程中的德育元素，以建构更为宏远的育人格局。这方面，我们的传统文化课程四书五经解读可以说有着先天的优势。该课程的有效实施和展开，有助于青年学子养成宁静淡泊的人文情怀，树立高远的人生目标，仰望星空而脚踏实地，成就自己的人生价值，为我们的国家和社会建设各尽其能、各展其才。兹就青年学子如何从《大学》入门修德，重建"为己"学风的问题试做梳理。

一、"为己"与"为人"的内涵辨析

孔子在《论语·宪问》中说："古之学者为己，今之学者为人。"孔子这句话表达的是对古之学者"为己"的歆慕，及对今之学者"为人"的批评。那么，什么是"为己"？什么是"为人"呢？两者之间的主要区别在哪里？事实上，孔子所谓"为己"即自我完善或自我实现，就是说学习是为了修养道德和增

进学问，全方位提升自己；"为人"则是迎合他人以获得外在的赞赏，是为了装饰自己，做给别人看的。孔子力主恢复周礼，其中包括学者为学的方向。《论语·颜渊》："颜渊问仁。子曰：'克己复礼为仁。一日克己复礼，天下归仁焉！为仁由己，而由人乎哉？'"那么，修养自己，成就自己就是最终的目标吗？孔子的弟子子路也表达过这样的困惑。

子路问君子。子曰："修己以敬。"曰："如斯而已乎？"曰："修己以安人。"曰："如斯而已乎？"曰："修己以安百姓。修己以安百姓，尧、舜其犹病诸！"孔老夫子的意思是说，想要成为君子，成为一位品德高尚的人，首要的任务是修养自己，提升自己。有了这个基础，然后才能够有力量去帮助别人、帮助天下人获得安宁。因此，"修己安人"是"为己之学"的基本宗旨。

关于这个问题，程子和朱子继承了孔子的思想，并且进行了更为透彻的阐释。程子说："为己，欲得之于己也。为人，欲见知于人也。"又说："古之学者为己，其终至于成物。今之学者为人，其终至于丧己。"朱子的按语说："圣贤论学者用心得失之际，其说多矣，然未有如此言之切而要者。于此明辨而日省之，则庶乎其不昧于所从矣。"

程子进一步辨别了为己和为人的不同指向：为己首先是成就自己，完成自己。自我完成之后再进一步推己及人，最终走向成物。为人则是迎合外物，为了装饰和美化自己而学习，追求的是外在的形式和标准，而不是自己心灵的涵养。久之则会在迎合外物中迷失了成长的方向，从而丧失了真正的自己。自己都没有完成，又何谈成物，何谈成就他人呢！

二、《大学》的修德路径

《礼记·大学》是儒学的"入德之门"，据说是孔子的学生曾子所作。它所指出的修德路径，正是孔子"为己"思想的具体实践，也得到了程子、朱子的大力推扬。《大学》提出了修己、治人、平治天下的三纲八目。所谓三纲，即大学的三个宗旨：明明德、亲民、止于至善。明德是我们本有的仁心，是我们从天道那里获得的德性，因为受了后天的种种遮蔽，需要我们通过有意识的修身养性，让这个明德再度呈现出来。亲民，则是我们明明德的唯一途径，我们每个人都生活在现实当中，感受和体察生活，在生活中感悟着天道。只有自觉地去顺应和实践天道，才能得到人生价值的实现，达到理想的至善境界。所谓八目，是实现三纲的八个步骤：格物、致知、诚意、正心、修身、齐家、治国、平天下。"古之欲明明德于天下者,先治其国;欲治其国者,先齐其家;欲齐其家者,先修其身;欲修其身者,先正其心;欲正其心者,先诚其意;欲诚其意者,先致其知,致知在格物。物格而后知至,知至而后意诚,意诚而后心正,心正而后身修,身修而后家齐,家齐而后国治,国治而后天下平。"这段话说明了在进德修业的过程中,修身才是根本。即从自身的修养开始,走向齐家、治国、平天下,从而确立了由内到外的修德路径。换句话说,学者为学首先要确立"为己"的理念,学习首先是为了修养自身,提高自己的道德水平,是自身发展的需要。一个人首先要成为独立自主的自己,成为一个内心强大、精神充盈的个体,然后才可能由内而外传递自己的力量,去影响、感染周围的人,带动更多的人走向光明。就像一盏灯,首先点亮了自己,然后才可能照亮他人。所以为己、修己、成己是第一步,然后再推广开去,齐家治国平天下,成就别人,成就外物。用我们现代的话来说就是,先做人,再做事。

《大学》还列出接近大学之道的具体修养方法:知止而后有定,定而后能静,静而后能安,安而后能虑,虑而后能得。就是说,你有了止于何处的目标之后,才能内心坚定,内心坚定才能够达到宁静的境界,心境宁静才能安于所处,安于所处才能做到虑事精详,虑事精详了才能收获理想的结果,这是事物本末终始的本然顺序,如果能够领悟到这个先后的次序,就基本把握了教育和学习的规律了。

三、为己之学是成己成物的必要途径

宋明理学家坚持了"学者为己"的为学宗旨和教育理念,在书院教育中培养了大批德行卓越的栋梁之材。朱熹《白鹿洞书院揭示》说:"熹窃观古昔圣贤所以教人为学之意,莫非使之讲明义理以修其身,然后推己及人;非徒欲其务记览为辞章,以钓声名取利禄而已。今人之为学者,则既反是矣。然圣贤所以教人之法,具存于经,有志之士,固当熟读深思而问辨之。苟知其理之当然,而责其身以必然,则夫规矩禁防之具,岂待他人设之而后有所持循哉!"针对当时的学者只在记览辞章上用功,把它仅仅作为科举应试、钓取功名利禄的工具的做法,朱熹给出了严厉的批评,并在书院教育中大力倡导为己之学,"讲明义理以修其身,然后推己及人"。各种规矩禁约不应是由他人设置要求你去遵循的,而首先应为学者提升自我内在涵养的必修课题。这也正是为己之学的本质,它强调的是伦理道德性而非功利性。正因为己,

所以能够安心修己而不为外物所役，不会因一时的风气所趋而动摇对自我品格的坚持。它弘扬人的自我完善、修身养性的内在价值，肯定人不受外在功名利禄所役使的独立精神和人的主体性。从自我德性的修养开始，首先成就的是道德世界充盈的自己，你的内心世界充满了能量，自然会发之于外，惠及他人，在你待人处事的过程中传播你道德人格的力量。

因此，首先需要树立为己的信念，致力于修己，反观内照，以完善自我的道德为方向，然后才可能最终指向自我成立，即成己。成己是根本，是基础，自我修养的最终指向还是在于成物，成就外物。从修身开始逐步拓开去，齐家、治国，最后自然指向兼善天下。这就是儒家从内圣走向外王的为学路径。郑州师范学院的校训——"格物致知 明德尚善"即是来自《大学》，一方面鼓励广大师生努力求知、学以致用；另一方面要求师生首先完善自己的道德修养，然后推己及人，进一步去传播爱与美善。作为师范院校，我们亦有着得天独厚的优势，学子们学成之后会奔赴全国各地的中小学校，教书育人，播撒光明。仁爱的精神处处生根发芽，便是我校育人目标的最大实现，是我们能为国家和民族的振兴做出的最大贡献。

四、重建为己学风的路径

首先从为己到成己。君子贵诚，"诚者，自成也"，人所立，当自立，真正的树立是人的自我实现，成就自己。学习首先是自己成人的需要，成为一个更好的自己的需要。不是为了装点和美化，获得别人的肯定和赞赏，而是为了自己内心的安宁和快乐，为了获得精神世界充盈的自我，关怀的是生命本身。所以首先要树立为己的信念。从为己出发，才能走向成就自己。成为什么样的自己呢？成为独立和完整的自己。一个有思想、有操守、能自立的个体，要能经受住时风世俗的各种冲击而有所挺立，自强自立，守住自己的精神家园。他要能够感知、聆听到自己内心的声音，不会轻易随外物而改变自己。

《中庸》第十章孔子关于"强"的描述为我们指明了成己的方向："故君子和而不流，强哉矫！中立而不倚，强哉矫！国有道，不变塞焉，强哉矫！国无道，至死不变，强哉矫！"一个人修养自己的目标是成为君子，成为"和而不流""中立而不倚"的个体：柔和但有原则，不会随波逐流；中正和平不偏颇，不因外在环境的改变而改变自己的内在操守、随顺任何势力。

那么,通过怎样的方式才能成就这样独立不倚的自己呢?《中庸》第二十章也为我们指出了"诚之"之道:"诚之者,择善而固执之者也。博学之,审问之,慎思之,明辨之,笃行之。有弗学,学之弗能弗措也;有弗问,问之弗知弗措也;有弗思,思之弗得弗措也;有弗辨,辨之弗明弗措也;有弗行,行之弗笃弗措也。人一能之,己百之。人十能之,己千之。果能此道矣,虽愚必明,虽柔必强。""诚"是天道,是圣人的境界,可以生而知之;"诚之"是人道,须学而知之。"自明诚,谓之教"。首先明确了至善的方向,"择善而固执之",然后通过博学之、审问之、慎思之、明辨之、笃行之的践履,最后达到诚的境界。这是需要和能够通过教育实现的。然后从成己到成物。成己是基础,是自我的完成,但人的价值最终还是要通过成物才得以实现。"诚者,非自成己而已也,所以成物也。成己,仁也;成物,知也。性之德也,合外内之道也,故时措之宜也。"朱熹注曰:"诚虽所以成己,然既有以自成,则自然及物,而道亦行于彼矣。"就是说君子修养自己,当然首先在于成就自己的德行,但还不止于此。内心充盈自然发之于外。内心的仁爱表现出来就是待人处事的智慧,把爱和温暖传递下去,可以给别人带来光明,这便是德性的实现。如果能使每一个人每一件物都能发挥他自具自足的本性,这也就是顺应天道了。祈愿我们郑州师范学院走出的每一位学子都能够成己成物,止于至善之境。

参考文献

[1]杨伯峻.论语译注[M].北京:中华书局,2006.

[2]朱熹.四书章句集注.[M].北京:中华书局,2011.

[3]朱熹.朱子全书[M]上海古籍出版社,2003:8.

扬雄"身立则政立"的为政理念及其当代鉴示

李进宁　王魁星

摘要:西汉末年,政局动荡、吏治败坏,"西道孔子"扬雄提出了"身立则政立"的为政思想。这一思想表达了"身立"和"政立"的辩证关系,涵盖了修身内省,博学广识;淡泊名利,自守泊如;行廉志洁,务实笃行;"做官先做人,做人先立德"等为政理念和践行准则,是对儒家核心价值观的继承与发展。在新时代背景下,它对于当前各级领导干部修身立德、为官理政等均具有一定的镜鉴和启示作用。

关键词:身立则政立;政治生态;为政理念;当代鉴示

扬雄,字子云,西汉末年著名文学家和思想家,一生秉持儒家修身齐家治国平天下的崇高理想,根据时代发展需求,他积极践行新的儒家思想,希望在此引导下为民众呐喊、为治国安邦出谋划策。因此,后人称誉:"扬子云,西道孔子也。"汉成帝时,扬雄任给事黄门郎;王莽时,甘于恬淡而转为大夫,随后校书天禄阁。虽然多为权轻官微的秘书之职,但是,他却胸怀"为天地立心,为生民立命,为往圣继绝学,为万世开太平"的豪情壮志。在自身修为与为政风范方面有其独特思考与深刻认知,他认为:"政之本,身也。身立则政立。"这不仅是一种儒家慎独深思的为官思想和执政理念,而且也是为官之道中德位相配的表现。作为新时代的人民公仆,这种思想认识也会对当下各级官员坚持苦练内功、夯实基础,执政为民、立党为公的马克思主义信仰,提高党员干部的道德素质、思想修养和国家治理能力,以及树立良好核心价值观,均具有一定的镜鉴与启示作用。

一、"身立则政立"的思想渊源与逻辑理路

(一)"身立则政立"的思想渊源

"身立则政立"思想是扬雄对于为官者自身修养的总体判断和根本认

识。这一思想是建立在"政之本,身也"的理论认知上,即为官者倘若能够做到克己慎独,并且在三省吾身、"成于中,形于外"的基础上端正自我,就能客观公正地处理与广大民众切身利益相关的事情,甚至是关乎家国存亡的政务工作。简而言之,为政之根本就在于为政者自身,如果自身有所立,那么为政就有所成。因此,对于为政者自身而言,良好的政治修养和道德品行,一旦成为社会治理的核心价值追求,将会促成生态政治层的形成和稳步发展,这也必将影响或改变广大民众的政治诉求及其价值取向。以此为论,扬雄的"身立则政立"思想,应源于孔子"政者,正也。子帅以正,孰敢不正"的政治论断。从儒家积极入世思想而言,这是对官员自身修为、明礼重德的基本要求,也是规范社会礼仪和伦理道德的理论指导。

《中庸》认为:"文武之政,布在方策。其人存,则其政举;其人亡,则其政息""故为政在人,取人以身,修身以道,修道以仁。"显而易见,国家治理与兴亡存续主要体现于封建统治阶层的"方策"之中,而"方策"的谋划与运行又取决于制定者的思想道德修养与政治素质。个人在国家政治生活中地位高低,在政治事务中成功与否,"身立"具有举足轻重的作用。因此,古代为官者只有"明于性情,乃可与论为政。不然,虽劳无功"。从上述有关儒家思想论断可知,扬雄不仅较为完整地继承了孔子思想的真谛,而且还与时俱进地创新发展了儒家思想。宋代曾巩对扬雄的这种认识表达了敬佩之情,他说:"自斯以来,天下学者知折衷于圣人,而能纯于道德之美者,扬雄氏而止耳。"作为承前启后的"西道孔子"扬雄,在时移世易的背景下,及时调整了儒家治世思想,内化了慎独克己的自身修为,是新的政治生态下对于执政者思想革新的再认识。

总之,"身立则政立"思想是以扬雄为代表的有识之士对于美好政治理想的憧憬与追求,对于治世能臣道德素养的殷切期盼与向往,其核心就是对于为官者"身立"的严格要求和价值观念的强化。作为主政一方的官员,只有真正达到了修身明德、善养浩然正气的境界,方能实现"治大国若烹小鲜"的政治理想。这种思想观念,对于我们深刻认识和积极践行习近平新时代中国特色社会主义思想的核心要义和理论品格有着极为重要的参考价值,对于正确处理修身与为官、个人与团体之间的微妙关系,加强公民道德素质建设和社会主义集体主义建设,均有着极为重要的借鉴作用和现实意义。

(二)"身立"与"政立"的逻辑理路

扬雄"身立则政立"的为政思想,是在"政之本,身也"的前提下,对于为官者如何处理"身立"与"政立"逻辑关系的深层次思考。它不仅存在着对人的主观意志的形塑与升华,同时也被赋予了社会实践的客观性表达与真实性呈现。这种关联体现了二者之间互为表里、彼此依存的辩证关系。扬雄非常注重"身立"的先导性与原动力作用,他认为只有"身立"才能达到"政立"的稳定性和正确性,从而树立起牢不可破的政治立场和公正无私的为政风范。另一方面,"政立"的持续性与迁延性也能够促进"身立"向更高层次发展,以更加强大的精神力量规范自身修为,培养修身齐家治国平天下的自觉性和能动性。因此,在扬雄的政治理想与仕宦征途中,"身立"是"政立"的精神向导,"政立"则是"身立"的物质前提,二者相辅相成,密不可分。这一思想正是我国古代以农为本管理体制的经验总结,时代呼唤的政治缩影,也是国家治理与人才培养的传统范式。

　　"身立"与"政立"具有深刻的内部逻辑关联,它主要体现于政以治身,学以治心,心正身立,身正政立的循环链上。也就是说,国家治理的根本在于选拔并合理使用德才兼备的人才,而此类人才所具备的能力和胆略又在于其自身修为,这是修身立德的外在要求,如果进一步追根溯源的话,个人修为的根本在于心智秉性,这是一个人修身立德的内在动力。"只有'性正'才可能'心正','心正'而后才能'身正',只有身、心俱修,才可能最终达到正己正人、修己安人"的目标,从而为进一步实现济民安邦、教化天下奠定良好的基础。整体而言,这一逻辑关联深刻阐述了为政以德、治国以才、理民以心与正心修身、身立政行、行为世范的政治素养和为政理念。因此,"政立"是"身立"基础上的社会实践和为政风范,"身立"是"政立"成功之前的个体修为以及为政过程中提高个人修养的精神加油站。这种微妙关系的存在,不仅是统治阶级所追求的理想的国家治理方式,而且也是天下民众极力渴望实现的大同世界。它蕴含着顶层设计的理性回归,彰显着自修之人的温和守正。

　　综上所述,修身正己、明德正心就是中国人立德立功、为官理政的根本。从当前政治生态关系考虑,它就是要求我们必须加强自身的政治素养、品德修养和学识涵养等思想建设,同时坚定不移地树立正确的人生观、价值观和权力观等观念意识。习近平总书记在《做人与做官》中引用王安石《洪范传》"修其心治其身,而后可以为政于天下"之语,就是对上述思想观念的继承和发展,这表明在新时代背景下的领导干部既要做有理想有道德有文化有纪律的四有新人,也要成为对国家对社会对广大人民群众具有重要导向作用的"心中有党、心中有民、心中有责、心中有戒"的四有"心"人。总之,做官先做人,做人必修身,修身须正心。

二、"身立则政立"的为政理念与实践向度

（一）"身立则政立"的为政理念是对儒家核心价值观的继承与发展

春秋战国时期,以孔孟为代表的儒家核心价值观最主要体现于"仁""仁政"思想,也就是统治阶级所倡导的仁者爱人、天下大同的和谐秩序与社会构想。但是,有汉以来,儒家思想尽管走进了汉阙宫廷,浸润了庙堂社稷,然而却被统治者根据时代所需加以改造,成为遏制文武百官言行、规范贩夫走卒举止的精神统治工具。西汉后期,国祚衰微,主流思想隐而不彰。历经君王更迭、深谙宫廷斗争的扬雄,试图通过王莽改制的机遇期,重拾昔日"泛爱众"的儒家核心价值观,并期以明示天下。为此,扬雄建议王莽仿照古传《尧典》《舜典》旧制,新作《帝典》,在传统"礼制作乐"的基础上,熔古铸今、涅槃升华,以期构建新的王道思想,践行新的帝王典业。

从发展的眼光看,历史上所谓的王莽复古运动,实际上指的就是当时士人群体所推崇的恢复儒家核心价值观念的思想运动,它是以扬雄等士人为代表的社会阶层欲以规劝帝王实行先秦儒家思想教化天下黎庶、熏染万民风俗的理想政治图景,是儒家倡导的慎独修为,通于世务,以经术润饰吏事的"化治"社会。本质上这是儒者借助于推尊尧舜圣贤之事,将儒家核心价值观的思想观念、基本信仰和价值追求等意识形态方面的社会认知,积极地施用于现实政治运作之中,从而迎合王莽改制的政策制定和政治方向。这一顶层设计得到了统治阶层多数人的拥护与支持,扬雄也以《剧秦美新》和《官箴》表示了由衷赞许与殷切期望。钱穆先生对此总结说:"莽朝一切新政莫非其时学风群议所向,莽亦顺此潮流,故为一时所推戴耳。"先秦儒家核心价值观的回归与践行,在扬雄"身立则政立"的思想中不仅得到了正面回应,而且更是对它的发扬光大。处于当下社会主义现代化建设中的各级党员干部也应该根据社会发展的需要,时刻关注党和国家对于广大人民群众的路线、方针和政策的微妙变化,在做好"身立"的基础上蓄势待发,积极为"政立"打下良好的生态基础。

（二）"身立则政立"的实现路径与践行准则

扬雄凭借自己丰富的人生阅历和仕途经历,深刻考察了复杂多变的社

会现实和汉末官员们总体的思想动向之后,向有识之士提出了"身立则政立"的实现路径及其践行准则。从现存文献材料来看,主要观点如下。

首先,修身内省,博学广识。对于立身处世、从政为官的哲学思考,扬雄比较重视个人的自身修为。他说:"修身以为弓,矫思以为矢,立义以为的,奠而后发,发必中矣。"他把个人的"修身"问题比作一张弓,端正思想作为一支引而不发的箭,把符合时代要求的道德标准看作靶子,等待一切准备就绪,就可以藏器于身,待时而动,一旦时机成熟就可以达到预期目标。扬雄还认为每一个人的修行与学识千差万别、参差不齐,相应地,其最后归宿也是因人而异,他说:"天下有三种归宿,如果凭着自己的情欲行事,横行无忌,就会沦为不齿于人类的禽兽;如果能够严于律己,使自己的行为合乎礼仪伦常,才能算得上是纯粹的人;如果通过自我不断修行,福至心灵,超凡脱俗,那么就可以达到圣人的境界。"不难看出,扬雄对于自我修为的认知已经上升到了"圣人的境界"了。因此,对于"身立则政立"的社会体验,必须注重"珍其货而后市,修其身而后交,善其谋而后动"的道理。作为为官者,在现实生活中,如果缺乏必要的知识体系、生活常识或风俗民情,没有真正的学习历练,建构起自身良好的修为,就难以通过"身立"而达到"政立"的目的,最终就会被残酷的政治势力驱逐出名利场之外。因此,"政立"必须以"身立"为本,修身内省、博学广识是其完成使命的最佳路径和践行标准。

其次,淡泊名利,自守泊如。《孟子》曰:"天将降大任于是人也,必先苦其心志,劳其筋骨,饿其体肤,空乏其身。"历经此种磨砺的人,一旦步入政坛,往往对于功名利禄、荣华富贵淡若浮云。因此,他们在修身自省基础上的为政之道也往往不慕名利、不求闻达。《汉书·扬雄传》记载,扬雄"不汲汲于富贵,不戚戚于贫贱",超越世俗功利,淡然于功名得失。居蜀之时,尽管薄田陋室,以农桑为业,却能够安贫乐道,怡然自乐。他认为:"自夫物有盛衰兮,况人事之所极。奚贪婪于富贵兮,迄丧躬而危族。"人生一世,草木一秋,盛衰荣枯,福祸相依。尤其是为官之人,倘若贪婪于权势富贵,往往会导致自身不保,甚至于走向家族尽毁的地步。然而,如果一个人不受名利富贵的束缚,那么,他尽可以"荡然肆志,不拘挛兮",天地之间任逍遥。史载,汉哀帝时,宠臣丁明、傅晏、董贤执掌朝政,世俗社会纷纷为名位利禄奔走竞尚,当时不少溜须拍马、长于逢迎之徒都官运亨通、财源滚滚。扬雄虽然积极向君主建言献策,但是他并不是为了从中获得利益,而是自守泊如,坐看云卷云舒。此种境界,正是慎独修为的自然流露,"身立则政立"的根本体现。

最后，行廉志洁，务实笃行。古代官员一般信奉"为官一任，造福一方"的人生哲学。它本身就要求为官者必须拥有良好官德素养，而官德的养成又与为官者本人的自身修为有着密不可分的关系，因此"身立则政立"的为政理念正是指导世代为官者的一剂良方妙药。作为为政一方的地方官员甚至于治理天下的帝王将相，坚定的政治素养、崇高的个人修养以及修齐治平的家国情怀是治国安邦或确保一方平安的必要条件，也是官德素养得以彰显的具体要求。扬雄《法言》在探讨君子如何修身时提出，作为一个有修养的人，必须做到"取四重""去四轻"，即："言重则有法，行重则有德，貌重则有威，好重则有观。言轻则招忧，行轻则招辜，貌轻则招辱，好轻则招淫。"意思是说，言语慎重敦厚就会合乎官场交际法则，行为稳重持节就可以彰显出个人道德修养，容貌庄重端伟就会自显仪表威严，喜好自重执着就会得到由衷钦佩与格外关注。否则，言语轻薄就会招来祸患，行为轻佻就惹来祸端，容貌轻贱就会导致羞辱，嗜好轻浮就会趋向淫邪。因此，为官者一定要懂得"四重"的官场践行准则，同时坚决避免"四轻"之缺点，为人处世保持诚实正直，清正廉洁，老成持重，稳如泰山，个人的德行和威仪就会油然而生，社会的正气与正义也会蔚然成风。时至今日，这些从政之道、为官之术的肺腑之言仍具有一定的教育意义和启迪作用，作为新时代的人民公仆更应该铭记于心，实践于行；洁身自好，坚守初心。

三、扬雄"身立则政立"的当代鉴示

"以铜为镜，可以正衣冠；以史为镜，可以知兴替；以人为镜，可以明得失。"同样，扬雄"身立则政立"的人生命题犹如一面镜子，它不仅聚焦历史，反映现实，而且还可以烛照未来。古今圣贤，仕途精英，莫不重视自身修为、责任担当以及社会实践的理想信念。他们往往心系国家、胸怀天下苍生，表达着"居庙堂之高则忧其民，处江湖之远则忧其君"的赤胆忠心。人生暮年，铅华洗尽，偶有鸿爪雪泥留于世间，便是"身立"的成就，倘若曾经身兼一官半职，落得"政声人去后，民意闲谈时"的美谈，则是"政立"的完美体现了。因此，扬雄"身立则政立"的为政理念，对于当前各级领导干部修身立德、为官理政均具有一定的镜鉴和启迪作用。

（一）积极提高自身修为和道德素养

身为领导干部，提高自身修为和道德素养是经世济民、治国理政、增进

民生福祉的内在要求。人常说:"做人要讲人品,为官要讲官德。""人品"反映了一个人的道德品质、思想作风和处世态度,而"官德"则体现于为官者从政之道时所保持的政治操守和恪守的职业道德,具有鲜明的政治性和榜样的示范性等特征,它是为官之魂、从政之基、用权之道。鉴于此,党和国家在考察任用领导干部时往往把"德"作为首要标准,同时注重品行兼优、德才兼备的用人标准。正如习近平总书记所说,"领导干部要讲政德,政德是整个社会道德建设的风向标"。自觉加强官德修养,提高自身责任意识,培养敢于担当的时代精神,坚决在慎独的基础上做到"慎欲、慎微、慎权、慎嗜好、慎言行、慎始终","六慎"原则正是"打铁先要自身硬"的真实反映,也是扬雄"身立则政立"的本质体现。因此,在习近平新时代中国特色社会主义思想的指引下,我们党的领导干部应该主动提高自身修为和道德素养,树立起时代楷模的良好形象,积极带领广大人民群众在"中国梦"的指引下履行新时代新征程的历史使命。

(二)坚守廉洁自律,勤政为民的政治操守

南宋吕本中《官箴》说:"当官之法,惟有三事:曰清、曰慎、曰勤。""清慎勤"三字,词简义精,包涵了为官者应该具备的从政之德和居官法则,"苟非吾之所有,虽一毫而莫取",人生守之,近则利于自身,远则当利于为官一方甚或天下苍生。它是古代官吏正身律己之本,"身立则政立"之基。古语又说"骄纵生于奢侈,危亡起于细微""勿以善小而不为,勿以恶小而为之""生于忧患,死于安乐"等等,这些名言警句实际上告诉为官者,仕宦之途一定要力戒"骄、奢、逸"三种恶习。正如扬雄告诫为官者"取四重""去四轻"一样,坚守清正廉洁、勤政为民之态,摒弃骄奢淫逸、思想腐化之姿,才是真正达到了慎独自修的境界。封建时代的各级官吏尚且如此,那么作为新时代的领导干部更应该常怀慎独之心,坚决做到"勤、谦、俭",保持官德的纯洁性,力戒"骄、奢、逸",以一种平和从容的政治生态,展现人民公仆最为阳光与活力的一面,成为"一个高尚的人,一个纯粹的人,一个有道德的人,一个脱离了低级趣味的人,一个有益于人民的人",进而达到立党为公、执政为民的人生境界。

(三)摆正自己的政治站位,发挥聪明才智,实现人生价值

纵观扬雄宦海沉浮的一生,我们不难发现,他在慎独修为、坚定立场的基础上,能够认清现实、把握人生方向,顺应时代潮流,展现本我风采。这不

仅是其人生价值得以实现的立足点,更是其聪明才智得以发挥的根本。在当下如火如荼的社会主义现代化建设过程中,我们的人民公仆更应该坚守初心、筑牢思想防线、锤炼坚不可摧的政治品格,摆正责无旁贷的政治站位。通过"不忘初心、牢记使命"主题教育的学习与实践,切实做到学思用贯通、知信行统一,尽职尽责、励精图治,力争做到"心中有良知,行为有担当"。否则,思想动摇、信念滑坡、缺乏坚如磐石政治定力,甘心情愿做"木偶"干部、"泥塑"菩萨,最终不仅导致自欺欺人、丧失自我,而且还会误国害民、遗患无穷。因此,作为新时代的领导干部,如果欲以实现自我价值,彰显政治本分,行稳致远而有所作为,必须追求慎独修为,摆正政治站位,沿着新时代中国特色社会主义道路阔步前进。

参考文献

[1]朱熹.四书章句集注[M].北京:中华书局,1983.

[2]陈杏珍.曾巩集[M].北京:中华书局,1984.

[3]钱穆.刘向歆父子年谱[M].商务印书馆,2001.

[4]张震泽.扬雄集校注[M].上海:上海古籍出版社,2009.

[5]吕本中.官箴[M].北京:中华书局,1985.

统编教材古诗文文化素养培育策略研究

徐继英

摘要:传统文化是中国的民族之魂,其中的古诗文更是传统文化的重中之重。品读古诗文不仅是为了所谓的显得高雅且有修养,重要的是从中体味一种情感,积累更多知识,形成自己的认知判断,这是更高的水平。统编教材在调查当下传统文化教学现状下,力求全面挖掘与整理古诗文中与传统文化相关联的内容。笔者意欲从多方面的培育策略入手,让学生对传统文化的感知有着更加真切的体验,逐步提升学生的语文核心素养。

关键词:统编教材;古诗文;培育策略;文化素养

文化是一个国家、一个民族的灵魂。文化兴则国运兴,文化强则民族强。文化已经成为民族凝聚力和创造力的重要源泉,优秀的文化产品已经成为我国人民热切渴望的精神需求。在发展中国特色社会主义文化、建设社会主义文化强国的时代背景下,我们的教育应该认真思考:到底什么样的文化是我们应该提倡的,塑造社会主义核心价值观靠的是什么? 笔者认为,古诗文作为中华民族经典文学的代表,是最具代表性的中国文化,这里面承载了太多的人生哲理、社会思想,更与中华文明血脉相连,可以说是提升学生的语文素养、文化内涵的最好材料。因此,中学语文的古诗文教学要善于抓住古诗文文本中的思想内涵,涵养学生的文化情怀。

然而,笔者在很多常态的古诗文教学课堂中,发现一些老师的教学关注点更多放在了语文要素上。比如关于古诗文的诵读方法、诵读策略等,具体来讲就是集中在古诗文的字、词、句的翻译和内容主旨的理解上,缺乏对古诗文精神领悟类学习目标的关注,无意中忽视了学生对古诗文渗透出来的文化韵味的体验,教学模式稍显单一。当然这其中的原因比较复杂,浩如烟海的中华诗文老师们全都熟稔于心并不容易,在此基础上课堂教学实践能适时结合古诗文教学启迪学生的文化思考,感悟文化内涵更是不易。中学古诗文的阅读教学中如何兼顾人文主题和语文要素这两条线索,做到两者的协调统一,并在潜移默化中感悟中华传统文化的魅力,确实是值得探讨的问题。

一、古诗文的特质与文化影响力

近年来新版的统编语文教材最突出的变化之一就是古典诗文的篇目占比大幅度增加,小学6年12册共选优秀古诗文124篇,占所有选篇的30%,比原有人教版增加55篇,增幅达80%,平均每年20篇左右。初中语文教材古诗文选篇也是124篇,占所有选文的51.7%。基础教育语文教材的这一明显改变充分说明了党和国家对中华传统文化教育的重视,教育部颁发的《完善中华优秀传统文化教育指导纲要》也强调加强古诗文教学,逐步提升学生的学习兴趣和文化修养。希望我们的孩子在追逐时尚和新文化的同时,永远不要忘了自己的根——传统文化和传统美德,这应该是生生不息且历久弥新的。

2014年9月11日,在前往塔吉克斯坦的专机中习近平总书记这样聊传统文化:"古诗文经典已融入中华民族的血脉,成了我们的基因。我们现在一说话就蹦出来的那些东西,都是小时候记下的。语文课应该学古诗文经典,把中华民族优秀传统文化不断传承下去。"《语文课程标准》也要求学生学习古代优秀作品,体会其中蕴含的中华民族精神,为形成一定的传统文化底蕴奠定基础。中共中央办公厅、国务院办公厅颁发的《关于实施中华优秀传统文化工程的意见》明确要求,"加强对中华诗词的扶持",使包含中华诗词在内的中华优秀传统文化"贯穿国民教育始终",贯穿到启蒙教育、基础教育和整个幼、小、中、大学教育中,要"构建中华文化课程和教材体系"。这一个个政令和举措的出台都让大家感到前所未有的激动与自豪。语文教学说到底是培养学生的价值观,涵泳他们的文化情怀,从而让学生对传统文化产生尊重与认同。

新版的统编版语文教材的选文就是以经典和典范作为选文的重要标准,所选诗文大部分都是文学史或文化史上彪炳千秋的作品,让学生打破时空的界限,与文学大师和文化大师进行精神的相遇和生命的对话,在璀璨斑斓的诗文作品中体验美、感受美,进而为美所陶醉,不经意间已然感悟到传统文化的特质与魅力,这番春风化雨的洗礼,假以时日,提升文化素养自然是情理之中了。

比如读到《论语》中的"躬自厚而薄责于人",可以感受到生命的宽厚与敞亮;读到曹操的诗歌感受到他不仅能"运筹帷幄,决胜千里",还能"东临碣石,以观沧海";以"老骥伏枥,志在千里;烈士暮年,壮心不已"的诗句,写就了"唯大英雄能本色,是真名士自风流"的情怀。在当下这个较为浮躁、精神孱弱的时代,让学生体味曹操踌躇满志的英雄气概,不正是为人师者的重要使命吗? 古人云:师者,所以传道受业解惑也,这个"道"不正是教育的第一要务吗? 在古诗文中学生能发现文人对"修身齐家治国平天下"的执着追求,儒家的"仁者爱人"的人生理想,"民惟邦本、本固邦宁"的政治愿景,无不激起我们对传统文化以及传统美德的追随与认同,这不就是传统文化对当下人们的思想关照吗?

二、古诗文教学文化素养培育的原则

如果用一句话来描述这个原则,就是要把"道"的教育作为终极目的,反复诵读徜徉其中,含英咀华之际受到文化的熏陶和感染,这是一个较为长期的过程,需要师生双方共同的努力。作为老师切忌说得太多太全,让学生失去了涵泳品位与自我展示的机会。无论什么样的原则,前提都是以学生为主体作为原则的出发点,尽可能考虑到不同学生的差异,让学生有更多和文字文学共同对话共鸣的机会,这就需要老师有更多的教学智慧,对课堂教学有着高度有效的组织能力。

古诗文的美有两个重要的方面:一个是形式之美,另一个是内容之美。形式之美大家基本上都能在诵读的过程中感悟到一种节奏和韵律,就是平仄这种抑扬顿挫的韵律,但是内容上来讲就是"一千个读者就有一千个哈姆雷特"的感悟与理解了。中学生都是非常活泼且富有个性的个体,正值青春年少,满腹激情的时候,对于生活生命已经有了自己独特的思考和理解,带着自己的生命经验和审美感悟去读这些古诗文一定是会有差异的,故此中学古诗文的教学最需要重视的一个原则就是个性化原则。"诗缘情而绮靡",很多时候诗人的诗歌表达的都是一瞬间的感受,我们不能回到历史的岁月重新经历过往,而是在品读的那一瞬间激起了我们的个体生命体验,感受到诗文的魅力和文化的魔力,竟能穿越千年与文学大家进行生命经验的对接与交流,这个对接不是人云亦云,而是引起了丰富的联想,重新生成自己新的个体生命体验。这一过程就是学生的创造性思维培养的过程,也是通过传统文化梳理自己感受的过程，只要能自圆其说，皆要鼓励。

一篇经典的古代散文文本，必然是特定时代的人类文化思想与审美风尚的浓缩，必然是特定的文本作者的道德品质、精神操守、人格志向的结晶，这是文化解读的要素。部编版 8 年级下册教材中选了《庄子》二则，《庄子》中的大鹏形象和"濠梁之辩"在中华文化史上产生过深远的影响，至今还被人们津津乐道。对于 8 年级的学生来说，已经有了比较鲜明的主体意识，也愿意表达出自己的独特感受，所以老师完全可以引导学生对庄子和惠子辩论的优劣胜负展开讨论，这时候的老师就是一个导演和倾听者，适时引导学生做出多角度的探讨，就是在这一探讨中大家的观点和思想才会碰撞出火花，所讲的文化情怀的涵养才能落到课堂教学实践中来。一直以来古诗文教学中常常提到的文化解读，想必引导学生主动挖掘感悟文本中内蕴的文化价值观的信息是非常重要的方式吧。

因此，在古诗文教学中，教师在整体把握古诗文的文化意蕴和情感表达基础上，给学生创设良好的情境，带动学生由外入内找到自己感悟理解的切入点显得尤为重要。某种意义上真正体现了学生的课堂生成效果，这个效果里自然包含学生对古诗文文化风格的鉴定和情感的品读。

三、古诗文教学文化素养培育的依据

中学语文教材中古诗文篇幅的进一步加大给我们透露出这样的讯息：语文学科除了传授给学生基本的语言文字之外，还肩负着文化素养培育的重要使命。古诗文因其文辞的华美，语义内涵的含蓄深远而为世人称道。借助优美的古典诗文，能让学生感受到古人的生活、思想以及志趣，从而陶冶自己的情感，从启蒙时期就增强对中华优秀传统文化的体认以及民族的自豪感。语文学科的这一重要功能需要学生对所学的文化具有足够的自信，这样他们才愿意主动学习古诗文，并且在丰富自己语言储备的同时，提高审美能力，了解传统文化的深厚底蕴，只有了解并深刻认识到中华优秀传统文化对于中国和世界的意义是什么，才会乐于承担起传承发展文化的重任。

《语文课程标准》中关于古诗文的教学有如下的要求：诵读古代诗词，阅读浅易文言文，能借助注释和工具书，理解基本内容，注重积累、感悟和运用，提高自己的欣赏品味。了解课文涉及的重要作家作品知识和文化常识。

学习古代优秀作品,体会其中蕴含的中华民族精神,为形成一定的传统文化底蕴奠定基础。这就明确表示不仅要让学生了解到基本的语言文字知识,还要能够深入体味,感受文化内蕴。党的十八大关于教育"立德树人"的提法落地,教育部于2014年研制并印发《关于全面深化课程改革落实立德树人根本任务的意见》,明确表明:教育部要尽快组织相关学者、专家、一线骨干教师等研究并交出各学段适合学生发展的核心素养体系,要敲定学生为适应个人终身、社会发展所必备的正确三观、关键品格及能力。这就告诉我们,无论哪个学科的教育,最重要的是培养什么人的问题,具体到语文学科的教育首要的是语文核心素养的培育问题,进而提升到文化素养的养成和培育的高度上来。

语文核心素养,即语文范畴的核心素养,具体来讲包括最基础的语言文字的储备;其次能够调动自己的思维,从古诗文的学习中梳理字词、文本探究进而拓展迁移,感受文章的情致和韵味,提升审美情趣;最高级别的就是经过对文学形象的揣摩,文学语言的品咂之后,体悟到文本作者的道德品质、精神操守以及人格志向,这是对文化的解读,也是语文核心素养所要培育的重要内容。

四、古诗文教学文化素养培育的策略和方法

(一)强调文化自信和立德树人

统编版的语文教材大幅增加了古诗文的比例,给学生文化素养的培育提供了很好的素材和范本,便于老师在常态教学的同时对学生通过创设与教学内容主题相关的环境,营造更加适宜的教学氛围。不仅更容易调动学生古诗文学习的热情,也能促使学生获得更加深刻的情感体验。

比如《出师表》《孙权劝学》《诫子书》《〈诗经〉二首》《〈庄子〉二则》《〈礼记〉二则》等,各种文章以及课外阅读材料涉及治国理政、忠君爱国、传统美德、为人准则、远大志向、读书学习、生活情趣等诸多方面,这些经典的古诗文本身就是最好的培育学生文化素养的例子,教师可以借助多媒体以及各种方式方法引导学生注重古今联系,强调学生独特感受的表达。习近平总书记多次强调立德树人和文化自信,语文课堂就是最好的平台,教师要鼓励学生发扬锲而不舍的精神,秉持常学常新的态度,这样在不断地研读和感悟中才能提升语言文字修养,建立起更加坚实牢固、更加厚重的文化自

信。这一切都来源于教师有目的、有计划、有组织地通过古诗文对学生进行民族精神的教育,还要强调学生在古诗文的大量诵读感悟中得到传统文化的熏陶和自我教育。

(二) 多样化的诵读方法,激发学生共情

语文教材的每一篇课文的安排都有其编者的意图,不仅是学生语言学习的典范,更能让学生在积极主动的情感和思维活动中获得思想启迪,文化的自信就是这样在潜移默化中建立起来的。学生在诵读的过程中,教师可以变换多种方法,激发学生的兴趣,诵读不仅要形式多样,还要有激励机制。比如可以开展经典诵读比赛、课堂朗诵表演、配乐歌唱等等,要及时肯定每一个同学的表现,教师积极主动带头朗读背诵,范读的过程中老师尤其注意要把握好文章的基调、体现情感的变化,甚至让大家还原出跟诗文映衬的画面,这样的古诗文在学生的眼中一下子变得立体、有热度、有生命了。这个时候学生的诵读才是有基础的,也更容易与老师、与诗文的作者产生共情,这种共情能极大地帮助他们感受文章的情感。

文化与情感是相通的。传统儒学中所讲的"修身,齐家,治国,平天下"的文化精神,大家也许没有每天挂在嘴上,但正是在传统文化的浸润和感染下,在面对国家民族大义时,人们才能涌现出强烈的责任感,渴望为国出力,展现出责任担当。这些精神和感情都是中华优秀传统文化的一种外在体现,如果在语文古诗文的教学中,教师能引导学生与之产生共情,久而久之学生就能明白中华文化的精髓意味着什么,又是怎样深入华夏儿女的骨血影响人们的情感走向和行为举止的,在当下的中国现代社会又有怎样的价值。

比如读到《〈诗经〉二首》中的《关雎》时,老师除了结合语境讲解之外,一定要学会放手,把诗文理解的主动权放给学生,在反复诵读中共情是自然而然的,至于是表现男女之情还是诗人对心中理想信念的执着追求这个完全可以见仁见智。正是有了学生大声诵读和反复思考的时间,才谈得上学生对文化的理解,民族文化自信的建立不是空谈的,而是真挚情感的参与和品读之后的自然生成。

(三)群文阅读的教学模式,涵养学生精神世界

纵观历史,中国传统文化中产生影响最大的部分就是古代国学经典了,中国自古以来就有"诗教"的传统。孔子云:不学诗,无以言;不学诗,无以

立。古典诗词不仅有着春花秋月,更能让人读出背后的家国情怀,历来承担着政治教化、统一思想的职能;到了新时代提出的立德树人,更是与古诗文的教学密不可分。中学生正处于人生观和价值观形成的关键时期,可塑性极强,无论是精神的培育还是价值观的形成都必须从小处落实。

群文阅读这一教学模式不局限于课本,可以适当增加相近或者相似的阅读材料,大大拓宽学生的阅读面,让学生在多篇文章的整合阅读中增加知识积累量。有了一定的阅读量对于营造情感氛围,师生共同入境悟情打下很好的基础。学生大量阅读之后才会有一定的感知,进而充分运用已有的知识经验领悟诗文的意境和情感,这种统文化教育的渗透更加自然,也更具备生命的活力。因为在这一学习过程中老师和学生都在相似情感的触动中寻找到了一个平衡点,既不是教参所规定的所谓规范讲解,也不是学生的个性化解读,而是立足于群文阅读过程中找寻到的共同主题,这整个学习过程需要教师横跨初中阶段的六册语文教材,找出群文阅读的主题,从而让学生围绕一个共同的主题进入到群文阅读中,这样才能够达到整合文化和渗透文化的作用。

如在王昌龄《从军行》一课的教学中,教师可以带领学生围绕士卒在边疆保家卫国的主题,探索古人的爱国主义精神。教师所选择的群文阅读内容必须聚焦于爱国主义精神,譬如《春望》《示儿》《江南逢李龟年》《茅屋为秋风所破歌》《破阵子》等诗词,通过群文阅读深化学生对爱国忧民这种深沉情感的理解,自然而然之中渗透传统文化教育。真正的文化自信就是让孩子们在对一篇篇经典作品的阅读和品悟中建立起来的,它不是拿自己的文化与别的文化进行"PK",而是在对自己本国文化日益加深的理解中获得源源不断的精神力量,从而找到自信的底气,学生在整合的古诗文篇目阅读中,日益受到古人爱国主义精神的熏陶,爱国主义情怀深植心底。

参考文献

[1]核心素养研究课题组.中国学生发展核心素养[J].中国教育学刊,2016(10):1-3.

[2]田景珍.古诗文教学中的传统文化教育[J].文学教育(上),2021(4):106-107.

浅析高校语言课程与课程思政的融合

马 丽

摘要:课程思政建设在全国高校各学科、各专业正全面推进。课程思政思想契合了语言习得的本质内涵。探究语言类课程与思想政治理论课二者的有效融合,做到同向同行,立德树人,在新时代显得尤为重要。

关键词:课程思政;语言课程;有效融合;认知能力

教育部 2020 年 5 月 28 日印发实施的《高等学校课程思政建设指导纲要》明确提出,课程思政建设工作要围绕全面提高人才培养能力这个核心点,在全国所有高校所有学科专业全面推进。课程思政建设要求高校在人才培养过程中加强对学生的思想引领与品格塑造,通过在课程内容中融入思政元素,有效培育具有高尚品质、过硬专业、能力较高的综合素质人才。

课程思政指以构建全员、全程、全课程育人格局的形式将各类课程与思想政治理论课同向同行,形成协同效应,把"立德树人"作为教育的根本任务的一种综合教育理念。思政元素融入课程内容,体现了马克思主义思想的核心观点。在马克思主义哲学的社会历史观中,意识形态是一种具体的、生动的、动态化的社会实践活动。实践是人类社会存在的基础,是意识形态产生的土壤,是检验和认识真理的唯一标准。马克思认为,知识是一种人类用以开展实践活动的工具。只有通过实践,人类才能对世界及人类社会本身拥有更全面、更客观的认识。我们应该把具体的知识、意识形态放置到实践中、语境中进行把握与检验。在教育领域,我们需要验证我们的知识从何而来,知识是以怎样的方式产生、存在、被获取的,应该如何学习、掌握知识并将其用于实践活动。

课程思政思想体现了人类认知的基本规律。认知科学研究表明,人类的认知是以整体的形式发生的,不能孤立片面局部地看待认知问题,人类的认知兼具主观性与客观性。具体来看,人类的认知具有嵌入性、能动性、具身性和延展性。这一理论视域显示,人类的大脑与身体、环境是一个动态平衡,又有机统一、协调的整体。认知的嵌入性表明,认知是与周围环境和身体有机融合的整体,认知影响了环境,塑造了身体的物理状态。以嵌入性的方式体现了这种融合与整体性;认知的能动性表明,人类认知系统根据外界环境及身体的物理状态随时做出判断与调整,以积极、主动、灵活、创造性的方式适应环境与内外物理状态,并创造出有利于认知的客观条件;认知的具身性表明,认知与身体行动是一个动态平衡的系统,认知不仅影响行为,而且与行为一起构建了认知系统与认知过程。

将思政元素融入专业课程,符合且体现了人类的认知规律,只有在认知整体框架中加强对学生的价值观培养,才能有效提升学生的思想水平、情感认同和行为能力。

课程思政思想契合了语言习得的本质内涵。从语言哲学视角看,语言习得具有整体性,语言的意义不仅体现在字、词、句法结构中,而且体现在整体的社会文化中。对语言的习得不能脱离特定的社会、历史、文化、自然等条件进行。美国哲学家奎因认为,作为一种社会产物,语言势必会受到诸多外部因素的影响,语言的意义,离不开语言行为,意义具有行为性、社会性和环境性,因此具有整体性。美国哲学家戴维森认为,语言作为一种社会的产物,其意义不仅与具体的语言使用行为相关,而且不能超脱一定的社会环境而存在。语言所体现出来的主观性与其作为一门学科所具有的客观性一样显著与重要。在语言类学科教学中恰当地融入思政元素,符合语言的整体性本质,是学科与专业发展的必然。

当然,语言教学需要遵循认知规律,体现语言习得本质,反映出新时代的特点与要求,并展现出语言类学科的学科精神与育人内涵。将思政元素融入语言教学,有助于推动思政教育与语言技能知识教育融为一体,让学生在真实的语境中既学习语言知识又操练了语言技能。

语言教学的方法是灵活多样的,语言的教、学、用三位一体,这就需要充分考虑社会背景、文化习俗、经济发展、生态环境、语境影响以及学习者的认知能力、受教育程度等。①关注课程内容。课程内容是学习者获得知识、提升语言技能、构建认知框架的关键。②培养认知能力。认知能力是学习者有效获得知识、提高语言技能的基础。③重视语言环境。语言学习需要在具体的语境中进行,并充分考虑学习者的认知水平、语言技能、认知能力,三者互为保障、相互促进。④重视文化习得。无论是语言习得、思想交流,还是认知框架构建,都离不开对文化的习得。

基于课程思政的理论内涵及语言习得的内在规律,语言类学科课程思政应更加关注以下几个问题。

第一,语言类学科的课程思政应该从学科教育的全局入手,完善课程设置与培养方案,反思教学目标、教学内容及教学手段。从语言类学科的特点出发,将思政内容有机融入语言类学科的整体教育。

第二,作为核心学习任务与语言技能习得的载体,加入了思政元素的授课内容应在主题的深度、广度等方面做到统筹兼顾、多方并重,兼顾思想性、实用性、经典性、育人性,要与时俱进。

第三,语言类学科的课程思政教学强调课堂任务设计的科学性与实效性,要坚持以学生为中心去设计课堂教学、课堂任务。课堂任务设计要兼顾思政元素内化于语言技能提升,具体训练任务与教学目标的对应要明确。

第四,教师应当具备良好的专业素养、较强的教学能力以及高尚的思想品格。将育人的价值内涵内化为专业课程的教学内涵,在潜移默化中培养、提升学生的能力与素养,使之坚定理想信念、厚植爱国情怀、讲好中国故事。

习近平总书记2016年12月在全国高校思想政治工作会议上强调:"其他各门课都要守好一段渠、种好责任田,使各类课程与思想政治理论课同向同行,形成协同效应。"这为高校课程思政指明了方向、提供了依据。语言类课程与课程思政的融合,是思想政治教育和专业课程拓展的必经之路,也是实现专业课程与思想政治理论课同向而行、形成协同效应的重要保障。

语言是人类最重要的交际工具和思维工具,是语言类课程探索反思的根本,是课程理论联系实践的前提。在思政教育的过程中,我们要突破语言工具性、课程专业性的藩篱,做到工具与目标相统一,运用语言工具开展思政教育。这样,语言类课程方可在提升学生语言理论水平之外,注入思想教育内容,促进学生养成正确的语言观、价值观,实现知识引领与价值目标相统一。

语言类课程作为中文专业的核心课程,是培养和提高学生了解历代语言面貌、深入中华优秀传统文化,运用语言解读世界的重要课程,肩负着引导学生认知母语、提升学生文明用语习惯、激发学生传承文明的重任。语言类课程更应充分挖掘潜在的思政资源,努力发挥好思想政治教育的力量,取得教书与育人同向而行的实效。

语言类课程通过对语音、文字、词汇、语法等基本知识的学习,能够使学生了解汉语发展演变,认知汉语理论规律,具备较高的语言分析能力。这类课程是文学鉴赏、文学创作的基石,也是其他专业学科研究的基础。近年来,热门的心理语言学、社会语言学等学科,都与语言类课程有着密不可分的关系。因此,在课程思政教学中,需引发学生"了解汉语、学好汉语"的知识共鸣。

语言类课程还集深厚传统文化与现代文明双重背景于一体,在提升学生的语言文字素养之外,还可以结合传统文化知识,帮助学生解读博大精深的中华文化;结合语言服务社会的实例,帮助学生关注现代文明。比如,通过学习《论语》,可以让学生窥探古代姓名、礼俗文化,了解仁孝思想。比如,大力推行公共场所标识标牌英文译写规范,教师以此引导学生认识标牌语言的规范性,能激起他们学以致用、服务社会的信念和决心。在课程思政教学中,需要引发学生"认同汉语、规范语言"的情感共鸣。

语言是人们与社会、世界联系的桥梁,在专业课程中加强爱国主义、社会责任、人文精神的渗透,能够使学生通过语言关注社会、解读世界,品味人生百态。语言类课程和思政课程形成"同向同行、协同育人"的教育效应,能够塑造学生勤于向学的积极态度、服务社会的理想信念,培育学生"传承汉语、推广汉语"的价值共鸣。

教育以立德树人为宗旨。语言是社会的产物,是社会动态的风向标。教师在语言教学中要时刻围绕注重立德树人这一宗旨,在提高学生知识和能力的过程中传递德育内容。教师将语言案例引入课堂教学进行分析时,既要巩固学生词性词义的知识,还要使学生切实领悟语言理论与社会实践的联系,更重要的是通过教育激发学生的民族自豪感和爱国情怀,引导学生不断增强"四个意识"、坚定"四个自信",做到"两个维护"。这才是课程思政的根本指向、要义所在。

我们需要做的是在专业课程的培养中找准专业课程与思政元素的结合点,而不是生硬地直接灌输,从而达到春风化雨、润物无声的效果。课程既能保持专业特征又要嵌入思政内容,实现显性教育与隐性教育的统一。因此,挖掘课程思政元素就显得尤为重要。比如,通过对汉字字形、字义的学习,深入到汉字构造理据的分析,这样能够增进学生对汉字所折射的汉文化的了解。

近年来,汉语在国际上的影响力越来越巨大,"一带一路"建设更是引发了沿线国家的汉语热,由此也能增进学生对汉语国际地位的了解。这些都是语言类课程中蕴含的思政元素,是思政育人的内在源泉,应在思政教育中将其充分挖掘出来。

　　课程思政是顺应新时代的教学理念,能为语言类课程实现语言自信、文化认同的价值目标提供重要的保障。教师在实践教学中应坚守这一理念,积极践行立德树人的育人目标,在传递专业知识的同时帮助学生理解中国优秀文化内涵。学生方能既掌握汉民族语言规律,又养成知其然并知其所以然的求知精神,并主动担负起语言维护国家主权、传承中华传统文化的神圣使命,从而达到价值引领与专业知识的有机融合。比如,通过专题教育,引导学生关注自身居住地或沿海及其周边岛屿的名称演变,进行当地语言使用情况的调查,促进学生发现语言现象,了解语言规律,逐渐形成语言的主权意识与观念。

　　只有将做人做事的基本道理、社会主义核心价值观的要求以及实现民族复兴的理想与责任有机融入语言课程和教育教学全过程,才能在立德树人上实现同行。因此,高校语言类课程与课程思政的融合任重道远。

参考文献

[1]龚韶,金伟.探索语言类课程与课程思政的融合[N].中国社会科学报,
　　2021-07-09.

[2]高璐璐,陈红兵.语言的哲学内涵与课程思政意蕴[N].中国教育报,
　　2021-12-23.

充分发挥精品在线开放课程的思政育人功能

——以河南省精品在线开放课程"现代汉语"为例

汤玫英

摘要:精品在线开放课程这种新的课程形式,如何与课程思政很好融合进而发挥思政育人作用,是新时代值得研究的问题。本文以河南省精品在线开放课程"现代汉语"为例,探讨精品在线开放课程充分发挥思政育人功能的有效途径:一是不断增强教师的课程思政意识;二是深入挖掘课程可用的思政元素;三是灵活采用春风化雨的育人方式。

关键词:精品在线开放课程;课程思政;现代汉语;功能

习近平总书记2016年12月在全国高校思想政治工作会议上指出:"要用好课堂教学这个主渠道,思想政治理论课要坚持在改进中加强,提升思想政治教育亲和力和针对性,满足学生成长发展需求和期待,其他各门课都要守好一段渠、种好责任田,使各类课程与思想政治理论课同向同行,形成协同效应。"在中国大学慕课网、超星、智慧树、学堂在线等网络平台运行的精品在线开放课程,无论是国家认定的,还是各省推动建设的,都担负着"与思想政治理论课同向同行,形成协同效应"的思政育人重任,都应该"守好一段渠,种好责任田"。精品在线开放课程面向社会开放,受众范围广,选课人数多,其思政育人效果的影响面比在教室里面向学生讲授的现实课程要大得多,因此,应该注意充分发挥精品在线开放课程的思政育人功能,落实好立德树人根本任务。笔者主持建设的河南省精品在线开放课程"现代汉语"自2018年12月在中国大学慕课网上线以来,已经开设6个学期,选课人数达4万多人,以"SPOC"形式选用的高等学校达40余所。我们现代汉语课程教学团队(以下简称"课程团队")在讲授现代汉语基础知识、培养语言能力的同时,努力尝试开展课程思政,取得了较好的效果。在此总结一下我们的做法和体会,以就教于方家。

一、不断增强教师的课程思政意识

意识是行动的先导。教师只有具备了强烈的课程思政意识,才会积极主动地去提高课程思政能力,千方百计去采取课程思政行动。课程团队作为河南省精品在线开放课程的主讲人、建设者,深知课程思政意识对课程思政建设的重要意义,自觉增强课程思政意识。课程团队增强课程思政意识主要通过以下主要途径。

(一)深入领会习近平关于教育的重要论述

习近平总书记十分重视教育,党的十八大以来,发表了一系列关于教育的重要讲话,如在全国教育大会上的讲话、在全国高校思想政治工作会议上的讲话、在学校思政课教师座谈会上的讲话等。这些讲话高屋建瓴,切合实际,为教师开展教育活动指明了方向,也是教师进行课程思政的根本遵循。其中许多重要论述对教师增强课程思政意识有直接的指导意义。如:"培养什么人,是教育的首要问题""我们的教育必须把培养社会主义建设者和接班人作为根本任务,培养一代又一代拥护中国共产党领导和我国社会主义制度、立志为中国特色社会主义奋斗终身的有用人才",让我们认识到教育的根本任务;"高校教师要坚持教育者先受教育,努力成为先进思想文化的传播者、党执政的坚定支持者,更好担起学生健康成长指导者和引路人的责任",让我们感到肩负的历史使命;思政课教师"政治要强""情怀要深""思维要新""视野要广""自律要严""人格要正",这"六要"既是对思政课教师的要求,也是对所有教师的要求,我们要自觉向"六要"标准看齐。通过认真学习,课程团队更加深刻地体悟到,"要抛弃现代汉语是语言课,而语言不过是交流工具,与思政无关的错误观念,要认识到语言课也事关意识形态,现代汉语课程也负有对学生进行思政教育的责任"。

(二)认真贯彻《高等学校课程思政建设指导纲要》

2020年5月28日,教育部专门印发了《高等学校课程思政建设指导纲要》(以下简称《纲要》)。《纲要》是开展课程思政建设的纲领性、指导性文件。课程团队及时对《纲要》进行了认真学习。《纲要》指出,"全面推进课程思政建设是落实立德树人根本任务的战略举措","这一战略举措,影响甚至决定着接班人问题,影响甚至决定着国家长治久安,影响甚至决定着民族复兴和国家崛起",让我们进一步认识到课程思政建设的战略意义。《纲要》

将"提升教师课程思政建设的意识和能力"列为第七个大问题,单独加以具体阐述,让我们感受到国家对教师课程思政意识和能力的重视程度。《纲要》强调要"解决好专业教育和思政教育'两张皮'问题",促使我们思考如何更好地实现现代汉语课程和思政教育融合统一的问题。《纲要》的学习促使课程思政的理念成为大家的广泛共识,为在课程教学中贯彻课程思政要求提供了政策指引。

(三)积极搞好与思政课教师的对接切磋

面向本科生开设的思政理论课程,包括"马克思主义基本原理""毛泽东思想和中国特色社会主义理论体系概论""中国近代史纲要""思想道德修养与法律基础"等,是落实立德树人的关键课程,是推进党的创新理论"三进入"的主渠道、主阵地,强调的是显性教育,是理论的系统灌输。专业课程要开展课程思政建设,不能闭门造车,单打独斗,而要求专业课程教师必须了解和掌握思政理论课程的主要内容、核心观点,思考和明确自己所教课程与思政理论课程的最佳契合点,以便更有针对性地开展课程思政。可以说,对本科生思政理论课程的主要内容把握得越准确,开展课程思政的针对性就会越强,加强与思政课教师的对接切磋势在必行。课程团队正是基于这样的认识,主动与思政课教师对接,向他们请教,与他们交流,和他们一起探讨现代汉语与思政课程相呼应、相衔接的好的思路和方法,共同制定出理想的课程思政方案。课程团队在与思政课教师的对接切磋中课程思政意识得到了很大提升。

(四)主动关注其他教师火热的课程思政探索

习近平总书记2016年12月在全国高校思想政治工作会议讲话之后,学界对"课程思政"的研究热度急剧升高,发表研究文章的数量不断增多,呈现出爆发式增长的趋势,出现了如火如荼的喜人局面。我们输入关键词"课程思政"在"中国知网"检索,结果显示,2017年之前的研究文章为0篇,2017至2020年分别为34篇、383篇、1988篇和5580篇,2021年前3个月已达1125篇。课程团队注意到,越来越多的教师重视课程思政,在结合自己所教课程开展课程思政方面进行了诸多有益的探索,并发表了大量的研究成果。形势喜人,形势逼人,课程团队感受到的是压力,也是动力。看到其他课程教师在课程思政方面热情似火,富有成效,现代汉语课程教师也不能落后,要学习和吸收其他教师的研究成果,积极探索,有所作为,更好地发挥精品在线开放课程现代汉语的思政育人功能。

二、充分挖掘课程可用的思政元素

精品在线开放课程虽然展示在线上，但建设的大量功夫却要花在线下。课程思政也是如此，线上展示的课程思政内容，都是线下充分挖掘课程思政元素并加以合理呈现的结果。课程团队结合精品在线开放课程的特点，颗粒化组织教学内容及资源、设置教学情境，形成围绕知识点展开、清晰表达知识框架的短视频模块集，同时设置在线测试题、网上互动专区。在短视频制作、测试题拟制、互动专区讨论的过程中，课程团队均注意挖掘可以融入现代汉语课程的思政元素。

（一）梳理课程教学内容，找到最佳思政结合点

《纲要》指出："要深入梳理专业课教学内容，结合不同课程特点、思维方法和价值理念，深入挖掘课程思政元素，有机融入课程教学，达到润物无声的育人效果。"现代汉语作为一门汉语言文学、汉语国际教育等专业的基础课程，包含绪论、语音、文字、词汇、语法、修辞等六部分教学内容，开展现代汉语课程思政，就要"在讲解现代汉语语音、文字、词汇、语法、修辞等内容的同时，把思政内容融入其中，让学生学到语言学专业知识的同时，情感得到升华、正确的'三观'得到树立"。因此，现代汉语课程思政，首先要对课程教学内容进行深入梳理，搞清现代汉语各个部分与课程思政的最佳结合点。

课程团队经过认真梳理，形成了语言学专业知识与课程思政的结合理路。比如，在绪论部分，重点通过大量的历史和现实例证，讲清语言对国家和民族的重要性、汉语传承千年的特有文化、汉语与日俱增的国际影响等，让学生为现代汉语感到自豪和骄傲，从而更加热爱自己祖国的语言，增强文化自信，激发学生学好现代汉语的强烈兴趣。在语音部分，重点通过汉语声母、韵母、声调知识的讲解，以及与西方语言在语音方面的比较，让学生感受到现代汉语双音节占优势、音调抑扬顿挫的优点，体会到现代汉语的韵律之美。在文字部分，重点通过汉字的起源和华丽演变，以及港台地区使用繁体字的介绍，让学生充分感受到古人高超的智慧，认识到简化是汉字发展的大趋势，从而增强规范使用简体字的使命感。在词汇部分，重点通过对汉语词汇表达简洁特点的分析，介绍在联合国六种工作语言的文本中，汉语总是最

薄的,让学生体会到汉语文约意丰的优势;介绍不断涌现的新词语和网络流行语,让学生体会到我国科技和社会生活日新月异的变化。在语法部分,重点通过语序和虚词作用的分析,如"屡战屡败"和"屡败屡战"含义迥异,让学生感受到汉语不同于西方拼音文字的表达特点。在修辞部分,重点通过比喻、双关、婉曲、同异等有代表性修辞格的介绍分析,让学生体悟到汉语表达之妙。

现代汉语教学内容与思政的结合点,还可以梳理得更细致、更深入。这些结合点梳理得越细致、越深入,在精品在线开放课程教学中就越容易实现知识传授与价值引领的完美结合,做到知识与思想相统一。

(二)建设动态的语料库,为课程思政提供素材

现代汉语是当今社会重要的交际工具,是人们思想感情的重要载体。这一"工具"和"载体"的角色,赋予了现代汉语课程"具有广泛包容的特点",即各个领域、各个学科、各门课程中的词语或句子,都可以作为现代汉语课程内容的语料。这一特点为现代汉语实施课程思政提供了广阔的发挥空间。教师可以有意识地选择、积累一些既包含语言学专业知识、又具有思政教育功能的语料,形成具有现代汉语课程特色的思政语料库。

课程团队目前从以下几个方面建设语料库:①时政资源语料。主要是党的全国代表大会、全国人大会议等重要会议文件,习近平在元旦、"五四"、国庆等重要纪念日的讲话等。特别是习近平总书记的讲话,金句频出,令人叹服。他在纪念五四运动100周年大会上的讲话中说:"青年要顺利成长成才,就像幼苗需要精心培育,该培土时就要培土,该浇水时就要浇水,该施肥时就要施肥,该打药时就要打药,该整枝时就要整枝。"其中既运用了比喻、排比等修辞手法,语言表达效果突出,又具有很强的教育意义。类似的语句比比皆是。②马列主义、毛泽东思想和中国特色社会主义理论体系语料。"语音、文字、词汇、语法、修辞的经典结构中,均可灵活运用马克思列宁主义、毛泽东思想和中国特色社会主义理论体系中的内容,作为课堂讲解现代汉语语言学知识的重要材料。"如"人民,只有人民,才是创造历史的动力",这句话有两个逗号,有连接词"只有""才",似乎是复句,实际上它是单句。在讲解句类知识时,让学生重温"人民是历史的创造者"的历史唯物主义观点。③党史党章语料。主要是中国共产党的历史知识和党章的内容。党章是集体智慧的结晶,其中的语言是非常讲求准确的,是经过反复推敲、细心

斟酌而来的,不能随意更换。如"中国共产党是中国工人阶级的先锋队",其中的"先锋"不能换成近义词"先遣"。④宪法法律语料。主要是宪法、国家通用语言文字法、与学生生活联系紧密的民法、刑法等法律知识,可以增强学生的法治意识。如《中华人民共和国宪法》第十九条规定:"国家推广全国通用的普通话。"结合国家每年举办的"推广普通话宣传周",增强学生学习、推广普通话的自觉性和责任感。⑤传统经典语料。主要是国学经典、优秀古典诗文中的精华语句。如讲成语的来源,可举《论语》中的"不耻下问""三思而后行""见义不为,无勇也"等例子,让学生体会家国情怀、修身之法、学习成长之途。

现代汉语课程思政语料库,可以根据需要,随时增加,及时更新。比如纪念抗美援朝出国作战 70 周年大会召开后,课程团队将习近平总书记重要讲话的金句,如"在任何困难和风险面前,腿肚子不会抖,腰杆子不会弯",及时纳入语料库中来。通过动态更新,语料库可用于思政教育的内容越来越丰富,十分有利于教师选择使用。

(三)树立教师网上形象,为学生做好品德示范

还有一种非常重要的课程思政元素很容易被忽视,那就是教师的言行。可以说,最好的课程思政元素是教师的为人师表、以身作则。"学高为师,德高为范",教师工作具有"示范性";"亲其师,信其道",学生具有天然的"向师性"。教师的言行对学生具有强大的示范引领作用。教师的师德师风、人格魅力比苦口婆心、声情并茂更重要。教师的政治素养直接影响着学生的政治方向,教师是什么样子,未来的学生就会是什么样子。

作为精品在线开放课程的主讲教师,不能像在现实课堂上那样与学生面对面交流,教师的音容笑貌、言谈举止也不能近距离地呈现在学生面前,对学生产生直接的影响。教师虽然在网络课堂中不能与学生面对面,但学生隔着屏幕还是可以感受到教师的存在的。教师在网络课堂中的种种表现,如讲课的认真态度、学术水平的高低、网上回复的及时性等,也会在学生的头脑中勾画出一定的形象。这个形象也会对学生产生很大的影响。因此,精品在线开放课程的教师更需要注意自身"网络形象"的塑造,用良好的形象去影响学生,提升学生的思想品德。

课程团队在录制讲课视频过程中,严格遵守政治纪律,坚持"三尺讲台无杂音",自觉弘扬主旋律,积极传递正能量,让学生从讲课的话语中感受到

教师深厚的理论功底,感受到教师畅达高超的语言魅力和渊博学识,让学生从自然大方的教态、和蔼可亲的表情中感受到教师如沐春风的人格魅力。在网络互动时,教师回答问题准确及时,特别是在期末临考前,学生问的问题特别多,想知道答案的心情非常急切,教师不厌其烦,有时回复到夜半时分,这让学生感受到的是教师认真负责的工作作风。上传的个别练习题目的答案有误,被学生指出后,教师及时加以纠正,并夸赞指出错误的学生,这展示的是教师知错就改的勇气。教师这些网上行为给学生留下的印象,本身就蕴含着思政元素,包含着做人做事做学问的道理,是学生通过网络看到的好榜样,也是鲜活的价值观,对学生可以起到良好的示范作用。

三、灵活运用春风化雨的育人方式

精品在线开放课程开展课程思政,不能贴标签、喊口号,更不能生拉硬扯、牵强附会,而要注意知识传授、能力培养和价值塑造的高度融合,将课程思政元素"如盐在水""如春在花"一般自然地融入教学之中,通过春风化雨、润物无声的方式传达给学生,让他们在不知不觉中受到教育、发生改变。课程团队在实施课程思政的过程中,主要采取如下措施:

(一)思政内容的自然融入

课程团队在录制授课视频时,特别注意避免两种倾向:一是用课程思政弱化甚至代替现代汉语课程的专业内容,大讲意识形态、爱国主义,将现代汉语课上成思想政治课;二是只关注语言学专业知识的传授,完全忽视课程思政,将现代汉语课上成纯粹的交流工具课。课程团队特别注重将课程思政内容自然融入现代汉语教学之中,努力实现课程思政与语言学知识的柔性衔接和无间契合,潜移默化地感染启发学生。

在第一讲《学好现代汉语,必须的》授课视频中,通过对现代汉语的标准、含义、重要作用、巨大影响的生动细致介绍,特别是针对外国人的汉语水平考试(HSK),考试人数逐年增加,孔子学院和孔子课堂遍布世界五大洲等事例的分析,让学生从内心认同我们得出的结论:"现代汉语是我们的母语,是世界上最美丽的语言,是老祖宗留给我们最宝贵的财富。"在其他各章节的授课视频中,则十分重视与语言学专业知识点相契合的思政语料的运用。比如,在讲现代汉语"双音节词占优势"的知识点时,举出社会主义核心价值观的语料,"富强、民主、文明、和谐、自由、平等、公正、法治、爱国、敬业、诚信、友善",这 12 个词,全是双音节词,让学生在学习知识点的同时,再一次受到社会主义核心价值观的洗礼。再如,在讲排比修辞格时,举出习近平总书记对青年人的讲话:"只有进行了激情奋斗的青春,只有进行了顽强拼搏的青春,只有为人民作出了奉献的青春,才会留下充实、温暖、持久、无悔的青春记忆",在让学生体会到排比增强语言气势的修辞作用、享受到语言带来的美感同时,还能受到精神上的鼓舞,增加上进的力量。

(二)信息手段的生动呈现

《纲要》提出:"要创新课堂教学模式,推进现代信息技术在课程思政教学中的应用,激发学生学习兴趣,引导学生深入思考。"精品在线开放课程本身就是现代信息技术的综合运用形式,因此,在应用现代信息技术方面有着天然的优势。课程团队注意运用这一优势,切合学生"依网生存"、新潮前卫的特点,采用信息手段,让课程思政以更加生动直观的方式呈现出来,学生易于接受。

课程团队专门制作了宣传片,在中国大学慕课网搜索到笔者主讲的"现代汉语",即可看到该宣传片,另外,在抖音平台也有该宣传片精彩片段的展示。在宣传片的最后,解说员以浑厚的声音旁白:"实现现代汉语的学习目标,需要大家使出洪荒之力!"宣传片生动形象、图文并茂,深受学生欢迎,学生学习现代汉语的兴趣得到很好的激发。

授课视频除了生动讲授之外,还配有精彩课件,插有美妙歌曲,嵌有清新动漫,这些多媒体元素的融入,让学生享受到有别传统课堂的"视听盛宴",更容易受到教化。比如,讲汉字的特点时,就插入流行歌曲《中国娃》,"最爱写的字是先生教的方块字,横平竖直堂堂正正做人也像它",让学生在动人的旋律中明白做人要有品格;讲"啊的音变"时,用动漫人物形象的对话展现"啊"字读音的变化,让学生体悟文明礼貌的价值。

网上互动时,有意设置有教育意义的讨论主题,如"你如何看待语言是国家软实力的重要体现"等,让学生在网上展开讨论,引导学生深刻认识英语语言霸权、自觉维护祖国语言安全。在回答网上学生提出的问题时,也采用语料库中充满正能量的语言实例去回答。

(三)考核方式的无声引导

考核是学生学习的"指挥棒"。课程团队注意发挥考核的"指挥棒"作用,在考核环节加大课程思政题目的数量,加强无声的引导。课程设置有丰富多样的在线测试环节,每个视频点结束时设置有练习题,每个单元结束时设置有单元测试题,整个课程结束时设置有期末试卷。在线测试题目的设计注意融入课程思政的内容。如:"写出 10 个改革开放以来产生的新词语";"写出 5 个表示艰苦奋斗的短语";"'此木为柴山山出',请对出下联";"'没有网络安全,就没有国家安全',是单句还是复句";"'每个人都想成功,就是没想到成长',运用的是什么修辞格";等等。类似这样结合现代汉语知识点、内嵌思政元素的题目,一方面可以考查学生的语言学知识和能力,另一方面可以提高学生的思政素质,巩固教育成果。另外,在课程公告里不断提示学生,在线测试没有监考,要搞好自我监督,独立完成测试,展现诚信品格。

精品在线开放课程是一种新的课程形式,课程思政是党和国家对教师教学的新要求,精品在线开放课程应该与课程思政很好地融合。只要精品在线开放课程的教师不断增强课程思政意识,深入挖掘课程可用的思政资源,灵活运用春风化雨的育人方式,那么精品在线开放课程的思政育人功能就会得到充分发挥,就会与思政课程形成协同效应,实现教育的目标。

参考文献

[1]习近平.把思想政治工作贯穿教育教学全过程 开创我国高等教育事业发展新局面[N].人民日报,2016-12-09(1).

[2]习近平.在全国教育大会上的讲话[N].人民日报,2018-09-11(1).

[3]习近平.用新时代中国特色社会主义思想铸魂育人 贯彻党的教育方针落实立德树人根本任务[N].人民日报,2019-03-19(1).

[4]冯凯云.在现代汉语课程中开展课程思政的探索[J].汉字文化,2021,(17):171-173.

[5]教育部.高等学校课程思政建设指导纲要[EB/OL].(2020-07-29)[2022-12-20].http://www.moe.gov.cn/srcsite/A08/s7056/202006/t20200603_462437.html.

[6]谭本龙,王洁,陈菊.现代汉语课程思政研究[J].贵州工程应用技术学院学报,2020(6):150-156.

[7]习近平.在纪念五四运动 100 周年大会上的讲话[EB/OL].(2019-04-30)[2022-12-20].https://www.ccps.gov.cn/xxsxk/zyls/201906/t20190604_132081.shtml? from=singlemessage.

[8]习近平.在同各界优秀青年代表座谈时的讲话[EB/OL].(2013-05-04)[2022-12-20].http://www.xinhuanet.com/politics/2013-05/04/c_115639203.htm.

"现代汉语"课程开展"课程思政"的探索

汤玫英

摘要：当前，开展"课程思政"是国家对各门专业课程教师的明确要求。本文叙述了"现代汉语"课程在教学过程中开展"课程思政"的有益做法，包括增强课程思政意识，树立教书育人的明确目标；结合课程教学大纲，融思政内容于"绪论"之中；梳理课程教学内容，找到思政元素的最佳结合点；改革课程考核办法，巩固课程思政教育成果。

关键词：现代汉语；课程思政；思政素养

现代汉语课程是汉语言、汉语言文学和汉语国际教育等专业的核心必修课程。承担该课程的教师在讲授有关现代汉语的基本知识和基本技能、培养学生语言运用能力的同时，十分注重开展"课程思政"，结合本课程内容和特点，融入思政元素，潜移默化地提升学生的思政素质，取得了良好效果。

一、增强课程思政意识，树立教书育人的明确目标

实施课程思政，任课教师必须具有较高的思政素养、极强的课程思政意识。任课教师要落实"立德树人"的根本任务，既要教书，更要育人。要抛弃现代汉语是语言课，而语言不过是交流工具，与思政无关的错误观念，要认识到语言课也事关意识形态，现代汉语课程也负有对学生进行思政教育的责任。

要增强课程思政意识，最重要的途径就是学习，要认真学习党和国家的教育法规和政策，仔细领会习近平总书记关于教育的重要论述。习近平总书记在全国高校思想政治工作会议重要讲话中强调："要坚持把立德树人作为中心环节，把思想政治工作贯穿教育教学全过程"，"要用好课堂教学这个主渠道……其他各门课都要守好一段渠、种好责任田，使各类课程与思想政治理论课同向同行，形成协同效应。"现代汉语课程作为一门专业课，也要

"守好一段渠,种好责任田",把思想政治工作贯穿教学全过程。只有这样,才能不仅教给学生现代汉语知识和技能,而且让学生的思想政治素质上一个台阶。

二、结合课程教学大纲,融思政内容于"绪论"之中

现代汉语课程教学大纲规定的情感目标是"激发学生学习兴趣,培养学生热爱祖国语言文字的情感",现代汉语"第一课"就要瞄准这一目标进行设计和讲解。在"什么是现代汉语""为什么要学习现代汉语"和"怎样学习现代汉语"这三部分内容中,重点讲授第二部分。主要从以下三个方面展开。

首先,讲述语言对一个国家、民族的重要程度。从都德的《最后一课》描写的法国人在家乡被普鲁士占领后对法语的重视,到流落世界各地、操着各国语言的犹太人创造的希伯来文复活的奇迹,再到日本占领中国台湾后强力推行日语,通过一个个生动事例,让学生真切感受语言是一个国家、民族的标志和象征,没有了语言,国家、民族就无从谈起。因此,要重视语言,作为中国人就要重视现代汉民族共同语——现代汉语。

其次,展现汉语越来越广泛的国际影响力。许多外国名人都极力称赞汉语。印度前总理尼赫鲁曾对他女儿说:"世界上有一个伟大的国家,她的每一个字,都是一首优美的诗,一幅美丽的画,你要好好学习。我说的这个国家就是中国。"毕加索也曾被奇妙组合成汉文字的抽象线条所吸引,赞不绝口,在自己的书房挂着汉字书法作品。现在孔子学院、孔子课堂遍布全球五大洲,"一带一路"沿线国家掀起学习汉语热潮,针对外国人的汉语水平考试(HSK),考试人数逐年增加。在传播中华文化的过程中,汉语起着重要的作用。只有学好现代汉语,才能更准确透彻地解读中华文化,才能让更多的外国人对中华文化产生认同和尊重。

最后,解读汉语承载的中国特有的文化。仅就汉字而言,"六书"让学生理解传承千年的文字渊源。汉字以其独有的方块结构,通过增减笔画、调整构成部件之间的组合关系,即可形成截然不同的文字,据此可以设计字谜,如"明月当空人尽仰",谜底是"昂";"问苍天人在何方",谜底是"二"。字谜可以让学生在"山重水复疑无路"疑惑之后得到"柳暗花明又一村"的成就感。对联文化更为中国所独有,西方拼音文字绝不可能写成对联,通过列举拆字联,如"此木为柴山山出,因火成烟夕夕多""若不撤开终是苦,各自捺住

始成名"等,让学生赞叹汉字的奇妙变化和蕴含的人生哲理。

通过绪论,让学生更加认同现代汉语是世界上最美丽的语言,更加热爱自己的语言,产生自豪感,增强文化自信。

三、梳理课程教学内容,找到思政元素的最佳结合点

课程思政毕竟不是思政课程,不能直接灌输,而要采用春风化雨的方式,使学生在不知不觉中受到教育,发生思想和行为的改变。这就需要对课程内容进行梳理,弄清哪些地方适宜开展思政教育,找到最佳结合点。

现代汉语课程的内容,除了绪论之外,主要包括语音、词汇、文字、语法和修辞等五大部分,每一部分都有可以开展思政教育的契合点。在语音部分,除了讲授声、韵、调等语音知识外,还让学生从国家每年举办的"普通话推广周"来体会普通话的重要性以及对维护国家统一的作用。在词汇部分,借助讲解新词语的产生,让学生体验科技的飞速发展和我国的巨大进步。在文字部分,通过歌曲《中国娃》中的唱词"最爱写的字儿是先生教的方块字,横平竖直堂堂正正做人也像它",引出汉字蕴含的做人道理;通过文字形体从甲骨文、金文、小篆、隶书、楷书、行书、草书的华丽演变,让学生重温我国一脉相承的历史文化。在语法和修辞部分,注重通过精心选择的例句来向学生传递正能量。例句多选自时政材料,如党的十九大报告等会议文件、习近平总书记的重要讲话等。在讲到比喻辞格时,举出党的十九大报告中"促进各民族像石榴籽一样紧紧抱在一起"作为例句,生动、形象、新颖的比喻让学生叹为观止。在讲到同异辞格时,举出"每个人都想成功,就是没想到成长"的例子,富有哲理,引发学生思考。

四、改革课程考核办法,巩固课程思政教育成果

现代汉语课程不仅在讲课过程中融入思政元素,还充分发挥考核的"指挥棒"作用,在平时和期末考核环节也加入思政相关的内容,以巩固教育成果。

每讲授一个部分,都会要求学生完成包含爱国情怀、做人道理的作业,计入平时成绩。题目主要有:"你如何看待语言是国家软实力的重要体现""如何评价网络流行语""查找拆字联并分析其妙处""找出 10 个包含人生哲理的同异辞格的实例"等。

期末考试必有一道结合现代汉语知识点、内嵌思政元素的题目。有的题目题干选取的是领导人的重要讲话。如:请指出下列这段文字所用的辞格。"2013 年 3 月 1 日,习近平总书记在中共中央党校建校 80 周年庆祝大会暨 2013 年春季学期开学典礼上指出,学史可以看成败、鉴得失、知兴替;学诗可以情飞扬、志高昂、人灵秀;学伦理可以知廉耻、懂荣辱、辨是非。"有的题目题干选用会议文件。如考核辞格的题干:要依托现有山水脉络等独特风光,让城市融入大自然,让居民望得见山、看得见水、记得住乡愁。有的则是检验学生思想状态的题目。如:现代汉语发展过程中出现了许多新词新语,如"剁手族""吃土",你怎样看待这些语言现象?

现代汉语课程在传授知识的教学过程中融入思政元素,有利于帮助学生树立正确的世界观、人生观和价值观,起到与思政课程同向同行的作用,共同实现培养社会主义合格建设者和接班人的育人目标。

作为现代汉语课程的主讲者,虽然在课程思政方面做了一些有益的探索,但课程思政的路还很长,还需要继续努力,不断探索。比如:如何丰富内容,如何创新载体,如何改进教学方法,如何实现"线上"与"线下"的良性互动,如何优化考核方式,等等,都值得进一步探索。

参考文献

[1]徐金娟,初文杰.从三个维度挖掘现代汉语课程思政元素[J].科教文汇,2021(1):56-58.

[2]安俊丽,李乃东.思政教育融入"现代汉语"课程的探索与实践路径[J].2021,41(2):119-124.

[3]谭本龙,王浩,陈菊.现代汉语课程思政研究[J].毕节学院学报,2020,38(6):150-156.

"现代汉语"课程思政元素挖掘与融入

刘钦荣

摘要:"现代汉语"课程应落实高等教育"立德树人"的根本任务,遵循语言类课程及高等教育发展自身规律,以《高等学校课程思政建设指导纲要》和"社会主义核心价值观"为指引,深刻融入思政意识,系统挖掘蕴含其中的思政元素,更新完善教学内容,构建课程思政体系。让学生更加了解语言国情世情,敬畏中国语言文字,树立工匠精神,具备宪法法治意识,筑建文明和谐语言生态。在润物无声的融合式教学活动中,因势利导,培养学生敬业诚信、爱国友善品质,增强务实创新、乐群奉献才干。

关键词:现代汉语;课程思政;思政元素

课程思政是最近一段时期高等教育领域极为关注的一个热门话题。2022年8月5日,笔者在"中国知网检索·论文"栏目上输入"现代汉语 课程思政"字样,出现条目25 321个。经过逐一阅读核对,从2020年至今发表的纯属现代汉语、古代汉语和语言学概论三门课程思政教学改革论文就有68篇,足见高等教育语言语言学界对课程思政话题讨论的热度和效度。这些文献中,关于现代汉语课程思政教学改革的讨论主要分为三类:①探讨课程思政背景下现代汉语教学体系的构建,如吴红松(2020),汤玫英(2020)(2022),周芸、陈晓梅(2021),李炎婷(2022),王巧明、郭春霞(2022),谭本龙、王洁、陈菊(2022);②从语音、词汇、语法、文字、修辞等内容中挖掘课程思政元素,如刘志芳(2021),姜珍婷(2021),刘小丽(2022);③探讨现代汉语课程思政教育的实现路径,如冯凯云(2021),安俊丽、李乃东(2021),何春香、胡洪强(2022),刘恋(2022),王敏(2022)。这些研究大都从宏观、中观层面着眼于教育发展新形势、新任务、课程体系、思政内容、实现路径等多个方面,探讨了现代汉语课程思政的相关问题,为我们进一步从微观角度依据教学内容深入挖掘与融入课程中的思政元素提供了思路和内容的参考与借鉴。

一、现代汉语课程思政的依据和基础

《中华人民共和国教育法》、"社会主义核心价值观"、《高等学校课程思政建设指导纲要》(下文简称《纲要》)是我们进行现代汉语课程思政元素挖掘与融入的重要法律、法制依据。

2021年4月29日,第十三届全国人民代表大会常务委员会第二十八次会议通过了《全国人民代表大会常务委员会关于修改〈中华人民共和国教育法〉的决定》。《中华人民共和国教育法》明确指出:

教育必须为社会主义现代化建设服务、为人民服务,必须与生产劳动和社会实践相结合,培养德智体美劳全面发展的社会主义建设者和接班人。

教育应当坚持立德树人,对受教育者加强社会主义核心价值观教育,增强受教育者的社会责任感、创新精神和实践能力。国家在受教育者中进行爱国主义、集体主义、中国特色社会主义的教育,进行理想、道德、纪律、法治、国防和民族团结的教育。

教育应当继承和弘扬中华优秀传统文化、革命文化、社会主义先进文化,吸收人类文明发展的一切优秀成果。

国家通用语言文字为学校及其他教育机构的基本教育教学语言文字,学校及其他教育机构应当使用国家通用语言文字进行教育教学。

2012年11月8日,中国共产党第十八次全国代表大会报告中提出了"三个倡导",即"倡导富强、民主、文明、和谐,倡导自由、平等、公正、法治,倡导爱国、敬业、诚信、友善,积极培育和践行社会主义核心价值观"。积极培育和践行社会主义核心价值观,与中国特色社会主义发展要求相契合,与中华优秀传统文化和人类文明优秀成果相承接,是中国共产党凝聚全党全社会价值共识作出的重要论断。

社会主义核心价值观是当代中国精神的集中体现,凝结着全体人民共同的价值追求。培育和践行社会主义核心价值观,是中国共产党立足推进中国特色社会主义伟大事业、实现中华民族伟大复兴中国梦的全局做出的重大决策,是凝魂聚气、强基固本的基础工程、战略工程,具有重大的现实意义和深远的历史意义。

2020年6月1日,教育部发出《关于印发〈高等学校课程思政建设指导纲要〉的通知》(以下称《纲要》),《纲要》指出:

立德树人成效是检验高校一切工作的根本标准。

全面推进课程思政建设，就是要寓价值观引导于知识传授和能力培养之中，帮助学生塑造正确的世界观、人生观、价值观，这是人才培养的应有之义，更是必备内容。

要紧紧抓住教师队伍"主力军"、课程建设"主战场"、课堂教学"主渠道"，让所有高校、所有教师、所有课程都承担好育人责任，守好一段渠、种好责任田，使各类课程与思政课程同向同行，将显性教育和隐性教育相统一，形成协同效应，构建全员全程全方位育人大格局。

课程思政建设内容要紧紧围绕坚定学生理想信念，以爱党、爱国、爱社会主义、爱人民、爱集体为主线，围绕政治认同、家国情怀、文化素养、宪法法治意识、道德修养等重点优化课程思政内容供给，系统进行中国特色社会主义和中国梦教育、社会主义核心价值观教育、法治教育、劳动教育、心理健康教育、中华优秀传统文化教育。

专业教育课程，要根据不同学科专业的特色和优势，深入研究不同专业的育人目标，深度挖掘提炼专业知识体系中所蕴含的思想价值和精神内涵，科学合理拓展专业课程的广度、深度和温度，从课程所涉专业、行业、国家、国际、文化、历史等角度，增加课程的知识性、人文性，提升引领性、时代性和开放性。

专业课程是课程思政建设的基本载体。要深入梳理专业课教学内容，结合不同课程特点、思维方法和价值理念，深入挖掘课程思政元素，有机融入课程教学，达到润物无声的育人效果。

文学、历史学、哲学类专业课程，要在课程教学中帮助学生掌握马克思主义世界观和方法论，从历史与现实、理论与实践等维度深刻理解习近平新时代中国特色社会主义思想。要结合专业知识教育引导学生深刻理解社会主义核心价值观，自觉弘扬中华优秀传统文化、革命文化、社会主义先进文化。

以上重要论述为我们进行现代汉语课程思政元素挖掘与融入指明了原则和方向，明确了内容和核心，提出了具体要求和实施路径。"立德树人"是高等教育的根本任务，课程思政建设是落实"立德树人"根本任务的重要战略举措，是全面提高人才培养质量的重要任务。

现代汉语是汉语言文学、汉语国际教育、汉语言等本科专业的一门专业基础课，也是一门文史哲类课程。这一学科、专业、课程性质类型的规定性也决定了我们进行现代汉语课程思政元素挖掘与融入时应该明确探索的对象属性、核心重点、内容特色。

课程思政元素的挖掘与融入是课程思政教学的第一环,是实施其他教学环节的基础。要在课程目标设计、教学大纲修订、教案课件编写、课堂授课、教学研讨、实习实训、作业论文等环节中融入课程思政,首先得明确本课程中有哪些课程思政元素可以融入。

我们欣喜地看到,目前现代汉语课程思政建设方面的研究成果如雨后春笋。这些成果为我们进一步挖掘和融入现代汉语课程思政元素奠定了坚实基础,搭起了牢固阶梯。

走进新时代,面对新形势,聚焦课程教学目标,充分发挥其育人功能,审视现代汉语课程的教学现状,我们觉得现代汉语课程中的思政元素还需要通过深入研究进行系统挖掘与融入。文史哲类课程天然蕴含课程思政元素,现代汉语课程也不例外。但现代汉语课程是一门理论课程和基础课程,课堂教学是主要的教学形式,现代汉语教材是课堂教学的重要依托,当前的教材多以解释现代汉语的理论知识为主,只有少量显性的课程思政元素。大量隐性的课程思政元素,需要通过研究进行挖掘,并补充材料进行阐释。我们拟通过两条途径来挖掘与融入现代汉语课程的思政元素:①从《纲要》提出的课程思政的主要内容出发,审视现代汉语课程的主要教学内容,打破现有现代汉语教材体系模块,把能体现同一课程思政元素主题的教学内容聚合到一起,并对教材上陈旧和语焉不详的地方进行更新和补充。②从教学大纲规定现代汉语课的主要教学内容从发,不打破其现有体系的同时,融入课程思政元素。

二、以课程思政元素为线索补充教学内容

虽然《纲要》提出了课程思政的重点内容,但经典现代汉语教材未能及时全面更新,需要在课程教学的过程中进行更新和补充。通过研究,我们认为现代汉语课程应重点补充下列几方面的内容,使课程思政内容更加彰显。

(一)了解语言世情国情党情民情

《纲要》指出应引导学生了解世情国情党情民情。具体到现代汉语课程,我们应引导学生了解语言方面的世情国情党情民情。

了解语言世情,现代汉语课程应补充介绍世界主要国家和组织的语言

现状和语言政策,了解现代汉语在世界众多语言中所处的位置,拓展学生的国际视野。既从中国看世界,学习世界各国语言治理的经验和教训;也从世界看中国,了解我国语言制度的合理性和优越性。比如,20世纪50年代印度宪法把印地语定为"官方"语言,引起了使用其他"非官方"语言国民的不满,掀起了声势浩大、旷日持久的"语言邦运动",从20世纪50至60年代直到2014年,给国家造成了动荡。我们不确立"官方"语言,也就没有与之对立的"非官方"语言,普通话和规范汉字是全国通用的语言文字,其余的语言文字只是特定区域范围内使用,就全国范围而言没有地位的高低区别,就不会引发民族矛盾。通过对比讲解,可以提高学生对我国通用语言文字政策法规的合理性和优越性的理解与认同,增强对党和国家决策的信心。

了解语言国情党情民情,"现代汉语"课程应补充介绍中国的语言现状和现阶段国家的语言政策。重点介绍现阶段我国语言工作的几大重点任务:大力推广和普及国家通用语言文字;推进语言文字规范化标准化信息化建设;加强语言文字社会应用监督检查和服务;提高国民语言文字应用能力;科学保护各民族语言文字;弘扬传播中华优秀文化;加强语言文字法治建设。我们应该全面介绍这些重要语言工作任务。我们知道,中国是一个多民族多语言的国家,有130多种语言和难以计数的方言土语,不少语言正处于濒危和消亡阶段,国家正开展"中国语言资源保护工程",保存和抢救这些濒危语言文字。对这些国家语言工作内容和意义的了解,将增强学生对党和国家语言政策的政治认同、思想认同和情感认同,坚定学生对我国语言治理的理论自信、制度自信,激发学生的社会责任感,立志为国家的语言治理贡献力量。

结合时事,我们可加深学生对"推普"工作意义的认识,增强学生对我国语言文字政策方针的理解与拥护。2020年是脱贫攻坚战收官之年,在精准扶贫大背景下,"宏观推普"和"微观推普"相结合,有利于"精准扶贫、精准脱贫"的实现。推广普通话,不管是在新中国成立之初的"扫除文盲"阶段,还是在21世纪初"精准扶贫"的实现过程中,都起着极为重要的作用。正所谓"民心齐,泰山移","民心齐"前提是语言的统一和规范使用。只有将学习普通话的重要性放在国家发展和民族团结的战略高度,才能激发学生的学习热情,让学生真正明白学习普通话不仅事关个人的成长成才,更事关国家命运和民心所向。

（二）热爱祖国语言文字

《纲要》指出要大力弘扬以爱国主义为核心的民族精神，引导教育学生传承中华文脉，富有中国心、饱含中国情、充满中国味。"现代汉语"课程引导学生热爱祖国的语言文字即是对《纲要》这一内容的积极响应。

现代汉语教材大多在绪论部分介绍现代汉语的语音、词汇和语法特点。说实在的，此时，学生还没有理论基础，对现代汉语的这些特点理解不透，即使理解了，也是干巴巴的几句理论总结，如：音节整齐简洁，广泛运用词根复合法构词，语序和虚词是主要的语法手段，等等。我们认为汉语的这些特点恰好就是价值很高的课程思政元素，应通过课程教学深入挖掘并大力彰显，以提高学生的审美能力和语言文化自信，进而更加热爱祖国的语言文字。我们以上文提到的现代汉语的特点，从语音、词汇、语法三个方面，各举一例来进行探讨。

语音特点产生音乐美。现代汉语音节整齐简洁，一个音节对应一个汉字，一个汉字对应一个音节。这就使得我们追求语言形式上的整齐美、对称美成为可能。一直以来，汉语文献中的大量的对联、四言诗、五言诗、七言诗，是极具民族特色的文化艺术瑰宝。我们从小就可以诵读"云对雨，雪对风，晚照对晴空。来鸿对去燕，宿鸟对鸣虫""关关雎鸠，在河之洲""春眠不觉晓，处处闻啼鸟""人有悲欢离合，月有阴晴圆缺"等整齐匀称的古代诗文，把整齐美、对称美融进汉文化传统的血脉里，这是其他音节不简洁、不匀称的语言根本做不到的。构词特点可以形成逻辑美、整饬美。现代汉语构词广泛运用词根复合法，这就使得汉语从构词开始就讲究理据性，大大减轻了词汇记忆的负担。外国人经常提及汉字难学难写，英语学习者只需要学26个简单的字母就可以了，而我们要学3500个以上的常用字才行。这种说法十分流行，看似很有道理，其实是不合学理的机械对比，当然也是错误的对比。汉字是形音义的结合体，是词或构词语素，已经处于词汇层面，而英文字母是表音还不完全确定的记音符号，还不是词或构词语素，繁重的记忆任务在词汇层面。请看下表。

表1　汉英词汇构成对比举例

汉语	英语	汉语	英语	汉语	英语	汉语	英语
		羊(总称)	sheep	牛(总称)	cattle	鸡(总称)	chicken
公	male	公羊	ram;tup	公牛	bull	公鸡	rooster
母	female	母羊	ewe	母牛	cow	母鸡	hen
小	let;ling;cub	小羊	lamb	小牛	calf	小鸡	chick
肉	meat	羊肉	mutton	牛肉	beef	鸡肉	chicken

　　从上表可以看出,汉语学习者只需学习"羊、牛、鸡、公、母、小、肉"7个语素,通过简单的推理就可以记住其余的12个词,还可以继续扩展到其他动物。英语学习者需要识记18个以上语音和语义毫无逻辑联系的词,词内的音节之间无理可推,词与词之间的关系也无理可推,只能死记,如果扩展到其他动物,需要死记的词就更多,记忆负担更重。由此可知,汉语广泛运用词根构词法,大大减轻了词汇记忆负担。

　　语法特点蕴含简洁美。现代汉语以语序和虚词作为主要的语法手段,基本不用形态变化,使得汉语的语法规则简单明了,易学易记。形态变化多的语言语法规则繁复,难学难记。以梵语为例:梵语名词有3种性、3种数及8个格;动词变位包括3个数、3个人称、6种时、3种态、4种式;语尾还有他位和自位2种位。但汉语缺乏严格意义的形态变化,词语间的组合搭配更注重意义间的勾连、语用的导引。比如"钱是没有问题"就这六个字的组词成句,可以变成如下不同意思的句子:

钱是没有问题。

问题是没有钱。

有钱是没问题。

没有钱是问题。

问题是钱没有。

钱没有是问题。

钱没有问题是。

是有钱没问题。

是没钱有问题。

是钱没有问题。

有问题是没钱。

没问题是有钱。

没钱是有问题。

这种语序变换微妙，表意繁丰而又各有侧重的语言样态，除了汉语还有哪种语言能够与之媲美呢？

文字本是记录语言的符号，属于第二性的。汉字独具魅力，特点鲜明，历史和现实贡献卓越。汉字对我国社会的发展、国家的统一、汉语的发展，都有重要的作用。中华文明能够历久弥新，中华文化能够源远流长，最重要的原因之一就是有汉字的依托。历史上出现最早的汉字形体是甲骨文，甲骨文是刻写在龟甲或兽骨上的文字，多为占卜的记录。2017 年 11 月，中国申报的甲骨文顺利通过联合国教科文组织世界记忆工程国际咨询委员会的评审，成功入选《世界记忆名录》。

2019 年 11 月，习近平总书记在致甲骨文发现和研究 120 周年的贺信中指出："殷墟甲骨文的重大发现在中华文明乃至人类文明发展史上具有划时代的意义。甲骨文是迄今为止中国发现的年代最早的成熟文字系统，是汉字的源头和中华优秀传统文化的根脉，值得倍加珍视、更好传承发展。对于青年学子来说，学习和研究以甲骨文为最初形体的汉字系统，就是对中华文化的寻根。"这也正是习近平总书记提出的"四个自信"中最根本的文化自信。

除了在历史的长河中感受中华文明在汉字中的体现，还可以将汉字放在时代背景下，感受古老的汉字与信息技术的融合。针对汉字字数多、印刷用汉字字体多、精密照排要求分辨率高所带来的技术困难，北京大学的王选团队发明了高分辨率字形的高倍率信息压缩和高速复原方法。王选也被称"汉字激光照排系统之父"，被誉为"有市场眼光的科学家"。为了让汉字与计算机更好地结合，王永民创立了汉字键盘设计三原理及数学模型，发明了"王码五笔字型"汉字输入法，首创"汉字字根周期表"，有效解决了进入信息时代的汉字输入难题。2018 年王永民获得"改革先锋"称号。正是这些科研工作者和发明家使得古老的汉字在当代中国熠熠生辉，前贤们永攀科学高峰的精神也值得每一位年轻学子学习。

现代汉语语音、文字、词汇、语法、修辞等方面的特点，正是汉语音乐美、图画美、人情美、逻辑美、简洁等美产生的源泉。我们结合实例把汉语之美展现给学生，促使他们因汉语之美而爱祖国的语言文字，敬畏语言美的创作者,爱得更加深刻、自然、自信,增添学习进步的动力和自觉。

(三)树立工匠精神

《纲要》指出要深化职业理想和职业道德教育。"现代汉语"课程应补充以敬业、精益、创新为核心内容的工匠精神教育,来回应《纲要》的要求。

敬业、精益是工匠精神的核心要素。大学生需要"敬"的"业"包括两部分,一是现在的学业,二是将来的职业。从现代汉语的学习来看,不少学生是缺少工匠精神的。比如,一些学生认为普通话是交际工具,其基本任务是顺利完成交流。语音不太标准的普通话也能够完成正常交流,这部分同学对提高普通话的发音水平持消极态度,对自己发音中已经"石化"的错误或有缺陷的发音没有纠正的热情。一些同学认为文字是用来表达思想的,如果思想得以顺利表达,用字错误也就不必大惊小怪。由于学生多用拼音输入法来打字,提笔忘字和同音替代的现象比较普遍,笔顺错误更是习以为常。校园网站上的文章,大多是学生的作品,这些作品中存在不少文字、词汇、语法、修辞等各种语言问题。上述这些语言问题正是我们精益的对象,也是现代汉语课程思政教学的好材料。

精益是一种思想意识,这种意识要在行动的过程中进行实践。我们可以用项目式学习方式来树立学生的工匠精神。比如,我们让学生成立项目小组,小组成员之间先找出各自普通话发音存在的"石化"问题,在学期初对存在的问题进行录音保存,继而小组成员研讨训练方案,按照方案组织训练,期末的时候再一次进行录音,将两份录音进行比较,看大家精进的效果。又如,学生组成项目小组,对学校网站上的文章进行研读,每个小组找出100处左右的语言问题,分析这些问题产生的原因、危害,提出修改意见,反馈给这些文章的责任人。

守正创新是习近平新时代中国特色社会主义思想的重要内容,也是工匠精神的重要组成要素。解决问题是创新的重要动力,培养学生的创新意识,要促使学生形成问题意识。创新包括理论创新和实践创新两个部分。

应充分利用教材启发学生的理论创新意识。教材上是系统化的语言知识,需要教师启发、引导他们发现问题,把悬而未决的问题摆在他们面前,激发他们的创新意识。比如,用"六书"理论分析现代汉字遇到哪些问题?复合式合成词的构成方式能不能概括汉语所有的复合式合成词?汉语的词类之间纠葛如此之多,是不是分类标准存在问题?现代的汉语语法分析系统存在这么多问题,是不是不符合汉语的语言事实?语体修辞的交叉与融合,内在规律是什么?

激发学生的实践创新热情,要鼓励他们用现代汉语知识解决生活中的语言问题。比如,讨论网络新词产生的原因,预测并跟踪网络新词新语的命运,对不规范的新词新语提供规范政策和建议。又如,收集城市标语、店名、楼盘名,分析其优缺点;为学校各类活动拟制宣传标语或对联等。

(四)开展宪法法制教育

《纲要》指出要深入开展宪法法治教育。教育学生在语言生活中遵守语言法律法规,使用规范的现代汉语是"现代汉语"课程思政教学的重要任务。

现代汉语教材主要介绍语言知识,涉及宪法法律的内容较少。教材比较详细地介绍了语音、文字、词汇规范化的主要内容,但对国家语言管理机构的构成和运作介绍比较简单,这不利于学生依法开展语言活动和治理语言生活意识的形成。"现代汉语"课程应该补充宪法法律和语言生活治理的相关内容。

《中华人民共和国宪法》是国家的根本大法,第四条、第十九条、第一百二十一条、第一百三十九条规定了国家通用语言文字并保障公民的语言权利。依据宪法,国家又颁布了《中华人民共和国通用语言文字法》,这是一部语言文字专门法。《中华人民共和国教育法》《中华人民共和国民族区域自治法》《中华人民共和国居民身份证法》等均有语言文字相关条文。我们应该专门用一节课左右的时间组织学生学习这些语言法律知识,了解国家通过立法保证普通话和规范汉字作为全国性通用语言文字,也保护各民族使用本民族语言的权利,保障语言的多样性,从而树立依法开展语言活动和治理语言生活的意识。

我国有成熟高效的语言管理机构。国家层面设有国家语言文字工作委员会、语言文字应用管理司和语言文字信息管理司,隶属于教育部。除了国家层面的语言管理机构,地方各级政府也都设有专门的管理机构或兼职部门,在全国基本形成了功能比较健全的语言生活管理体系。教育部、国家语委制定语言政策、分配工作任务,各层机构协同参与,这样就能在全国形成上下联动,较好地贯彻保障政策,顺利完成任务。以"中国语言资源保护工程"为例,该项目是世界上最大的语言资源保护项目,由国家语委下达任务,各省级语委办公室遴选专家,各市县语委办公室负责宣传并寻找发音合作人供专家参考和选用,专家负责调查和整理语言材料,省级语委办公室和国家语委负责对材料进行审核,整个过程形成上下联动,几年时间就取得了丰硕的成果。

三、以教学内容为线索挖掘思政元素

"现代汉语"课程是一个完整的体系,它以知识性、系统性、逻辑性见长,教材中显性的思政元素并不多。如果"为思政而思政",为了增加思政内容在课程中的分量,把教学内容割裂开来,以生搬硬套或机械灌输的方式开展课程思政教学活动,肯定收不到应有的效果,甚至可能引起学生反感。教学过程中,应尽可能保持知识体系的完整性,以教学内容为主线,采用润物无声的方式进行课程思政教学。这就需要教师把教学内容和课程思政元素有机融合在一起,在知识传授或实践环节中适当引导展开,让课程思政教学产生画龙点睛的效果。通过研究,我们从现代汉语的教学内容挖掘出如下一些思政元素(表2)。

表2　教学内容与思政元素融合对照

序号	教学内容	思政元素
1	普通话的定义	我国语言制度合理性与优越性
2	普通话标准的确立	主要矛盾与次要矛盾;和谐
3	共同语和方言	民族团结与国家统一;家国情怀;平等
4	现代汉语的特点	热爱汉语;文化自信
5	汉语的地位	语言自信;富强
6	汉语规范化与推广普通话	宪法法制观念
7	语音的物理和生理属性	跨学科融合
8	汉语拼音方案	开放心态和国际视野
9	发音原理与方音辨正	工匠精神
10	平仄和押韵	热爱汉语
11	音变	系统观;工匠精神
12	朗诵和语调	
13	语音规范化	

续表2

序号	教学内容	思政元素
14	汉字的性质、特点、形体演变	热爱汉字；富有中国心
15	汉字的笔顺	工匠精神
16	汉字的整理	语言自信
17	汉字的信息处理	创新
18	使用规范汉字	工匠精神
19	复合式合成词	创新
20	词义的民族性	饱含中国味，充满中国情
21	同义词的作用	语言文化自信
22	反义词	辩证法
23	语境对词义的影响	具体矛盾具体分析
24	熟语	饱含中国味，充满中国情
25	词汇的发展变化	辩证法；创新求变
26	词汇的规范化	法治；文明；和谐
27	语法地民族性	语言文化自信
28	量词、语气词	热爱汉语
29	"把"字句、连谓句、兼语句	语言文化自信
30	句子语病的检查与修改	工匠精神
31	意合复句和紧缩复句	语言文化自信
32	标点符号的运用	工匠精神
33	词语的锤炼	热爱汉语；工匠精神
34	声音的锤炼	热爱汉语；工匠精神
35	句式的选择	和谐
36	辞格	热爱汉语
37	修辞常见的失误与评改	工匠精神
38	语体	实事求是

　　上述教学内容与思政元素，有些是天然地融合在一起的，比如修改语音、词汇、句法、修辞错误，就蕴含着精益求精的工匠精神，也有遵法守纪的成分蕴含其间，这不能光靠讲授，应通过老师和学生的切身实践来完成。有

些则需要点拨和拓展,比如学习《汉语拼音方案》,在了解拼音方案的构成和作用后,可以补充注音方式发展的艰难历程,经历几千年的探索,也没有形成比较完善而又简单方便的注音方式。通过向使用表音文字的外国人学习,结合汉语的语言实际,我们很快就制定出方便易学的《汉语拼音方案》。由此可见,长久地保持一种开放的学习心态,不妄自尊大,不闭关锁国,是十分必要的。

现代汉语语料分析是课程思政元素展现的一个重要手段。现代汉语课程包括语音、文字、词汇、语法、修辞等教学内容,其中语法部分理论性较强,比较枯燥,以阐发或拓展的方式来融入课程思政元素比较困难。但语法理论是从语料中归纳总结而来的,我们可以通过精选蕴含课程思政内容的语料作为语法规律总结或语法分析的材料。这样,既可以紧跟时代的发展,提高课程的趣味性,又有潜移默化的教育作用。比如,学习短语的基本结构类型,就可以从习近平总书记的讲话选取例子来进行分析,如"初心使命(联合)、伟大复兴(定中)、科学执政(状中)、崇尚正义(动宾)、奋斗百年(动补)、国家蒙难(主谓)"等。同样,我们进行词类分析、句法成分分析、短语层次分析、复句关系分析都可以从学习习近平新时代中国特色社会主义思想的材料中选取经典语句作为语料。

修辞是语言运用的艺术,修辞与文化密不可分。在现代汉语修辞的教学环节,我们可以利用《平易近人:习近平的语言力量》将习近平总书记系列重要讲话中的修辞艺术与辞格的讲解相结合,真正实现课程思政的润物细无声。比喻指的是通过联想将不同事物现象由某一相似性特点而直接联系起来构成的辞格。系列重要讲话中的"照镜子、正衣冠、洗洗澡、治治病"用形象生动的比喻将人们日常生活中常见的行为与党员干部的党性教育相结合,使得人们更易接受。用典指的是在诗文中引用过去的史实或语言文字,增加词句的含蓄和典雅。例如,"治大国如烹小鲜"语出老子《道德经》第六十章,意思是治理大国就像烹调小鱼一样,不能随便翻动。习近平总书记在讲话中引用这个典故,目的在于说明其治国理念,治理国家要先了解国情、体察民意,才能以民为本、尊重规律、励精图治、科学施政。这些生动形象的课程思政元素将抽象的道理简单化,将语言学习与时事政治相结合,真正实现教书和育人的统一。

教学内容与思政元素的结合并不是简单的一一对应关系。一个教学内容可以挖掘出多个思政元素,比如,新词的滥用,可以从词语规范化的角度拓展,可以融入宪法法制观念教育;对新词新语涌现的原因的探索,可以融入与时俱进的思想;对新词新语使用态度的考察,可以融入开放包容的观念等。表中的课程思政元素只是为现代汉语任课教师们提供一些融合点,不应机械地将一个教学内容对应一个思政元素去开展教学活动,也不应就某一内容四面出击,面面俱到,应该根据学生学情特点、专业特点,目标明确、重点突出地选择内容。

本文从两个角度、两条路线出发挖掘和融入"现代汉语"课程思政元素。先以《纲要》为主线,考察现代汉语教材的内容,应该在现代汉语教学中补充和凸显语言世情国情,激发学生热爱中国语言文字、树立工匠精神、培养宪法法治观念等。再以现代汉语教学内容为主线,在保持系统完整性的基础上,探索并提出可融入课程思政元素的教学内容点 38 个。这些探索难免只见树木不见森林,思政元素的挖掘与融入便会挂一漏万,系统全面的整理归纳需要广大现代汉语教学工作者携手并肩,深耕细作,集体攻坚。

参考文献

[1] 吴红松. 高校语言学"课程思政"建设的探索和实践:以汉语言文学专业语言课程教学为例[J]. 安徽农业大学学报(社会科学版),2020,29(6),136–140.

[2] 汤玫英. 充分发挥精品在线开放课程的思政功能:以河南省精品在线开放课程"现代汉语"为例[J]. 数字教育,2021,7(4):33–38.

[3] 周芸,陈晓梅. 课程思政建设背景下高校"现代汉语"课程教学体系设计[J]. 云南师范大学学报(对外汉语教学与研究版),2021(2):83–88.

[4] 李炎婷. 高校现代汉语课程思政设计研究[J]. 吉林广播电视大学学报,2022(2):102–104.

[5] 王巧明,郭春霞. 现代汉语课程思政元素的挖掘与应用研究[J]. 凯里学院学报,2022(2):99–105.

[6] 谭本龙,王洁,陈菊. 现代汉语课程思政研究[J]. 贵州工程应用技术学院学报,2022(6):150–156.

[7] 刘志芳. 新时代高校现代汉语课程思政教学改革研究[J]. 当代教育理论与实践,2021(5):1–6.

[8] 姜珍婷. 现代汉语课程思政设计研究[J]. 忻州师范学院学报,2021(3):122–127.

[9]刘小丽."现代汉语"课堂教学中的思政元素探索:以甘肃民族师范学院为例[J].甘肃高专学报,2022(3):102-105.

[10]冯凯云.在现代汉语中开展课程思政的探索[J].汉字文化,2021,1(17):171-173.

[11]安俊丽,李乃东.思政教育融入"现代汉语"课程的探索与实践路径[J].盐城师范学院学报(人文社会科学版),2021(2):119-124.

[12]何春香,胡洪强.现代汉语"课程思政"的理据、定位及教学策略[J].伊犁师范大学学报,2022(1):18-23.

[13]刘恋.高校"现代汉语"课程思政融入的实现路径[J].武陵学刊,2022(1):137-142.

[14]王敏.课程思政背景下高校语言类课程建设路径研究[J].汉字文化,2022(12):35-36.

[15]童之侠.世界主要语言手册[M].北京:商务印书馆,2008.

学理融思政　润物细无声

——"语言学概论"课程思政的思考与探索

刘钦荣

摘要："语言学概论"课程包含着丰富的思政元素,如用什么样的立场和观点看待语言,对语言学的功用、语言的起源、语法结构的类型和特点如何认识,等等,都涵有鲜明的思政元素。教学实施过程中,我们不宜机械生硬"贴标签""戴高帽",而要结合教学内容,顺势而为讲思政;结合课后练习,引导学生自觉运用马列主义观点分析问题,提升能力,提高素养。

关键词:语言学;课程思政;语言观;语言结构;政治性和学理性相统一

2019 年 3 月 18 日,习近平总书记在学校思想政治理论课教师座谈会上,从坚持共产党的领导、建设社会主义现代化强国的战略高度,明确指出学校思想政治理论教育的地位:"办好思政课,要放在世界百年未有之大变局、党和国家事业发展全局中来看待,要从坚持和发展中国特色社会主义、建设社会主义现代化强国、实现中华民族伟大复兴的高度来对待。"提出了教育要"解决好培养什么人,怎样培养人,为谁培养人这个根本问题"。习近平总书记的讲话在全国尤其是教育界引起了热烈反响和共鸣。在高等学校,政治理论课和专业课程的课程思政是加强思想政治教育的两个方面,如鸟之双翼,缺一不可。

人文社会学科在培养学生的价值取向、道德情操方面发挥着特别重要的功能,文学院设置的汉语言文学、汉语国际教育和汉语言是三个具有本土特色的专业,也是对"语文"一词内含"语言文学(文章)""语言文化""语言文字"等义属方向的具体系统阐释解析,是适应和满足社会发展对"高级语文人才"需求的必然举措。这三个专业许多课程都已经有了"马工程"教材,但也有一些课程目前还没有这样的教材,我们所执教的专业主干课"语言学概论"和专业基础课"现代汉语"课就是其中之二。作为受党教育多年的教师,我们在校党委、院党总支组织下,通过学习、讨论总书记的讲话,深感责任重大,坚定了要遵照总书记指示"守好一段渠,种好责任田"的责任心、使命感,现就"语言学概论"的课程思政进行反复思考,并在教学中做了一些探索。

一、挖掘思政元素

"语言学概论"是一门专业理论课,讲的是人类语言的普遍规律,抽象程度高是其突出特点,素有"文科中的数学"之称。对于这样一门课程,有没有思政元素? 有哪些思政因素? 这是这门课开展课程思政首先要解决的问题。带着这些问题,我们重新审视了全部课程内容。视角一变,过去不曾留意的内容就凸显了出来。其实,这门课程有着丰富的思政元素,有以下几个方面。

首先,用历史唯物主义和辩证唯物主义的观点看待语言,树立马克思主义的语言观。例如,语言既有自然属性又有社会属性,是一种特殊的社会现象。在语言学史上,曾经有西方学者把语言看成是生物现象,认为语言也有生长老病死,世界上的语言有先进与落后之分。他们把印欧语系那样有丰富形态变化的语言说成是先进的,而把汉语这样没有形态的语言看成是原始的、落后的语言。这种观点是不符合事实的,是一种偏见。唯物主义者用事实回答了这一问题,语言类型的不同,并不影响其功能,没有优劣高下之分。而实际情况是,许多形态语言表现出了简化形态,增加虚词与语序功能的倾向,如古代英语的形态比现代英语的形态丰富得多。

其次,语言学的功用。语言学理论在社会生活和科学研究中发挥着重要作用,马克思在其巨著《资本论》中,经常运用语言学知识阐述自己的观点。马克思主义经典作家的著作,是说明语言学功用的最好例证。

再次,语言起源问题。人类语言是在什么时候、什么地方、什么条件下被创造出来的? 对于这个问题,历来有"神创"和"人创"两种观点,持"人创"说的人中,也还有"手势起源""劳动起源"等不同的认识。恩格斯用历史唯物主义科学地论证了"劳动创造了语言"这一观点,他在《自然辩证法》一书关于这一观点的论述正是语言学概论课相关内容的有机组成部分。恩格斯的科学论断,对语言学中这一重大理论问题做了精辟的回答,是该门课内容中的重要思想内容。

最后,语法结构的类型、特点问题。从类型学的角度看,汉语语法属于

"意合型"(parataxis)语法,其特点是注重意念契合,不重形式配合;词法简单,句法复杂,没有构形形态,利用词序和虚词表示各种语法意义;印欧等许多语系语言的语法属于"形合型"(hypotaxis)语法,词法复杂而句法相对简单,用复杂的构形形态表示众多语法意义,次序和虚词的作用相对弱化。过去,一些西方学者把汉语这样的语言看成是模糊的、不能精确表示意义的、落后的语言。近几十年来,英语教育在我国受到广泛关注,考级、考研、就业等许多时候都要看英语成绩。不少人也产生了模糊认识,好像英语这样的形合型语言用形态表示的意义汉语里没有。这种认识不符合实际,需要用马克思主义的唯物主义语言观加以澄清。

二、融入思政元素

弄清了"语言学概论"课程思政的元素以后,接下来就是把思政元素体现在讲课的过程中。习近平总书记在学校思想政治理论课教师座谈会的讲话中指出:"强调思政课的政治引导功能,并不是要把课讲成简单的政治宣传,而要以透彻的学理分析回应学生,以彻底的思想理论说服学生,用真理的强大力量引导学生。"这是对课程思政的基本要求,专业课程的专业知识和思政元素在课堂上要有机的"融"而不是简单的"加"。怎样做到习近平总书记所要求的"政治性与学理性"的统一? 我们紧紧抓住"融"字下功夫,主要在"讲"和"练"两个方面做文章。

1. 结合教学内容,顺势而为讲思政

"语言学概论"绪论部分有一节,专门介绍语言学理论在社会生活中的功用。在备课时,自己着重收集了马克思主义经典作家运用语言学知识阐释革命理论的范例。讲课时,作为重点内容向同学们介绍。

例如,马克思在《资本论》中指出,从词源学的角度看,英语中的词有两大类,一类是盎格鲁·撒克逊本族语词,一类是法语词。这反映了历史上法国曾经入主英格兰的情况。由于当时法国人处于统治地位,英国人处于被统治的地位,这就造成了英语中表示抽象概念的词多是源于法语的词,表示具体概念的词多是英语本族语词。马克思运用词源学的知识,说明了政治经济学中的两对重要概念:"work-labour"(前者是英语词,表"具体劳动",后者是源于法语的词,表"抽象劳动")"worth-value"(前者是英语词,表"交换价值",后者是源于法语的词,表"抽象价值")。恩格斯在为《资本论》相关

内容作注时,又补充了许多例子,如"speech-language"(前者是英语本族语词,表较为具体的概念"言语",后者是源于法语的词,表抽象的概念"语言")等。实际上,英语中的"pig-pork""sheep-mutton""ox-beef"等表示动物的词和肉类食品(动物肉)的词语,其中表动物的词都是英语词,而表示肉类食品的词都是来自法语的词。这与历史上法国人和英国人在英伦三岛社会地位的不同有关。

马克思还运用词源学的知识来论证人类社会发展史上最先出现的工厂是什么。马克思考察了英语中的"mill"、德语中的"Mühle"以及其他语言中对应词的意义,发现它们最初的意思都是"磨坊"。马克思得出结论:人类社会最早的工厂就是"磨坊"。

再如,语言的起源问题,是哲学界、人类学界和语言学界共同关心的重大理论问题。历来有唯心主义和唯物主义两种解释。唯心主义的"神创说"除了在宗教界还有市场外,今天已经很少有学者相信了。但在持"人创说"的学者中,也还有"游戏说""娱乐说"等观点。恩格斯在《自然辩证法》一书中科学地论证了"劳动创造语言"的唯物主义观点。我们在讲到这部分内容时,引用了恩格斯的话:"语言是从劳动当中并和劳动一起产生出来的。""劳动的发展必然促使社会成员更紧密地相互结合起来,因为它使互相帮助和共同协作的场合增多了……简单来讲,这些在形成中的人已经到了彼此间有什么东西非说不可的地步了。需要产生了自己的器官:猿类不发达的喉管,由于音调的抑扬顿挫之不断加多,缓慢地然而始终不移地改造起来了,而口部的器官也逐渐学会了连续发出一个个清晰的音节。"用马克思主义经典作家的论述讲解人类语言起源问题,有助于增强同学们对马列主义的崇敬感、信任感。

语言是人类创造的交流工具,既有自然属性(生理属性、物理属性和心理属性),又有社会属性,但在本质上是社会属性。在语言学史上,曾有学者提出语言是自然现象,把语言的发展变化类比于生物的"生、长、老、病、死"。20世纪中叶,苏联人文社会学界曾对此展开过一次大讨论,斯大林为了回答当时苏联各界的问题,发表了《马克思主义与语言学问题》一书,运用辩证唯物主义和历史唯物主义的观点,就当时苏联学者关心的语言学问题做出了科学的回答。在阐述语言的本质时,斯大林指出:"语言是属于社会现象之列的,从有社会存在的时候起,就有语言存在。语言是随着社会的产生和发展而产生和发展。语言随着社会的死亡而死亡。"他还引用列宁的论述进一步指出,语言是作为交际工具而存在的社会现象:"语言是人类最重要的交际工具;语言的统一和语言的无阻碍的发展,是保证贸易周转能够适应现代资本主义而真正自由广泛发展的最重要条件之一,是使居民自由地广泛地按各个阶级组合的最重要条件之一。"马克思主义经典作家关于语言本质的论断已经被写进了教科书,在讲课过程中适时、适量地介绍列宁斯大林的论述,增强了理论的解释力。

2.结合课后练习,引导学生自觉运用马列主义观点分析问题

课后的练习是课程教学的重要环节,怎样与课堂讲授相配合,在这个阶段进一步深化同学们对专业知识中的思政内容的认识,我们也做了一些探索。

(1)结合教学内容,给同学们介绍具有思政内容的相关文献和马克思主义经典作家的著作,使同学们在课后能够继续深化相关内容。

(2)设计一定数量的具有思政内容的练习题,引导同学们在做题过程中运用正确的理论分析专业问题,养成用马克思主义观点看待问题、分析问题、解决问题的自觉和能力。例如,讲到"语言的社会本质"时,首先介绍了恩格斯的《自然辩证法》和斯大林《马克思主义和语言学问题》两本著作的经典论述,课后布置了两道思考题:①为什么说语言是社会现象? ②有人认为语言是生物现象,也有"生长老病死",你怎么看? 再如,讲到"音位理论"时,强调说明"音位学"是研究语音的社会属性的,并请同学们运用马列主义观点具体说明该学科是从哪些方面研究语音的社会属性的。

课程思政建设是一项长期的任务,"打铁还要自身硬",在专业课程中根植理想信念、价值观念,需要教师自身首先具有较高的政治理论水平。我们虽然是具有多年教龄的老教师,但要很好地完成课程思政的任务,还需要不断学习马列主义的基本原理,深刻领会习近平总书记关于课程思政的论述,不断探索和实践,把习近平总书记关于课程思政的要求落实到自己所教的课程中,为培养社会主义的建设者做出应有的贡献。

参考文献

[1]习近平.习近平谈治国理政(第三卷)[M].北京:外文出版社,2020.

[2]马克思.资本论(第一卷)[M].2版.中共中央马克思恩格斯列宁斯大林著作编译局,译.北京:人民出版社,2004.

[3]恩格斯.自然辩证法[M].北京:人民出版社,1957.

[4]斯大林.马克思主义与语言学问题[M].北京:人民出版社,1964.

[5]聂珍钊.作为语言定义的脑文本及索绪尔语言观[J].广东外语外贸大学
学报,2019(4):5-18.

"现代汉语"课程思政建设探讨

宋顺有

摘要:现代汉语作为高校汉语言文学专业的基础课程之一,其理论性、专业性在学科领域尤为突出,然而其广泛的应用性使之具有独特的思政教育价值。现代汉语普通话语音具有典型的汉民族文化传统,与汉民族的审美心理和民族感情表达融为一体;汉语词汇更是民族文化的化石,借助词汇可以感受中华优秀历史文化的独特魅力;汉语语法是汉民族思维方式和认知策略的典型表征,从中可以洞见汉民族认识和把握世界的方法和路径;而现代汉语修辞则是中华民族语言美和文化美等高尚追求的结晶。现代汉语课程全体系、全过程与优秀的思政教育元素紧密相连。充分发掘该课程的思政元素,探索语言学课程与思政教学的内在联系,对提升现代汉语的学科地位,推进思政课程与语言学课程的融合,具有重要的学科建设意义。

关键词:现代汉语;民族性;思政;语言品格

"现代汉语"课程是汉语言文学和汉语国际教育专业的核心课程。语言的规范使用和推广对构建和谐社会、促进经济发展、增强文化自信、提高汉语国际地位有重要作用,现代汉语课程改革须深挖思政元素,做到寓思想性引导于知识传授和能力培养之中,帮助学生塑造正确的世界观、人生观、价值观。

一、现代汉语课程可发掘的思政元素

语言是人最重要的交际工具,是增强民族凝聚力和向心力的重要方式。民族共同语和文字的普遍使用对促进国民的国家认同感、维护国家统一稳定有重要意义。现代汉语课程一般分为绪论、语音、文字、词汇、语法、修辞六大板块。从教学内容来看,每一板块都蕴含着可发掘的思想政治元素。

绪论部分可引导学生结合全球"汉语热"及孔子学院开设情况,讨论文化自信、文化传播、中国元素等,让学生增强国家语言文字的认同感和维护祖国语言文字纯洁性的使命感;语音部分可通过诵读传统经典、朗诵歌颂祖国的诗歌等活动增强学生的母语自豪感;文字部分可发掘文字与民族、文字与软实力、文字与文化自信、文字发展演变与祖国发展的深厚内容。学生在学习汉字的同时能够感知汉字的艺术美,体会到汉字在文化传承、社会主义建设、对外交往中的重要作用;词汇部分可通过维护祖国语言词汇纯洁性、词汇中的家国情怀、习近平总书记用典分析、政论用词分析等发掘思政元素;语法部分可发掘的思政元素为语法规则与为人规则,提高母语使用规范性、提升语言自豪感,可进行思政小论文、红色标语、励志标语等的语法结构分析;修辞部分可发掘的思政元素为"平语近人"修辞分析,善用修辞艺术元素歌颂祖国、向世界讲好中国故事等。通过各个板块的思政内容融入,不仅能更好地让学生掌握语言知识,更能够帮助学生成为中国特色社会主义思想、社会主义核心价值观、中华优秀文化的体验者、传播者和实践者。

二、课程改革的基本思路

基于教育部颁布的《高等学校课程思政建设指导纲要》,立足课程思政教学总目标,结合"三全育人"理念,可确定课程改革基本思路。首先,进行课程目标设计,确定课程思政教学目标和单次课的思政教学目标。其次,进行内容开发,发掘课程思政元素,构建思政教育内容体系,形成思政教育知识架构。最后,选择教学方法,可采用的方法有思政语料分析、案例分析、情景模拟、思政微专题、思政小对话等。此外,还需注意教学管理和教学评价。教学管理方面应做到师生共同管理,注重学生个体体验与发展。教学评价方面对学生应该进行知识、能力、情感、态度、价值观的多维评价,对课程应该进行同行、督导、学生三级评价。

三、课程改革的内容

(一)课程思政目标确定

第一,现代汉语知识素养。学生掌握语音、文字、词汇、语法、修辞等语言本体知识。

第二,交际技能素养。学生能够运用语言(或非语言手段)进行社会交往。

第三,语言审美素养。学生能感受并传递祖国语言文字的美感,不断强化对祖国语言文字的热爱,通过对语言文字美的欣赏提升文化自信。

第四,语言传播推广能力。学生能够通过各种方式和平台积极进行汉语语言传播与推广,特别是积极进行对外汉语教学活动,向世界展现汉语和中国的魅力。

第五,思想政治素养。学生具有正确的语言观,以合理使用祖国语言为社会主义建设做出贡献为己任,坚持祖国语言的纯洁性和规范性。

(二)课程思政改革实施

1.教学内容思政融入

黄伯荣、廖旭东先生的《现代汉语》、胡裕树先生的《现代汉语》,均包括绪论、语音、词汇、语法、汉字、修辞六大部分,理论性较强,思政内容涉及较少。结合课程内容,可分解重组教材内容,合理融入思政元素,以第一章语音部分为例(见下表)。

第一节　现代汉语语音概述	案例:汉语拼音方案 内涵:素质教育
第二节　音节分析:元音和辅音	案例:普通话朗诵岳飞《满江红》 内涵:爱国教育
第三节　普通话声调	案例:朗诵舒婷《祖国啊,我亲爱的祖国》 内涵:爱国情怀
第四节　普通话音节结构	案例:朗诵《可爱的中国》 内涵:在错落有致的节奏中感受对所爱的中国无限的深情
第五节　音位和音位归纳法	案例:朗诵艾青《大堰河,我的保姆》 内涵:中华情怀教育
第六节　音变	案例:朗诵《感恩父母》 内涵:感恩教育
第七节　节律	案例:朗诵毛泽东《沁园春·雪》 内涵:爱我山河

2.教学方法

(1)趋同教学环境构建。基于平等教学理念,帮助不同水平学生得到发展。教师提供多种分梯度的问题支架,学生根据自己的实际水平都能上架,虽然快慢不同,但是最终都能达到相同高度。

(2)STEM 跨学科教学。现代汉语课程涉及朗读欣赏、文字与书法、修辞与写作等。这一门课程里面包括了语言、教学、艺术、审美、思政等多学科的知识,应该把学生学习到的知识转变成探究现代汉语课程不同要素的过程,实现学生学科知识全面发展。

(3)思政案例分析讨论。结合思政案例、围绕汉语应用开展"思政小对话""思政微问题"讨论。

(4)问题研讨。语言现象和语言规律是客观的,但是语言学研究具有主观性,科学性。探讨语言理论,通过问题研讨的方式可以帮助学生形成自己的立场、观点、态度、处理方法等。如有人提出"汉字不是表音文字,是落后的文字""废除汉字"等错误的观点,学生可以就此观点进行研讨,在马克思主义立场、观点、方法基础上进行分析和研讨,结合语言文字理论对上述片面观点进行剖析和批判。

此外,"互联网+"教学、第二课堂、生成学习等方法都可以常用于现代汉语课堂教学活动中。

3.绩效评估

评价学生学习绩效应采用过程性考核和期末考试结合的方式,将理论与实践结合起来,将知识、能力、情感、态度、价值观综合起来进行多维度的评价,将课堂、课后、期末考试结合起来评定成绩。

四、课程改革的可行性分析

(一)思政目标制定符合《高等学校课程思政建设指导纲要》要求

现代汉语课程改革具有明确的、与课程价值和课程定位相符的思政目标,这符合《高等学校课程思政建设指导纲要》中"要根据不同学科专业的特色和优势,深入研究不同专业的育人目标",教学上要"落实到课程目标设计"的理念。

(二)思政教学活动开展顺利

课堂教学中,通过语料举例分析、思政对话、思政微专题讨论等活动能够让学生在情感上产生触动,提升母语自豪感、民族自豪感,增强追求真理的意志。结合现代汉语课程举办的"语言能力训练——讲好中国故事"大赛、"三笔书法大赛"等语言文字类赛事不仅为学生提供了展示自我、建立自信、全面发展的平台,也自然地引导其将社会主义核心价值观内化为精神追求,外化为自觉行动。结合课程开展对外汉语线上教学实践,通过连线海外汉语学习者进行汉语教学,帮助学生树立起大国意识,增加了文化自信,将语言学习的意义上升到为国家进行语言文化推广、向世界展示中国的高度。

在课程思政改革的过程中,还需进一步引导学生思维向更深处探寻,明确立足专业领域"我应该如何",进而实现向行动的转换。引导学生主动参与国家语言文字相关工作,将学习现代汉语课程与构建社会主义和谐社会这一伟大目标结合起来。

(三)思政内容的发掘、梳理、融合具有合理性

教学思政改革中,思政融入不是机械、死板的拼凑,不能割裂课程与思政的关系,思政内容的融入应该是"润物细无声"的。发掘课程的思政元素,形成现代汉语课程的思想政治教育知识安排,并设定具体章节的课程思政内容,以"知识技能+思政"为框架,设置"语言+思政微专题""语言+思政小对话"等项目,不仅是要求学生掌握语言知识和技能,而且注重提升学生的思想政治素质。同时,课程学习过程也是帮助学生语言技能达到职业要求的过程,这对学生成长为未来的合格语言文字工作者有很大帮助。

(四)课程思政改革教学方法得当

思政改革中采用的教学方法将课程与社会职业需求、学生需求、教学实践项目等有机结合,通过趋同教学环境构建、STEM 跨学科教学等方法实现全面发展。思政案例融入、问题研讨等方法能够将教学内容和思政有机结合,"互联网+"教学、第二课堂、发现学习等多元化的教学理念和方法能够丰富课堂,提高学生学习动力,这是由"教"到"育"的转变。课改过程中,教学方法具有创新性、针对性和实践性,利于实现全面育人,能够提升思想政治教育进入学生精神世界的效能,实现价值观的正向引导。

五、课程改革效果评价

通过课程思政改革,实现了应用型改革和课程思政元素的有机融合,课程内容的策划、教学方式的组织、课堂的管理等方面均有创新。学生思想政治素养和语言技能得到提升。学生学习语言的同时,形成了社会主义核心价值观,提高了文化自信,树立了修身立德、家国情怀、爱国主义情感,课程思政学习效果显著。

参考文献

[1]李学军.高校"现代汉语"课程改革的思考[J].教育理论与实践,2015,35(21):54-55.

[2]汤玫英.在现代汉语课程中开展课程思政的探索[J].中国农村教育,2020(14):97-98.

[3]庞欢.现代汉语课程思政改革研究[J].河南农业,2021(18):20-21.

关于古汉语课程思政的几点思考

庄素真

摘要：古代汉语课程思政元素融入需要精心提炼思政主题，筛选思政素材，瞄准切入点，做到润物细无声。大纲修订、课件制作、资源整合、授课形式、考核方式，全方位、全过程体现课程思政意识，构建"全程育人，全方位育人"大格局。

关键词：古代汉语；课程思政；切入点；路径；落实

一、古汉语课程融入思政元素的实施背景

2020年教育部印发《高等学校课程思政建设指导纲要》（以下简称《纲要》），提出"全面推进课程思政建设，就是要寓价值观引导于知识传授和能力培养之中，帮助学生塑造正确的世界观、人生观、价值观，这是人才培养的应有之义，更是必备内容"，并指出"使各类课程与思政课程同向同行，将显性教育和隐性教育相统一，形成协同效应，构建全员全程全方位育人大格局"。2016年习近平总书记在全国高校思想政治工作会议上强调，高校思想政治工作关系高校培养什么样的人、如何培养人以及为谁培养人这个根本问题，指出"要坚持把立德树人作为中心环节，把思想政治工作贯穿教育教学全过程，实现全程育人、全方位育人"。古代汉语是高等院校开设的一门以中国古代书面语中的文言文为教学对象的基础课，目的在于让学生通过系统的学习，掌握古代汉语基本知识，掌握分析古代汉语的基本技能，培养、训练和提高学生运用相关知识阅读文言作品的能力，能够批判继承我国古代的文化遗产，具有良好的人文素养和科学精神，具有积极的情感、端正的态度和正确的价值观。古代汉语把培养学生的人文素养和科学精神，引导学生树立正确的世界观、人生观、价值观作为既定的培养目标，这和课程思政对高校课程思政建设的要求是吻合的。因此，在古代汉语课程中融入课

程思政理念,既符合当前的社会背景,同时也是实现本课程培养目标的必经
途径。

二、课程思政元素及融入点解析

古代汉语主要是一门工具课,语言是文化的载体,通过学习古代汉语,
深入挖掘其中蕴含的思政元素,能够加深学生对民族文化的认同感,提升民
族和文化自信。《纲要》指出,"要深入梳理专业课教学内容,结合不同课程
特点、思维方法和价值理念,深入挖掘课程思政元素,有机融入课程教学,达
到润物无声的育人效果",古代汉语这门课的主干由语言本体知识和传统文
化知识两大模块组成,在授课过程中,需要精心筛选思政主题,提炼思政素
材,瞄准切入点,做到润物细无声。以王力《古代汉语》为例,该教材共四册
十四单元,每单元按文选、通论、常用词的顺序编排,内容丰富,可供遴选的
素材丰富。下面我们以单元为序,将本书蕴含的古代传统文化和思政元素
进行提炼整理,制成表格,授课时便于提纲挈领。

王力《古代汉语》课程思政元素分布表

单元	文选	通论	蕴含的传统文化	思政德育元素
第一单元	《左传》	怎样查字典辞书;古今词义的异同;单音词、复音词、同义词;词的本义、引申义	春秋战国时期的战争礼仪;宗法制;礼制	古代的孝悌、伦理观念;士大夫谏诤精神
第二单元	《战国策》	汉字的构造;古今字;异体字;繁简字	汉字蕴含的文化如:饮食起居、婚姻制度、宗法礼俗、法律制度	古代的士阶层文化和民本思想
第三单元	《论语》《礼记》	古汉语句式	姓名礼俗	天下大同与当代中国梦溯源
第四单元	《孟子》	词类活用	推恩、王天下	民本思想溯源
第五单元	《墨子》《老子》《庄子》	介词、连词	外儒内道百家争鸣	海纳百川有容乃大的民族精神
第六单元	《诗经》	用韵、双声叠韵、古音通假	传统节日、节令、民俗	乐而不淫、哀而不伤的审美传统,传统与现代的对话及启示

续表

单元	文选	通论	蕴含的传统文化	思政德育元素
第七单元	《楚辞》	古书的注解	地域文化	忧国忧民、九死不悔、为民请命
第八单元	《史记》	古代文化常识	天文、历法、地理、职官	治学精神
第九单元	《报仁安书》	古代文化常识	姓名、礼俗、宫室、车马	忍辱负重、坚强不屈的民族精神
第十单元	古代书信	古书的句读	古代书信文化	诚信精神
第十一单元	《滕王阁序》	骈体文的构成	古代文论	文化创新
第十二单元	《前赤壁赋》	古汉语的修辞	赋的构成	历史唯物主义
第十三单元	诗律	格律	诗骚传统	诗意栖居
第十四单元	诗律	格律	诗骚传统	诗意栖居

三、古汉语课程融合思政元素的路径

《纲要》指出："高校课程思政要融入课堂教学建设,作为课程设置、教学大纲核准和教案评价的重要内容,落实到课程目标设计、教学大纲修订、教材编审选用、教案课件编写各方面,贯穿于课堂授课、教学研讨、实验实训、作业论文各环节。"课程思政理念应当贯穿于教学全过程,结合古汉语的课程特点,我们主要从以下几个方面做到思政元素全过程化。

(一)教学大纲修订

在教学大纲的重新修订过程中,把课程思政育人目标作为重要授课目标之一,将其贯穿于在每个单元的授课内容之中。对每个单元的思政德育模块进行教学设计,在设计时把古代文化精神的内核与当代大学生精神相结合,做到"润物细无声"。课程思政是一种教学理念,也是一种教学思路,在编写教学大纲时,要把思想政治素质的培养作为教学目标之一进行设定。古代汉语是一门理性思维比较强的学科,号称文科中的理科,因此,思维方法的训练和培养极为重要,正如《纲要》中所提到的,"帮助学生掌握马克思主义世界观和方法论,从历史与现实、理论与实践等维度深刻理解习近平新时代中国特色社会主义思想"。具体到古代汉语课程,应该学会以古代汉语的语言事实为基点,把握古汉语和现代汉语,语言内部各要素之间的关系,基于马克思主义的唯物史观来研究语言学。

（二）课件制作

近年来，随着信息技术的应用，传统的课程模式面临深刻改变，学生接受信息的途径越来越多元化，尤其是受疫情影响，线上和线下混合教学模式成为最优选择。基于此，教师过去"一根粉笔，一张嘴"的传统教学理念和教学模式已经不能适应新的形势发展，教师的课件制作水平、网络资源整合能力和教学应变能力，受到前所未有的挑战。而课件在展示动态、还原场景方面具有不可取代的作用，能够弥补传统课堂模式的不足，让课程思政元素的融入更加灵活多样，我们认为，课程思政背景下，课件制作应该着眼于以下两个方面。

一是课件形式新颖，改变以往课件以文字为主，适当增加与内容相适应的图片、音像资料，将文选中涉及的重要故事情节和人物对话制作成动画小视频，增强视听效果，让学生喜闻乐见。实践证明，适当增加影像视频资料能够深化学生的形象思维能力，使思政元素更加形象化、具体化，从而给学生留下深刻印象。比如我们在讲《郑伯克段于鄢》时，可插入电视剧《东周列国·春秋篇》相关片段，让学生对历史背景、故事情节、人物形象进行直观感受，进而加深对人性复杂性的理解。

二是课件内容要体现思政性。《宫之奇谏假道》《烛之武退秦师》士大夫的家国情怀、谏诤精神，《祁奚荐贤》祁奚内举不避亲外举不避的大公无私精神，《冯谖客孟尝君》孟尝君礼贤下士和冯谖的深谋远虑，《赵威后问齐使》赵威后的民本思想，文选中思政元素的蕴藏量是极为丰富的。古代的仁人志士为了国家民族兴盛，怀揣忠心赤胆，奉献聪明才智，为青年学生树立了榜样。我们在教学中应该引导青年树立正确的价值观，继承先辈们忧国忧民的意识，做到觉知践行，知行合一。

除此之外，我们要注意探讨传统价值观的现代意义，即传统价值观跟当代社会主义核心价值观有什么区别和联系。明辨内涵方能知晓哪些是应该发扬传承的，哪些是应该批判舍弃的。只有赋予传统课程以现代性意识，才能激发学生学习传统文化的热情，从而让思政元素落到实处，真正起到"润物细无声"的作用。比如，我们在讨论贤臣忠君爱民思想时，一定要站在历史唯物主义的角度，看到忠君和爱民思想既有对立也有统一，忠君和爱民的思想内核是对生命的敬畏，从中提炼出以人为本的伟大思想。

（三）慕课资源整合

在线课程开发风潮在中国教育领域已经风靡数年，目前，我国的慕课数量和规模已经达到了世界领先水平,可以说,慕课正在打破教育的时空壁垒,大大提高了教学效率,拓宽了师生沟通渠道。基于此,我们认为作为一种现代信息技术手段,慕课可以大大助益传统课堂。

一是,充分利用慕课资源,形成课内外互补、线上线下互补的教学模式。我们从中国大学慕课网上选出一批接受度强,含金量高的课程,如江苏师范大学乔秋颖古代汉语重点、难点解析,武汉大学王统尚古代汉语,武汉大学肖圣中古文字学,吉林大学窦可阳国学通论,北京师范大学孟琢汉字与中国传统文化,让学生课前观看,起到拓宽知识面,扩大学习视野的作用。实践证明,学生有目的的学习和被动学习的效果存在天壤之别,经过线上线下互补式学习,学生学习的积极性、主动性大大提高,学习的纵深性得到提升。

二是,建设带有思政元素的古代汉语线上课程,探索一条既有知识含量,又有现代色彩的古汉语课程教学之路。在思政课背景下,如何打造一门带有鲜明思政意识的古汉语课程已经成为当务之急,教师作为思政课程的主导者,应当"守好一段渠,种好责任田",通过课堂教学主渠道,以 OBE 模式为导向,综合多种教学方法,将古代汉语所蕴含的传统文化精髓,融入专业学习之中,发挥传统文化的文化教育功能,实现优秀传统文化的创造性转化和创新性发展,使学生在学习古代汉语知识的同时,了解中华优秀传统文化的发展脉络,做到以古为鉴,古为今用,推陈出新,提升文化自信,做中华优秀传统文化的继承者和传播者。

四、落实

思政元素的融合重在落实,在落实过程中我们以课堂为主要阵地,综合利用社会资源,一点突破,全面开花,形成全方位、全过程育人的大思政格局。

1. 采用混合式教学模式,即线上和线下相结合的授课模式

提前把要讲的知识点录制成一个一个的短视频,给予学生充分的学习时间,尽可能让每个学生都带着较好的知识基础走进教室,从而充分保障课堂教学的质量。在授课时,除了将教师提前设计好的知识点作为重点、难点之外,学生反馈的共性问题也应当作为授课重点和难点,这样的授课形式更加灵活和具有针对性,能够大大提高课堂教学效率。

2. 开辟第二课堂

讲述古文字学知识和相关古代文化常识时,我们可以到博物馆录制短视频,让学生近距离感受浓厚的文化气息,既能开阔学生的视野,同时对他们也是一次文化精神的启迪。让古汉语课堂从教室走进博物馆、文化馆,从校园延伸到校外,从薄薄的书本走进丰富多彩的历史文化长廊。此外,第二课堂可以发掘学生优势和特长,通过剧本研创、国学知识竞赛、汉字大赛等形式的举办,让学生近距离感受传统文化的魅力。这对提高学生的学习积极性和文化感受力,增强大学生的文化自信,培养民族自豪感和爱国情操将会起到至关重要的作用。

3. 多样化的考核形式

思政元素融入课堂,为考核提供了丰富的素材。我们可以鼓励学生将所学知识运用到生活中,把书本知识和实际运用结合起来,创造社会效益。比如可以鼓励学生通过查阅资料,为河南的某个历史文化名城、某处历史遗迹,制作一段宣传视频,或者为某景点、街道,讲述一段历史故事,为中小学生普及一些文字学知识,讲一个成语故事……视频制作、文案设计、文艺作品,跟历史文化相关的文创产品都可以作为平时成绩,纳入期末考试总评成绩。考核关注学生完整的学习过程,卷面成绩占总成绩的70%,过程性考核成绩占总成绩的30%,这种综合性的评价方式改变了过去靠考前突击的行为惯性,对知识、能力、素养、品行进行多方位综合性评价,构建"全程育人,全方位育人"大格局。

参考文献

[1] 刘昀. 文以载道,以文化人:古代汉语课程思政建设刍议[J].汉字文化, 2021(6):42-44.

[2] 梁飞,宗汉辰.课程思政理念下古代汉语教学创新之我见[J].汉字文化, 2021(22):45-46.

[3] 张丽萍.《古代汉语·文选》课程思政教学改革研究[J].贵州工程应用技术学院学报,2022,40(2):151-155.

国际视野下的地方高校汉语国际教育专业课程思政模式探索

——以郑州师范学院为例

曹自斌

摘要:汉语国际教育专业体现出汉语教学、中国文化以及国际汉学的融合的特征。研究基于国际视野,以河南省郑州师范学院汉语国际教育本科专业为主要考察对象,梳理目前河南地方高校汉语国际教育中存在的国际化缺失现状;通过欧美发达国家以及"一带一路"沿线国家对于中国语言、文化的兴趣度的比较,参考国际语言教学标准,提出地方高校本科汉语国际教育国际化建议。地方高校的发展应主动适应国家战略调整,新发展格局下,更高水平对外开放是主题,而国际化视野的突显,是新时代汉语国际教育专业本科课程思政的重要方面。

关键词:汉语国际教育;国际化;课程思政

2012 年中华人民共和国教育部颁布的《普通高等学校本科专业目录和专业介绍(2012 年)》中,对外汉语专业更名为汉语国际教育,不再属于控制设点专业;在《普通高等学校本科专业目录新旧专业对照表》中,汉语国际教育专业(050103)由对外汉语(050103 *)、中国语言文化(050106W)和中国学(050108S)合并而成。新的专业名称调整体现出汉语教学、中国文化以及国际汉学的融合。2022 年 8 月 26 日,世界汉语教学学会发布《国际中文教师专业能力标准》(T/ISCLT001-2022),对汉语国际教育专业的发展提出了新的要求。

一、河南地方高校本科汉语国际教育专业现状

自 2012 年以来,河南省具有汉语国际教育专业招生资格的本科院校有:安阳师范学院、郑州师范学院、新乡学院、许昌学院、河南工程学院、平顶山

学院、河南科技学院、洛阳师范学院、周口师范学院、商丘师范学院、南阳师范学院、信阳师范学院、河南中医药大学、郑州轻工业大学、华北水利水电大学、河南师范大学、河南农业大学、河南科技大学、郑州大学、河南大学、中原工学院、安阳学院、信阳学院、郑州商学院。目前,部分院校本科招生指标缩减,专业延续能力不强。

突出问题主要体现在以下几个方面。

第一,在新发展格局下,地方高校的汉语国际教育专业本科建设多数未跟进国家战略调整,没有研判制度型开放创新,没有适应新的国际形势探索新的课程思政模式。

第二,课程建设国际视野不足,具体为:文学类课程内涵不深,语言类课程偏重理论,教育学以及心理学国际化不足,实践类课程没有针对性,造成学生在跨文化交际时底子薄,技能不足,跟不上国际形势新变化。

第三,定位不清晰。由于缺乏国际视野,导致地方高校在人才培养方面,整个学制内没有划分区域、国别等针对性的实践能力提高培养。尽管部分高校探索双语教学,做了有益的尝试,但仍未体现出有效的国际视野下的针对性调整。

二、郑州师范学院汉语国际教育专业基本情况

郑州师范学院汉语国际教育本科专业开设在文学院,于 2012 年首次招生,充分依托文学院汉语言文学专业和教育科学学院、外国语学院等多方师资力量,开设了既具有中国语言文学内涵的课程,又具有满足学生专业发展需要的第二外语课程。2012 年以来,该专业共招收本科生 500 余名,现有四个年级,四个教学行政班。

通识课模块采用全校文科(师范)统一课程;专业课模块中,基础课程有汉语国际教育概论、第二语言习得概论、跨文化交际、英语口语、英语听力等;选修课程有 HSK 测试研究、西方语言学流派、社会语言学、比较语言学、认知语言学、海外汉语教学研究等,并且开展第二外语课程,如日语、韩语、俄语等。整体而言,课程结构较为科学合理,能够满足当下教学的需求,但以新格局国际视野来研判该课程体系,则会得出未来 5~10 年,该课程体系尤其是在课程思政方面需要有较大的调整,以适应新时代国际形势演变的结论。

三、国际视野下本专业课程思政模式的新探索

（一）新定位

原定位是：本专业培养学生德、智、体、美、劳等全面发展，适应汉语国际教育与推广的需要，具备扎实的中国语言文字基础和良好的文学修养，系统掌握中国语言、文学、文化的基本知识，具有基本的文学感悟能力、文献典籍阅读能力、审美鉴赏批评能力、计算机文字信息处理能力，具备基本的跨文化交际能力和运用汉语、英语进行书面、口语表达的能力，能够在孔子学院、孔子课堂以及针对在华留学生的培训机构从事汉语教学及汉文化推广工作，在文化、出版、传媒、涉外等企事业单位及政府机关从事语言文化交流、传播与管理等工作的应用型人才。

建议建立在国际调研以及本专业毕业生执教的国家或地区的实际情况下，适当调整人才培养定位，以适应新格局下的国际变化。毕业生面向泛全球性的孔子学院、孔子课堂，变为更加针对性的、具体性的方向，如：毕业生能够在"一带一路"沿线国家尤其是东南亚国家和地区从事汉语国际教学。科学化调整人才培养的新定位有利于课程体系在课程思政方面有更加具体的着力点。

（二）新课程

基于新定位，应调整课程体系在课程思政方面的着力点。在通识课程模块、专业课程模块以及教师教育模块都应在"为党育人"的基本要求下，大力发展构建体系创新，以符合国家战略调整，创建自己的特色。

推进通识课模块注入新的思政元素，添加经过学校专家审核以后，具备课程思政元素的相应国家或地区的基本社会、经济、人文、法律、治安、教育等基本情况的课程。

在专业课建设中，专业主干课是文化自信的核心课程，在做好专业主干课的建设的同时，应采用国际化的视野观照，引领选修课程群建设。选修课程群的任务是进一步凸显了专业主干课的文化自信，又延伸了新格局新国际环境下具体的国别或地区等教学素材纳入课程思政。

新定位背景下的教师教育课程改革十分重要，教育学与教育心理学必须以国际化建设理念推进课程建设。郑州师范学院汉语国际教育专业的心理学课程建构可依托郑州师范学院心理学国际联合实验室开展有关改革行

动,进一步推动心理学课程思政元素的挖掘。

（三）数字化

新定位的理论课程,必须有实践操作来支撑。为此,未来的地方高校汉语国际教育在培育学生实践能力的同时,需提高数字化案例库的建设意识。案例库的建设也理应是课程思政的一部分。

依托历届毕业生海外从教、海外商贸的优势,大力推进郑州师范学院特色汉语国际教育国别化案例库。案例库的纳入源材料经过审定后,上传至云平台,以便于本专业学生反思性学习,也便于本专业任课教师改进型、研究型教学的发展,更有利于课程思政元素的挖掘。

（四）职业化

国际视野是汉语国际教育专业人才培养职业化的重要途径,也是课程思政的主要组成部分。目前,地方高校的汉语国际教育专业定位不清晰,导致课程体系建设没有针对性,促使学生没有清晰的专业化意识,经历本科阶段培养后,在汉语国际教育职业化的道路上发展艰难。

人才培育的职业化伴随学生整个学制,在培育过程中,学生更多的是接触到专业课这类显性课程,而对于专业发展、国际形势变化、最新学术动态等隐性课程缺乏意识。隐性课程在人才培养中处于重要地位,也是课程思政的重要组成部分,应主动调整隐性课程体系建构,协同显性课程完成培养任务。

参考文献

[1]腾跃民.课程思政系统性探索与实践 基于三寓三式范式导向的上海高校课程思政重点改革领航学院建设案例[M].上海:上海三联书店,2021.

[2]上海大学课程思政教学研究中心.课程思政教学设计[M].上海:上海大学出版社,2022.

[3]吕云涛.从理念到实践 当代高校课程思政路径探索[M].长春:吉林大学出版社,2022.

[4]陈学广.汉语国际教育专业建设与教学研究[M].南京:东南大学出版社,2020.

[5]何建.高校汉语国际教育探索[M].长春:吉林人民出版社,2021.

[6]姚喜明,张丹华."一带一路"背景下的汉语国际教育[M].上海:上海大学出版社,2019.

课程思政引领下的汉字类课程教学思考

——以汉语国际教育专业为例

于 璐

摘要：汉语国际教育专业选修汉字类课程的教学，与课程思政、课程创新发展密不可分，把思想工作贯穿教育教学全过程，在教学中触动意识共鸣、引发知识共鸣、激发情感共鸣、培育价值共鸣，对开创这一课程教学发展的新局面具有创新意义。

关键词：课程思政；汉字类课程；创新发展

党的十八大以来，高校全面贯彻党的教育方针，紧密围绕立德树人这一根本任务，坚定理想信念，增强"四个意识"，不断推动高校思想工作创新发展。作为身负传承中国文化的使命，汉语国际教育专业的课程教学更是与此思想密不可分。作为文化的载体，汉字已经历经五千年的沧桑，在汉字类课程教学中融入思想政治教育，是积极引导当代大学生价值观的重要举措之一，挖掘此类课程与思政教育的切入点、结合点，需要不断地探索创新和思考改革。

2016年，习近平总书记在全国高校思想政治工作会议上强调："其他各门课都要守好一段渠、种好责任田，使各类课程与思想政治理论课同向同行，形成协同效应。"这为高校课程思政发展和运用树立了意识导向，指明了方向，提供了依据。同时，也为汉字类教学找到了一条专业课程与课程思政的融合之路，也为思想政治教育和专业课程的教育拓展打造了一条康庄大道。这是实现专业课程与思想政治理论课同向而行、形成协同效应的新高度。

汉字类课程作为汉语国际教育专业的专业选修类课程，需要将课程思政与创新发展结合起来，把思想工作贯穿教育教学全过程，开创这一课程教学发展的新局面。

1.教学中应触动意识共鸣,转变观念,夯实思想

汉语国际教育专业课程中,汉字类课程的工具性特征非常鲜明,但是作为教学实践应用类课程,学生要经历从内化吸收到外化输出的过程,而且基于未来教学对象的特殊性,课程学习与运用大多围绕知识实践教学而进行,旧有的观念导致教师轻视思想政治教育,学生忽视思想政治教育。因此,树立正确的思想教育,转变旧有的思想理念、夯实积极正确的思想观念,是教学成功的关键。

语言是人类最重要的交际工具和思维工具,汉字作为载体,更是工具性与应用性的统一。汉字类课程探索反思的根本,是课程理论联系实践的前提。在思想政治教育的过程中,我们要突破原有汉字的工具性、旧有课程体系中专业性的藩篱,运用汉字工具开展思政教育。这样,汉字类课程方可在提升学生理论知识水平之外,注入思政教育内容,促进学生养成正确的汉字观、语言观,树立积极的情感观、价值观,实现知识引领与价值目标相统一。

教书与育人方向相同,汉字类课程作为汉语国际教育专业的重要课程,是培养和提高学生了解历代汉字面貌、传播中华传统文化、运用汉字解读世界的重要课程,肩负着引导学生认知母语、提升学生热爱中华文化、激发学生传承中华文化的重任。汉字类课程应该充分挖掘潜在的思政资源,努力发挥好思想政治教育的力量,取得教书与育人同方向的实效。

2.教学中应引发知识共鸣,扎实知识,自信自豪

汉字类课程通过对文字的形体、构造、体式、意义等基本知识的学习,能够使学生了解汉字的发展演变,认知汉字的理论规律,具备较高的汉字分析能力。这类课程是文学类课程的基石,也是其他专业学科研究的基础。因此,在课程思政教学中,引发学生产生"了解汉字、学好汉字"的知识共鸣,具备"理解汉字、运用汉字"的扎实知识,领悟"继承汉字、传播文化"的自信自豪。

基于汉语国际教育的独特的专业特色,把中国人人都认识的汉字作为学习和教学的对象,其重要的地位往往被人忽视。作为承载中国的文化和历史的汉字,是本专业学生学习和未来从事工作的主要内容的一部分,学好汉字的前世、今生,传承汉字的未来,不是一朝一夕就能完成的,这需要具备系统的专业知识,完善的专业素养。因此,从"懂"到"精"是一个步步扎实的过程。培养学生过硬的专业素养,需要课程中知识与实践的融合。每一个

汉字蕴含着深厚的中国文化,继承汉字、传承汉字,这背后蕴含的最重要的是中华博大精深文化的传承,让世界了解中国,让世界认识中国,让中国走向世界。

3.教学中应激发情感共鸣,踏实技能,勤学苦练

言为心声,字由心起。汉字类课程集深厚的传统文化与现代文明双重背景于一体,在提升学生的文字素养之外,结合传统文化知识,帮助学生解读博大精深的中华文化;结合汉字服务社会的实例,帮助学生关注现代文明。

汉字教学中,书法鉴赏也是传承的一部分。教授汉字形体变化的过程中,结合颜真卿的《祭侄季明文稿》,了解了唐代书法,认知了草书的书写特点,使颜真卿书法的刚健雄伟、遒劲厚重的特点一览无余,更是从情感上和中国古代坚贞的人物展开了一次隔空对话,深入理解了这位坚持正义、不畏权势的忠臣义士。从而引导本专业学生苦练三笔字基本功,以期未来在教学对象面前,充分展示多彩的中国魅力。汉字教学中,寻找生活中的汉字问题也是传承的一部分。教师以此引导学生认识规范标牌汉字的重要性,激起学生学以致用、服务社会的信念与决心,引导学生发现问题、分析问题、解决问题。

课程思政元素的挖掘是实施课程思政教育的前提条件,课程思政有别于思政课程,在专业课程的培养中不能直接灌输,而应寻找本专业课程与思政元素的结合点,达到春风化雨、润物无声的效果。课程既需保持专业特性,又要嵌入思政内容,实现显性教育与隐性教育的统一。因此,课程思政元素的挖掘就显得尤为重要。

学习汉字字形、字义,深入分析汉字构造理据,增进学生对汉字所折射的汉文化的了解。汉语在国际上的影响力越发巨大,"一带一路"建设更是引发了沿线国家的汉语热。这些都是汉字类课程中蕴含的思政元素,是思政育人的内在源泉。汉字传播与中国国际地位的映照,无形之中,通过思政教育充分挖掘了中国力量,同时增进学生对汉语国际地位的认知。

由此可见,在课程思政教学中,不仅引发学生"认同汉字、传承文化、规范语言"的情感共鸣,而且可以促进学生踏实训练技能,勤学苦练,以期未来。

4.教学中应培育价值共鸣,同向同行,立德树人

汉字在人们认识社会、联系世界的过程中起到了尤为重要的桥梁作用,在专业课程的教学中,加强爱国主义教育、培养社会责任、渗透人文精神,使学生通过课程的学习,关注社会,解读世界,品味人生。

汉字类课程和思政课程形成"同向同行、协同育人"的教育效应,塑造学生勤于向学的积极态度,服务社会的理想信念,培育学生"传承汉字、推广汉字"的价值共鸣。

教师将汉字案例引入课堂教学进行分析,既要巩固学生汉字的基础理论知识,还要使学生切身领悟汉字理论与社会实践的联系,更重要的是通过教育激发学生的民族自豪感和爱国情怀,引导学生不断增强"四个意识"、坚定"四个自信"、做到"两个维护"。也就是在提高学生知识和能力的过程中,同时进行课程思政,传递德育的内容。真正做到培育学生产生价值共鸣,树立有意义的价值观,同向同行,为社会谋福利,为国家求腾飞。

当下,顺应新时代的教学理念的同时,践行课程思政理念,实现汉字类课程自信自强这一文化认同的价值目标。任课教师在实践教学中坚守这一理念,积极推进立德树人的育人目标,在传递专业知识的同时,树立学生深入理解中华优秀传统文化内涵。使学生不仅掌握汉字的基本规律,更加透射出"知其然并知其所以然"的求知精神,并主动担负起用语言文字维护国家主权、传承中华传统文化的神圣使命,从而达到价值引领与专业知识的有机融合。

总而言之,汉字作为语言的书面表达形式,在学生发现语言现象、了解语言规律、形成语言观念的同时,充当着记录者这一重要的角色。将"做人做事的基本道理、社会主义核心价值观的要求、实现民族复兴的理想和责任"融入课程和教育教学的全过程,教师潜心探讨,学生深入领悟,课堂不断挖掘,实践强化创新,真正实现立德树人的同向同行。课程将继续进行下去,未来的教学之路需要在不断前行中探索和思考。

参考文献

[1]陈峥."课程思政"在对外汉语教学中的应用考察[J].汉字文化,2020(17):1-6.

[2]杨昱华."课程思政"在对外汉语教学中的探索与实践[J].教育观察,2019(13):98-100.

[3]毛敬轩.传统造字法理论在对外汉语汉字教学中的应用:以《新实用汉语课本》为例[D].南昌:南昌大学,2020.

课程思政背景下普通话口语表达课程
教学探究

赵　敏

摘要:课程思政建设作为立德树人教育目标的重要环节,要坚持知识教育与价值引领的统一。坚持育人为本,德育为先,对普通话口语表达课程进行梳理,立足课堂,明确正确的德育方向,将课程思政教学融入教学实践中。从教学设计中体现思想政治元素进行探索,以期实现课程的育人目标。

关键词:课程思政;教学内容;教学设计

一、引言

2016 年 12 月,习近平总书记在全国高校思想政治工作会议上强调,要坚持把立德树人作为中心环节,把思想政治工作贯穿教育全过程,实现全程育人、全方位育人,努力开创我国高等教育事业发展新局面。"课程思政"强调以知识体系传授和专业课程教学为载体,全面挖掘与运用能够体现不同学科、不同课程思想政治元素和功能的教育形式,旨在不同学科、不同课程体系中寓价值引领于知识传授和能力培养之中,实现价值塑造、知识传授和能力培养"三位一体"人才培养目标。深刻理解和把握新时代课程思政的丰富内涵,对于高校推进育才与育人的统一,促进学生全面发展具有重要意义。

普通话口语表达课程的专业目标是,通过课程讲授及针对性训练,使学生能够较熟练、规范地运用普通话,能够熟练地掌握并运用科学的发声方法,具备较强的阅读、即兴表达等基本技能。该课程为学生考取教师资格证、普通话等级证书做铺垫,为学生毕业后成为中小学教师打下坚实的基础。在普通话口语表达课程思政建设过程中,要将思想政治元素和普通话课程内容有效结合,充分利用好课堂,提升学生的思想政治素质。

二、普通话口语表达课程思政建设的必要性

(一)普通话课程学科建设发展的要求

2001 年 1 月《中华人民共和国国家通用语言文字法》的实施,以法律形式确定普通话的地位——国家通用语言。普通话课程的开设,则为学习者提供系统规范的语言学习平台。一是普通话课程以国家语言文字政策法规为依据。系统讲授语音规范、词汇规范、语法规范及功能规范,强化课程实践性,以提高学生规范语言表达能力。在课程教学中,学生通过普通话学习,感受文字魅力,增强对国家语言规划及国家通用语的理解。二是普通话课程学科建设发展与普通话课程思政相互融合。语言是文化的载体,普通话则承载着政治意蕴。60 篇朗读作品的选用,除了依据语音、词汇等测试规则外,还需考虑作品所呈现的内蕴。通过深入体悟作品中家国情怀、集体意识、文化认同、诚实守信等中华民族优秀传统文化元素,可增强学生政治觉悟。三是普通话课程建设是国家通用语言文字传播,扩大国际影响力的重要途径。随着“一带一路”教育共同体的建设,中国与沿线国家教育交流合作日益频繁且有效推进。中国对外开办孔子学院等教育文化交流机构,将中国优秀文化传统向外传播,普通话课程的开设,为培养富有中华文化素养的“代言人”搭建平台。

(二)中华民族共同体意识培养的要求

习近平总书记在十九大报告中指出:“全面贯彻党的民族政策,深化民族团结进步教育,铸牢中华民族共同体意识,加强各民族交往交流交融。”其中传达出石榴籽一样的民族团结教育观,以及中华民族命运共同体建设的内在要求。

普通话课程思政建设是中华民族共同体意识培养的重要途径。其一,普通话课程思政建设有助于提升学生政治认同。作为国家通用语言,融入“课程思政”教育理念能以语言文字为教育形式,让学生在脱口而出、动笔思考的过程中,潜移默化接受德育教育,强化国民意识,提高政治自觉。其二,语言训练促成学生对中华文化的认同。学生在学习普通话语音基础知识、声母发音、韵母发音、声调发音、语音辨正等知识时,通过自身感受掌握普通话语音发音奥秘,感受中华民族语言文字魅力。

三、普通话口语表达课程思政教学目标和育人目标

1. 教学目标

首先,通过学习普通话的语音知识,掌握字词的正确发音,有感情地朗读短文,完成命题说话,能够通过普通话水平测试。其次,通过系统学习,结合方言进行声母、韵母、声调和音变的辩证训练,尽量做到发音准确,在日常口语交流过程中流畅地使用普通话,争取能运用规范的普通话进行朗读或演讲。最后,通过学习树立使用规范语言的意识,勇于展现自我,积极主动交流。

2. 育人目标

高等师范普通话口语表达课程思政指挖掘课程思想政治元素,并将其有效融入课程教学中,让学生在获得知识技能的同时受到思政教育。普通话是我国现代汉民族共同语,是国家通用语言,具有法律地位的同时又能促进各民族各地区的交流,为国家统一、民族团结,推进我国政治、经济、文化建设发挥重要作用,由此激发学生对祖国语言的热爱,提高学生普通话口语表达能力的同时,感悟祖国语言的魅力,增强学习语言的动力与文化自信。

四、普通话口语表达课程思政的实践路径

课程思政实际上就是教书与育人相融合的过程,是让教师的知识传授与技能培养过程升华为培养德、智、体、美、劳全面发展的社会主义建设者和接班人的浸润濡染过程。普通话口语表达课程中有很多可挖掘的思政元素。

(一)挖掘思政元素,细化育人目标

根据师范类各专业人才培养目标,在总目标的知识目标、能力目标和情感目标的基础之上,增加课程思政目标,并将思政理念贯穿整个教学之中。如在"普通话语音训练"章节,引导学生拼读拼写汉语词句时,教师可以选择社会主义核心价值观、"四有"好教师以及名人名言、经典诗句作为语料,让学生加深有关语料的理解和认识。词汇是语言的建筑材料,它能较快反映社会的发展变化与进步文明。因此教师也可以适当选择当下热门词语作为训练语料,如"精准、帮扶、脱贫攻坚"等词语,可以让学生了解扶贫是落实党

的十八大"必须坚持走共同富裕的道路"的重要举措;而"高铁、和谐号、便捷换乘"等词语可以进一步让学生感受国家交通事业的飞速发展,感悟祖国的强盛,增强民族自豪感。带领学生训练朗读作品时,在指导学生规范朗读的同时,更要注重每篇文章所体现出来的思政教育元素。如作品 20 号《金子》体现出来的劳动教育,通过淘金者如何获得真金的故事,告诉我们真正的金子是靠诚实和勤劳换来的;作品 28 号《迷途笛音》、作品 30 号《牡丹的拒绝》体现出来的心理健康教育;等等。

(二)教学方法多样,丰富思政实践

普通话教学内容是以语言学习为主要内容,教学内容较为固定和严肃,教学过程中会出现缺乏吸引力的现象。现代教学理论中,取得较高的学习效率和较好的学习效果的途径是刺激学习者的学习主动性。因此,在普通话的教学过程中,兴趣教学法是最好的教学方法。兴趣教学法比较灵活,只要能刺激学习者学习主动性的方式和方法,实现课题教学目标,都是可以被使用的。最常见也最为有效的就是绕口令的练习法。可以充分利用网络收集关于思想政治教育的绕口令,在教学过程中使用,这样不仅有利于学习者练习普通话中一些较难的音,也可使思政教育变得朗朗上口,有趣生动。

听音辨音也是学好普通话的途径之一。能够准确发音的前提是:能够辨别语言的标准和区别。在授课过程中,选取部分有利于提高理想、价值、信仰以及社会责任感的教育素材,进行诵读练习。通过练习,能提高对发音的感知力和对字音的辨别力,与此同时能够潜移默化地开展思政教育。

另一方面,普通话教师也要丰富普通话课程思政实践活动。如《普通话水平测试》中命题说话"我喜爱的文学(或其他)艺术形式""我喜爱的书刊",对于部分学生来说此类题目较难。因此,教师可亲自带领学生走进图书馆,走进知识的海洋,让学生感受到中华文化的博大精深,随后学生将自身感受及所读书刊心得用标准普通话讲给其他同学听,学思结合,从而激发学生独立思考、观念输出的潜能。普通话课程思政实践活动还有主题演讲比赛、成员接龙、读书会、诗朗诵等等,通过实践活跃课堂氛围,丰富教学形式,以期达到思政教育目的。

(三)提升教师素养,完善课程思政

2021 年 4 月,习近平总书记在清华大学考察时强调:"教师要成为大先生,做学生为学、为事、为人的示范,促进学生成长为全面发展的人。"普通话教师在普通话课程思政实施中发挥着引路人的作用,因此,全面提升自身政治素养尤为重要。一是组建普通话教师课程思政团队,协同深入开发普通话课程思政内容。二是加大普通话教师研讨交流力度,教研室负责人组织本部门教师定期开展研讨交流会,每位教师分享自己普通话课程思政教学实施中的亮点及不足,教师各抒己见,共享与借鉴他人经验,在思维碰撞下形成更好的教学方式,提升教师课程思政教学能力与水平。三是鼓励教师参加高校课程思政课教学展示活动、课程思政教学设计大赛活动等,完善课程思政教学内容。

五、结语

在课程思政背景下,普通话口语表达课程教学改革应顺应时代潮流,转变课程定位,要求专业课程教学与思政教学相互融合、相互影响、从而提升教学效果,实现"三全育人"的总目标,激发学生的政治认同和价值认同,全面落实立德树人的根本任务,不断提升人才培养质量,更好地完成新时代高等教育的任务和使命。

参考文献

[1]习近平.在全国高校思想政治工作会议上的重要讲话[N].人民日报,2016-12-09(1).

[2]范玉娟.高校旅游专业普通话口语教学研究[J].旅游纵览,2011(4):54-55.

[3]万光明.课程思政背景下"普通话口语与训练"课程教学改革探究[J].试听教育连线,2020(9):120.

[4]王禾玲."课程思政"融入专业课教学的探索[J].现代企业,2019(9):112-113.

[5]杜丽玮.普通话"课程思政"建设探索与实践途径[J].和田师范专科学校学报,2022(1):82-86.

关注语言生活，传承中华文化

——以"家父""令尊"为例

牛巧红　语缘之

摘要："家父"指言者自己的父亲，是谦辞；"令尊"称"他人的父亲，多称对方的父亲"，是敬辞。"家父""令尊"等谦敬辞是古代流传下来的称谓，知其源流者多为小众而非大众，因此，语言生活中经常出现二者误用现象。要想避免二者的误用，必须大力普及我国古代文化常识，深化语言课教育改革，准确掌握文化意义丰富的汉语词语；同时，用动态和静态结合的原则审视"家父""令尊"的运用，不断做好对语文工具书的修订完善工作，针对这些古词语作出相应的修订，让大家都能很好地掌握谦辞、敬辞的正确使用方法。课程思政教改的做法应该是："关注语言生活，传承中华文化。"

关键词：家父；令尊；课程思政；谦辞；敬辞

在课程思政建设的宏观背景下，各门课程的教学改革如火如荼，正逐步走向深入与专项，大大提高教改的针对性和实效性。2020年6月1日颁布的《高等学校课程思政建设指导纲要》指出："要结合专业知识教育引导学生深刻理解社会主义核心价值观，自觉弘扬中华优秀传统文化、革命文化、社会主义先进文化。""要根据不同学科专业的特色和优势，深入研究不同专业的育人目标，深度挖掘提炼专业知识体系中所蕴含的思想价值和精神内涵，科学合理拓展专业课程的广度、深度和温度，从课程所涉专业、行业、国家、国际、文化、历史等角度，增加课程的知识性、人文性，提升引领性、时代性和开放性。"这些指导思想和原则是我们进行课程思政建设的基本遵循。本人多年来一直从事语言类课程的教学与研究，语言类课程中古语词的教学既是重点也是难点。我们遵循"弘扬中华优秀传统文化""科学合理拓展专业课程的广度、深度和温度""增加课程的知识性、人文性，提升引领性、时代性和开放性"这些指导思想和原则，立足汉语类课程的性质、定位"强调知识的系统、思维的理性，突出运用的准确科学"，对古语词的思政教学方式进行大胆改革,并取得较为理想的教学效果。我把我们在汉语言文学和汉语国际教育两个专业授课时课程思政教改的做法用一句话概括:"关注语言生活,传承中华文化。"本文仅以"家父"和"令尊"二词为例略作叙述,一斑窥豹。

一

偶读2022年8月马来西亚"马六甲17日讯",题目为《中大使短讯慰问颜天禄——首相州元首赠花圈》,节选如下:

中国驻马来西亚大使欧阳玉靖今早通过手机短信,向鸡场街文化坊工委会副主席拿督威拉颜天禄送慰问,希望其父亲拿督威拉颜天龙一路走好。

大使的讯息内容为:"天禄兄,得知家父不幸过失,深表哀悼! 他老人家生前为促进中马友好关系做出了突出贡献,愿他老人家一路走好! 我们定会在他老人家奠定的中马友好基础上,继续砥砺前行,开拓创新,使中马关系等上新台阶! 节哀顺变!"

颜老先生为促进中马友好关系做出了突出贡献,作为我国驻马来西亚大使,理应致信慰问逝者家属,深表哀悼! 不过,这里的"家父"一词就用得大错特错了。"家父"指言者自己的父亲,是谦辞,如晋曹植《宝刀赋序》:"建安中,家父魏王,乃命有司造宝刀五枚,三年乃就。"北齐颜之推《颜氏家训·风操》:"陈思王称其父为家父,母为家母。"清孔尚任《桃花扇·听稗》:"先祖太常,家父司徒,久树东林之帜。"其中的"家父"运用科学规范,精当典雅。而驻马大使却用"家父"称代颜老先生,实在不妥。

二

那么,短讯中的"家父"应该使用哪个词较为合适呢?"令尊"无疑是选项之一。

"令尊"指称对方的父亲,是个敬辞,表示尊称,表示对人的礼貌与尊重,同时也体现出我们自身的文化素养。元代文学家、书法家仇远《舍北野步·野步上西门》:"野步上西门,宽平又一村。疏篱围古井,密树拥高坟。家有田园乐,氓知守令尊。因思兴废事,变灭似秋云。"其中"令尊"用得恰切,凸现汉语尊称的文化内涵。

"令尊"是如何表示尊称的呢?先秦时期,"令"除了有命令、法令等意思外,还可用作形容词,表示"美好"的意思。《诗经大雅》中,对君子的赞美便是"如圭如璋，令闻令望"。这里的"令闻"表示美人声誉很好，"令望"是称赞人有美好的威仪，使人敬仰。所以先秦时期，把善良的人称作"令人"，把有智慧的人称作"令士"，把人的优异才能称作"令才"，把人的好名声称作"令名"，等等。先秦时期的"令"，带有赞美的意思，因此被广泛用作对别人亲属的敬称。《辞源（修订本）》"令"字条解释为："对别人亲属的敬称。"《中文大辞典》也把"令"字释义为："敬辞。今俗尊称他人之亲属，辄冠以令字。""尊"的本意是尊贵、高贵的意思，由于备有赞颂的意义，所以古代用作对别人父亲的尊称。比如古人喜欢称别人父母为"尊上""尊大人"，称别人的父亲为"尊甫"，称别人的母亲为"尊堂"，都是运用了"尊"的本义，由赞美和颂扬来转成对别人的敬称。了解"令"和"尊"这些敬辞的词义来源后，便可知它们一般只能用以对别人使用，而不适宜用于自称，否则，便有一种自我称颂和大言不惭的意味，别人听起来也会感觉说话者过于拔高自己，是在给听者难堪，这在古代是一种很失礼的行为。

有一个笑话，从反面说明"令尊"误用程度之深，危害之大。在过去，农村人因为没文化，很多人不懂。有一回，一个农民就因为不懂"令尊"是什么意思，去本村一位私塾先生那里请教。这位私塾先生看他土里土气，不想搭理他，随便说了一句："呵呵，令尊就是儿子嘛。"这位农民很高兴："哦，原来令尊就是儿子，我们农村人都叫儿子，没叫令尊，真是没文化，谢谢先生了！"农民讲完转身就要走，但他忽然若有所思，又回过头来问："先生，你家有几个令尊？"先生不耐烦地说："一个。"农民："像你这样算是好命人家了，怎么只有一个令尊呢？那你的令尊几岁了呢？"先生："死了。"农民："哎哟，可惜可惜，你的令尊死了，真不凑巧，那你就不打算再生几个吗？"先生："没法生。"农民："那这样好不好？我家有五个儿子，我们家穷，养不起，你若不嫌弃，那就叫两个到你们家去当你家令尊如何？"先生满脸通红，气得半死。

三

至于"我（的）家父""你（的）令尊"的流行说法有无语病，是否规范，就存在两种不同的看法了。

一种看法认为，"家父"本身就蕴含了言者"我"的义素特征，"令尊"本身也就有听者"你"或他称"他"的语义特点。诚如《现代汉语词典》解释：

"家父:谦辞,对人称自己的父亲。""令尊:敬辞,称对方的父亲。"那么,"我家父""你令尊"也便成为"我的我的父亲""你的你的父亲",语义重复叠加,成何体统? 所以,诸如"我的家父八十有余""你的令尊身体如何"被认为犯有常识性错误。特别是阅读古书较多、追求语言简洁凝练的学者认为,这种说法语义重复、叠床架屋,视为语病之列。

另一种看法则认为,由于语言是在不断发展演变的,因此,带"家"字的谦辞、带"令"字的敬辞,在使用过程中派生出一些新用法。为了使表意更加明确,也可以在"家父"前面加上代词"我",在"令尊"的前面加上"你""你们"等加以限定。如《锦香亭》上有:"如今待我放出你令尊,封他作大大官儿"。《连城璧》申集:"只怕你令尊的家法,没有这般处得他痛快。"《绿野仙踪》第四十三回:"苗三道:'这是泰安州温公子。当年做过陕西总督,即他令尊也。'"1997 年 1 月 10 日《南方周末》上《张郎切莫郭郎》:"丁聪所以被称为'小丁',大概和他的令尊被称为'老丁'有关。"值得注意的是,在前面加上代词后,"令尊"就不能理解为"你的父亲"这个狭隘的意思了。可见,"他令尊"这一说法于古有证,于理可通,只不过这类说法现在少见。这种少见的根本原因在于通行语文辞书对"令尊"类词的用例搜集不够全面,训释不够周密,只注意到尊称对方亲属的常见用法,而忽略了尊称他人亲属的特殊用法。因为这些词语在汉语里还可用于尊称第三者的亲属,所以将"令尊"释义为"敬辞,称他人的父亲,多称对方的父亲",则更为贴切和准确。

两种说法,都有依据,同学们觉得哪种说法合适呢? 语言学理论告诉我们,语言是个历史长河,是在不断发展演变的。用动态和静态结合的原则审视"家父""令尊"的运用,第二种说法更合乎事实和学理。

当然,"家父""令尊"等谦尊辞是古代流传下来的称谓和礼仪习俗,知其源流者多为小众而非大众。我们深刻认识到,要想避免这样的错误,还必须大力普及我国古代文化常识,深化语言课教育改革,准确掌握文化意义丰富的汉语词语。同时不断做好对语文工具书的修订完善工作,能够针对这些古词语作出相应的修订,让大家都能很好地掌握谦辞敬辞的正确使用方法,那很多笑话都会避免的。

参考文献

[1] 中国社会科学院语言研究所词典编辑室. 现代汉语词典(第7版)[M].
    北京:商务印书馆,2021.

[2] 王国安,王小曼. 汉语词语的文化透视[M]. 上海:汉语大词典出版
    社,2003.

[3] 王衍军. 汉语文化词汇概论[M]. 北京:清华大学出版社,2014.

立足课程性质，建设课程思政

——"语言学概论"课程思政建设断想

韩丹　言实

摘要："语言学概论"课程思政建设应立足于普通语言学知识和"专业性""基础性""理论性"的学科性质，充分挖掘思政元素，通过"融入"而非"加入"的方法使之与课程内容紧密契合。教学实施者要着眼于发扬语言学"文科中数学"的课程特色，着力于构建自身课程风格，即：用明快的理论启发学生，用缜密的逻辑吸引学生，用科学的方法熏陶学生，用严谨的风格感染学生。课程改革的落脚点是教学效果的提高，学生收获的增加。单以狭义的"互动"、趣味性强等课堂效果代替全面的教学效果，结果只能使课程失去学科特色和课程特色，使学生失去在特定环境中锻炼的机会和适应的能力。

关键词：语言学概论；思政元素；课程性质；融入法；教学效果

汉语言文学、汉语国际教育、汉语言以及英语等专业，都开设有语言学概论课程。关于语言学概论课程的性质特色，学界讨论众多，说法不一。经过近40年的多次反复讨论、交流，目前，对语言学概论课程性质认识取得的共识可概括为"语言学相关专业的专业基础理论课程"。这门课所讲授的内容，对于完善学生的知识结构、增进学生的理论素养、培养学生的治学能力和科学态度、科学精神对文学院、外国语学院的学生尤为重要，也是其他课程无法取代的。因此，当今语境下，加强语言学概论课程的思政建设就显得十分必要。

一、语言学概论课程思政建设的立足点

开展课程思政建设，首先就要明白该课程的性质特点，也可以说，课程的性质特点是开展课程思政建设的立足点。应该清醒地看到并真心地承

认，语言学概论课程的专业性使不少学生缺乏兴趣，这是不少学校文学院所有语言学课程共同面临的窘境；语言学概论课程的理论性使部分不习惯理论思维的学生深感头痛，望而生畏；另有一些学生虽能感受到课程的理论魅力，然而由于课程基础性特点的限制，最终兴趣索然，"半途而废"。课程内容的专业性、基础性、理论性相结合，使得讲授内容枯燥乏味，增强了学生对本课程的陌生感和距离感。可以说，这门课自诞生之日起，就决定了它难教而实际上不难学的命运。

语言学概论课程思政建设，是"立德树人"这一根本任务在"语言学概论"教学实施中的一场教学改革。这场改革，实属不易。因为，课程思政建设要受到课程性质的种种限制。如课程的专业性限定了思政元素的拓展范围，基础性使内容和更新缺乏空间，理论性则在很大程度上与趣味性无缘甚至相抵触。

近日，我们搜索"中国知网"，讨论语言学概论课程思政建设的文章10余篇，从改革体系构建到实施途径，从思政元素挖掘到现代技术运用，从教学内容选择到趣味效果追求，从改变所谓的"无用"到凸显所谓的"实用"，林林总总，不一而足。我们认为，在语言学概论课程思政建设中，不仅要认识到课程性质所带来的难度，而且必须尊重课程本身的性质和特点。只有充分认识课程的性质和特点，立足于本课程的特点，实事求是地建设好这门基础理论课，才是符合教育教学的客观规律的，才是真正有效果的课程思政建设。不然的话，片面强调生动有趣的"课堂效果"，片面强调内容的知识性、现代性、时兴性或实用性，忽略了课程的性质特点，各种努力和尝试，要么是隔靴搔痒，要么是南辕北辙，注定都不会取得预期的效果。

"语言学概论"的主要特点在于其理论性和科学性。"语言学概论"是普通语言学的入门课，涵盖了语言学的主要基础理论，既有宏观的理论认识，又有若干具体语言规律的理论抽象。因此，随着语言科学的不断发展，合理组织教学内容，有条理地安排主要理论环节，深入浅出地讲透各个理论要求，是本课程的首要任务。语言学也不是一种"形而上"的纯粹思辨之学，它具有鲜明的科学性，作为基础课的"语言学概论"，必须体现语言科学的这一特点。理论性和科学性是"语言学概论"的灵魂，而这是我们没建设好这门课课程思政的主要立足点。离开了这个立足点，"语言学概论"的课程思政建设很可能就会五花八门，不伦不类，看似热闹，难以奏效。

二、语言学概论课程思政建设的着力点

"语言学概论"的课程思政建设,除了在教材编写、教学方法等方面做一些技术性的改进之外,更重要的是着眼于发扬课程本身的特色,把它建设成为一门别具一格的基础课程。具体来说,着力点可以从以下几个方面入手。

(一)用明快的理论启发学生

在设计教学内容时,可适当去掉一些冗长烦琐且不甚必要的理论叙述,尽可能建立明快的理论主线,有重点、有主次地讲清语言学基础理论为目的的主要问题。如该课程的基本内容包括语言命题论、语言要素论、语言发展论和语言分类论。这不仅有利于学生树立科学的语言观,而且可培养学生的理论兴趣,增强学生的理论素质,为学习其他理论课程和语言学课程打下基础。

(二)用缜密的逻辑吸引学生

"语言学概论"的各个部分有一定的逻辑关联,一些理论认识的产生和一些科学方法的建立更是得益于严密的逻辑思维。如语言的组成要素语音、词汇、语法、语义之间相互制约,互为促进;语言的层级装置间不同层级要素间紧密相连,互为一体,构成严密系统。在教学过程中,不仅叙述要合乎逻辑,还可指出语言科学体系中所蕴含的精美的逻辑框架,带领引导学生提高逻辑思维的能力。

(三)用科学的方法熏陶学生

语言学有其独特的科学方法,这是由语言学独特的研究对象和独特的科学体系所决定的。在教学中可重点介绍一些具体方法,如音位分析法、义素分析法等,还可以适当介绍一些语言学方法在方法论方面的意义,如符号学理论、结构分析法、历史比较法、变换分析法、转换生成理论、话语分析理论等等。关键是要让学生养成用科学的眼光看待事物的习惯,面对具体的材料,如何发现问题、建立方法、形成理论。

(四)用严谨的风格感染学生

虽然有必要偶尔活跃一下课堂氛围,调动学生学习的兴趣,吸引学生注意力,但切不可因过分追求"生动风趣"的课堂效果,破坏本课程应有的理论气氛。严肃的理论气氛、科学的理论表述和严谨求实的学术风格应该是本课程的主体形象。在这样一种氛围中交流思想,启迪思维,碰撞智慧,本身

就是对学生能力的一种培养，尤其是教学研究型和研究型的大学，更应该加强这方面的要求。

最近几年，不少老师总感慨说"学生的毕业论文缺乏理论分析，深度不够"，往往"就具体的语言材料做些分类和说明"，而且"解释阐释语言都是大白话，缺乏专业性"。究其根源，还是学生缺乏严谨的理论思维和科学方法。如果"语言学概论"课程思政建设突出了上述四个"着力点"，我们相信，学生的毕业论文质量会有一定提升。

三、语言学概论课程思政建设落脚点

对于课程教学改革，包括课程思政建设，被关注最多的还是教学效果如何。"教学效果"固然包括了课堂效果，"教"是手段，"学"得如何才是结果。追求好的教学效果必须以让学生"学"好为目的，如果只是听起来轻松愉快，剧情随下课铃声结束，实际上是没有效果。不同性质、不同特点的课程，教学目的不同，重点难点不同，所要求达到的教学效果完全不同，与之相适应的教学手段、教学方法以及教学风格也不同。忽略了这一点，单以课堂效果代替教学效果，舍本逐末的结果只能使课程失去学科的特色和课程的特色，使学生失去在特定环境中锻炼的机会和适应的能力。一味地迁就所谓的"课堂效果"、狭义的"互动"，不利于人才培养，是与教育的目的、"立德树人"的宗旨背道而驰的。我们认为，"语言学概论"应该理直气壮地树立自己的课程形象，追求与教学目的、"立德树人"的宗旨相适应的课程效果。

一门课程的思政建设，有时不单单是这门课本身的事情，不单单涉及相关学科和课程、社会对有关知识的要求、人才市场，还涉及一个民族的教育理念：是仅仅满足于普及型、应用型人才的培养以应一时之需，还是充分考虑到全民族文化的持续发展，在培养应用型人才的同时也有意识地注意开发、培养研究型人才？研究型人才在哪个阶段开始培养培育？幼儿园就开始培育？硕士生、博士生阶段在导师指导下再开始培养？像"语言学概论"这样的课程，在经济建设十分活跃、改革开放成果累累但已走向深水区的今天，它所面临的课程思政建设问题比较典型，也比较突出，有些问题也许远远不是单凭专业教师的力量就能很好解决的。但是，作为专业教师，必须勇敢面对，积极进取，勇于担当。专业教师除了教师的使命感，还应有一点教育家的眼光。教学效果是教与学双方合作的结果，不考虑学生的接受能力

是不懂教育的蛮干,只考虑学生兴趣爱好的教学改革则是平庸的教书匠之作为。语言学概论课的课程思政建设要取得效果和成绩,一定要深化教学改革,变被动适应为主动建设,给学生一定的压力并引导学生克服理论学习方面的困难。科学的态度是实事求是,"立足课程性质,建设课程思政",这是我们在教学实施中必须努力坚持的一项原则。

参考文献

[1]安俊丽,李乃东.思政教育融入"现代汉语"课程的探索与实践路径[J].盐城师范学院学报(人文社会科学版),2021(2):119-124.

[2]冯凯云.在现代汉语中开展课程思政的探索[J].汉字文化,2021(17):171-173.

[3]何春香,胡洪强.现代汉语"课程思政"的理据、定位及教学策略[J].伊犁师范大学学报,2022(1):18-23.

[4]姜珍婷.现代汉语课程思政设计研究[J].忻州师范学院学报,2021(3):122-127.

[5]教育部.高等学校课程思政建设指导纲要.2020-06-01[2022-1-26].http://www.moe.gov.cn/srcsite/A08/s7056/202006/t20200603_462437.html.

[6]李炎婷.高校现代汉语课程思政设计研究[J].吉林广播电视大学学报,2022(2):102-104.

[7]刘恋.高校"现代汉语"课程思政融入的实现路径[J].武陵学刊,2022(1):137-142.

[8]刘小丽."现代汉语"课堂教学中的思政元素探索:以甘肃民族师范学院为例[J].甘肃高专学报,2022(3):102-105.

[9]刘志芳.新时代高校现代汉语课程思政教学改革研究[J].当代教育理论与实践,2021(5):1-6.

[10]谭本龙,王洁,陈菊.现代汉语课程思政研究[J].贵州工程应用技术学院学报,2022(6):150-156.

[11]王敏.课程思政背景下高校语言类课程建设路径研究[J].汉字文化,2022(12):35-36.

[12]王巧明,郭春霞.现代汉语课程思政元素的挖掘与应用研究[J].凯里学院学报,2022(2):99-105.

[13]吴红松.高校语言学"课程思政"建设的探索和实践:以汉语言文学专业语言课程教学为例[J].安徽农业大学学报(社会科学版),2020(6),136-140.

[14]周芸,陈晓梅.课程思政建设背景下高校"现代汉语"课程教学体系设计[J].云南师范大学学报(对外汉语教学与研究版),2021(2):83-88.

求真务实　探究创新

——以"报到""报道""报导"的运用为例看"汉语言文字应用"课程思政

黑源源　刘一辛

摘要：语言现实中，"报到""报道""报导"是一组易混易错的词语。对此教学，需要追源溯流，科学辨析。高等学校是最讲究字斟句酌、文通字顺少出或不出现错别字的地方，应该塑造成为文化的净土与圣地。然而，事实并非尽如人意。出现错别字问题后，我们学校尤其是教师应该虚心接受社会批评与监督，主动承认不足，以务实的作风分析原因、改正错误，进而培养师生对祖国语言文字的敬畏之心、热爱之情，实现课程育人目标。

关键词：报到；报道；报导；课程思政

"汉语言文字应用"是一门全校公选课程，旨在讲授汉语言文字应用的基础知识、基本理论和基本规律，帮助学生树立科学的语言文字观，掌握汉语言文字应用的方法策略，提高汉语言文字书面和口头表达能力，进而热爱母语，增强文化自信。多年的教学实践告诉我们，在"汉语言文字应用"这门课程中，探究式教学能够培养学生求真务实品格、科研创新意识和分析解决问题的动手能力，取得较为理想的教学效果。本文以"报到""报道""报导"的教学内容为例来看"汉语言文字应用"课程思政教学的一点具体做法。

一

金榜题名，人生幸事。高考牵动万人心，十二年寒窗苦读，对大多数考生而言，目的就是希望获得一张高校录取通知书。这张通知书，对考生来说，特殊而神圣，意义非凡；对高校而言，是学校给新生留下的第一印象，影响巨大。无疑，学校应该高度重视，精心设计和制作。然而，2022年8月，一所本科高校，由于在新生录取通知书上出现低级错误，让人大跌眼镜，很是

"火"了一把。

这所学校将录取通知书上的"报到"两个字赫然打成了"报道"。网友唏嘘声四起，舆论一片哗然。学校对此解释称通知书是招生办委托校外机构制作的。我们不禁要问：难道学校招生办或负责宣传的有关部门在对方打印前都不审核吗？这个锅甩得似乎有点离谱，着实让人难以置信。

舆情处理凸显学校的应急能力和教育观念，语言文字运用更是校园文化和综合素质的直接体现。"报到""报道""报导"的运用，看似简单，有时候还真能显现出一个学校的工作作风、处事能力和基本素质。

高等学校的根本任务就是立德树人，"为党育人，为国育才"。著名教育专家、中山大学原校长黄达人说："高校是传播、创造知识的殿堂。"培养学生热爱祖国语言文字情感，掌握母语运用的基础知识和规律技巧应该成为高校各专业人才培养的基本目标。我们认为，高等学校是最讲究字斟句酌、文通字顺少出或不出现错别字的地方，应该塑造成为文化的净土与圣地。可惜，事实并非尽如人意，甚至与我们的愿望相差甚远。而且，更令人深思的是，出现错别字问题后，校方不是虚心接受社会批评、主动承认错误，以务实的作风分析原因、改正错误，而是在寻找各种各样的理由推卸责任，这种甩锅行为以及甩锅行为背后隐含的原因比错别字本身更为可怕。

二

对于"报道"，《现代汉语词典》（第7版）的解释是：①动词：通过报纸、杂志、广播、电视或其他形式把新闻告诉群众；②名词：用书面或广播、电视等形式发表的新闻稿。可见，"报道"的第一个义项是动词，这里的"道"是"说"的意思，"报道"可以理解为"报告说"或"告诉道"。如：唐·李涉诗《山居送僧》："若逢城邑人相问，报道花时也不闻。"元王修甫套曲《八声甘州》："正心焦，梅香低报，报道晚粧楼外月儿高。"毛泽东词《西江月·井冈山》："黄洋界上炮声隆，报道敌军宵遁。"秦牧《深情注视壁上人……》："斯特朗写了好几本关于报道中国革命的书籍，给中外读者留下颇深的印象。""报道"作为新闻术语，在广播、电视、网络、报纸、杂志等媒体中出现频率极高，如"报道……事情""报道……灾情""报道……人物""报道……会议""报道……经验"的组合格式随处可见。

"报道"的第二个义项是名词，指"发表的新闻稿"。如"学校艺术节活动,共发 16 条专题报道""全国先进生产者代表大会的报道就占去了一半发稿字数""一篇报道的节选""新闻消息报道""多篇长篇报道"等。

对于"报到",《现代汉语词典》(第 7 版)的解释是:动词,向组织报告自己已经来到。即表示"报告到来""禀报""告知"之义。如:宋·文莹《玉壶清话》卷六:"旧制,宰相报到,未刻方出中书,会岁大热,特许公(赵普)才午归第,遂为永制。"明·吴承恩曲《点绛唇》:"数声啼鸟,报到花开了。"《白雪遗音·八角鼓·清晨起》:"手提兔毫,锦片片的文字写的高。写罢搁笔自己眑。童儿报到有人找,忙把书笺案上抛。"魏巍《东方》第四部第四章:"饭后,郭祥站起来,要去团营报到。"老舍《四世同堂》八五:"他去找地下工作者的机关,一来是为报到,二来是看看能否借到一辆自行车。"

新学期开学,"学生报到""给新生营造良好报到环境""找班主任报到";某组织开会,"与会者报到""常务理事报到后于晚上 20:00 到 1006 房间开会";到医院看病,交费完成,办完住院手续,"去护士站报到,不要直接去治疗室报到"。

"报道"与"报到",读音完全一样,属于真正意义上的同音词。两个词中,都有一个"报"字,"报"在这两个词中都是"报告""告诉"的意思。二者的差别,主要源于其第二个字"道"与"到"。具体说来,"报道"和"报到"的区别表现在以下几个方面。

一是意思不同。"报道"指"用书面或广播、电视形式发表的新闻稿",如:"新闻报道必须真实,不许有半点虚假。""报到"指"向组织报告自己已经来到",如:"'新生报到'意思是说准备在这个学校上学的学生来报到了。"

二是使用场合不同。"报道"是向人群、向社会通报情况,其内容广泛,受体较众,影响较大,知晓率较高,如:"报刊上常有不明飞行物的报道,我对这件事半信半疑。""报到"是向某个人或某个单位报告你已到达指定现场,内容是单一的,相对来说,其范围和影响都比较小,如:"我当初来此报到时,人地生疏,形单影只,生活颇感寂寞。"

三是词性不同。"报道"可以作为动词和名词,适用于不同的语境,如:"报道学校先进人物是宣传部的职责之一。""对社会上的丑恶现象,我们的报道必须给予有力的鞭挞。""报到"只作为动词,语境单一,如:"我来报到了,贝格欠起身子,惟妙惟肖地行举手礼;难以表现出更加恭敬和得意的样子了。"

四是强调的重点不同。"报道"和"报到"都做动词时,"报道"是利用某种工具对某事或物进行解释说明,使人们清晰了解,强调的是传播的形式;"报到"通常指的是学校开学学生到校办理相关手续或参加会议的人到达会场办理的手续,或者告知自己到了,强调的是结果和目的。

五是近义词不同。"报道"的近义词可以同"报导",均是指对新闻等的报告传播,如:"看了一篇新闻报道后,脑子里第一反应就是我要听到你的声音,让我知道现在的你安然无恙。""报到"则没有近义词,如:"到展览会参观的人都必须先到总服务台报到。"

"报导",与"报道"同义,但读音不同,"导"读 dǎo,第三声;"道"读 dào,第四声。《现代汉语词典》(第 7 版)对"报导"的解释是:①动词,报道①;②名词,报道②。足见,"报导"与"报道"的理性意义相通。如:沙汀《记贺龙》二十:"直到我们已经上马,在大道上跑过一段路了,那乡下人还提了灯站在分手的地方,望道我们大声报导着方向,深恐我们走错了路。"海默《从城里来的姑娘》:"报纸上,关于农村社会主义高潮的报导越来越多了。"

"报导"与"报道"二者有无区别呢? 从《现代汉语词典》的解释中我们很难看出其间的区别来。如果没有一点区别,理论上就可以把它们作为异形词进行规范取一舍一了。事实上,在当今的语文工具书里,这两个词同时存在,分别释义。而且现实语言生活中,"报导"用得越来越少了。

尽管《现代汉语词典》对"报道"和"报导"的释义完全等同,但我们认为二者不宜作为异形词成为规范对象而取一舍一。首先,它们的读音有别,上文已述。其次,仔细推敲,这两个词的意思也有细微差别。"报道"是通过报纸、杂志、广播、电视或其他形式把新闻告诉群众,或者用书面或广播、电视形式发表的新闻稿;"报导"是报告、告知。再次,语义侧重不尽相同。"报道"蕴含的"言说""述说"义明显,"报导"传递的"导向""引导"义鲜明。最后,强调的手段有别。"报道"指通过书面形式的,"报导"指通过言语述说的。

那么,现在为什么"报导"逐渐消退而"报道"频繁出现呢? 著名语言学家陆丙甫说:"报到""报道"的消长所反映的是社会集体下意识的进步。"报导"有主动引导读者和舆论的意思;而"报道"是纯客观的报道,由读者自己去判断价值。后者更符合新闻媒体的主要功能,因此,现在用得越来越多。这个自然选择的过程可能是下意识的,但恰恰也反映了观念的进步。这大概也算一个社会语言学的话题吧。

三

目前的语言文字生活中,关于"报道""报到""报导"这三个词的不规范使用,主要集中在"报道"和"报到"上。如毕业生到新单位的重要证件"报到证"居然写成了"报道证","某某学院新生报到处"偌大的横幅赫然印成了"某某学院新生报道处";相反,也有把"报道好模范班级的先进事迹"不小心写成了"报到好模范班级的先进事迹",把"宣传部的新闻报道格外惹人注目"不留神印成了"宣传部的新闻报到格外惹人注目"。应该看到,现代教育技术、电脑、新媒体给当今人们工作、生活、交流沟通等带来无限方便与快捷,带来格外喜悦和幸福! 不过,我们在享受高科技带来欣喜愉悦的同时,也应该尽量避免它催生错别字甚至误解歧义而带来的郁闷和苦恼。其实,只要我们心底里敬畏祖国语言文字,热爱伟大的母语,思想上重视语言文字的运用,行动中勤于思考、善于辨析、多查字典、乐于请教,养成良好的读书学习习惯和风气,那么就能够做到准确使用"报道""报到""报导"这三个词语,科学掌握其运用规律和技巧,从而提高我们的书面表达能力和言语交流质量。

作为一名语言文字工作者和从事汉语言文字应用研究与教学多年的中文教师,在推进课程思政建设的进程中,我们深切的感受是:立足课程性质,明晰改革思路,找准思政入口,创新内容方法,务实求真,才能培养出具有真才实学的社会主义建设者和接班人。

参考文献

[1] 中国社会科学院语言研究所词典编辑室.现代汉语词典[M].7 版.北京:商务印书馆,2021.

[2] 施春宏.语言在交际中规范[M].北京:中国经济出版社,2005.

[3] 赵晓东.现代汉语句法规范研究[M].北京:人民出版社,2012.

[4] 刘钦荣,袁航,王琪.提能力 转作风 重实学[N].郑州师范学院报,2022-10-15.

思政教育融入高校通识课程"基础韩语"

张瑜文

摘要：近年来，党和国家对高校思政教育工作高度重视，课程思政建设已经成为全国高校教育教学的新目标。"基础韩语"因课程特点而比较适合开展课程思政教学。我们围绕《基础韩语》教材中的语音部分和课文部分，拓展含有思政元素的素材作为这门课程的育人目标，采用讲授、讨论、研讨等教学方式，引导学生积极、主动参与教学过程，使学生达到对知识理解的目标，达成育人目的。通过学生课后反馈和感悟，了解育人效果。

关键词：基础韩语；课程思政；语音部分；课文部分

习近平总书记在全国高校思想政治工作会议上强调，要把立德树人作为教育的中心环节，把思想政治工作贯穿教育教学全过程。要用好课堂教学这个主渠道，各类课程都要与思想政治理论课同向同行，形成协同效应。在新时代背景下，课程思政建设已经成为全国高校教育教学的新目标，各地高校纷纷将思政教育融入通识课、基础课和专业课中去。笔者从事通识选修课程基础韩语教学多年。从 2021 年 9 月开始，我们进行了基础韩语课程思政改革尝试，尝试在完成"基础韩语"原有教学任务和目标的前提下融入若干思政教育元素。本文总结了两轮教学实践中的经验和做法。

一、"基础韩语"课程简介及进行思政教育的优势

基础韩语是面向大一至大四所有专业的全校性通识选修课程。该课程以人文教学为基本精神，突出育人价值，围绕课程内容补充、拓展含有思政元素的素材，引导学生比较中韩文化异同，从而培养学生初步的韩语交际能力、团队协作能力和自主学习的能力。

课程使用的教材是刘银钟教授的《基础韩语1》，主要介绍韩国语基础知识，即韩文字母、音节的结构、篇章的结构、课文、语法等方面的内容。本课

程是初级课程,围绕语音部分展开,以听、说、读为主,不涉及过多的写作。在一个学期内完成,共有 16 次课。

由于通识性的特点,课程内容时间和空间跨度大,涉及面宽,基础韩语这门课程的思政元素还是比较多的。因而,在基础韩语课程中融入思政教育,有一定的优势。我们通过中韩两国文化的对比,开阔学生的文化视野,进而增强文化自信,充分认识到传承和弘扬中华优秀传统文化的重大意义。在课程中适时引入中国传统文化知识,以优秀的传统文化引导学生树立文化自信,帮助学生全面客观认识中国的特色、看待中韩文化交流。同时,培养学生既了解韩国文化,又熟悉中国文化,帮助学生讲好中国故事、弘扬中国精神的远大抱负。通过系统学习,使学生掌握韩语语音、常用词汇及语言表达、语法等基础知识和基本技能,学会用韩语表达与交流,提高文化素养,为提升学生中华文化的韩语推介能力打下语言基础。

二、思政教育融入基础韩语课程中

基础韩语课程是从零基础开始学习,一般分为语音部分和课文部分。语音部分是对辅音、元音和收音的学习。课文部分是对词汇、语法、课文及课外阅读等模块的学习,每一个模块的教学都可以融入思政元素。结合教学内容与教学日历,下面列举出该课程中的思政融入点。

(一)语音部分

在学习韩语语音前,我们可以详细介绍韩语的起源及词汇分类,中国朝鲜族和韩国人的异同点。通过讲述这些情况,帮助学生找出中韩两种语言的关联性,使学生充分了解中韩两国的历史文化,从而提升学生对中国文化的自觉和自信,自觉传承和弘扬中华传统文化。

在语音部分学习结束后,学生已经熟练掌握韩语的发音,我们可以带着学生一起借助网络资源和中韩词典,尝试着把"中国特色社会主义核心价值观"翻译为韩文,并掌握它的韩语听、说、读、写能力。通过翻译"中国特色社会主义核心价值观",我们可以强调,学生在现实生活中要践行社会主义核心价值观,要努力把核心价值观的要求变成日常行为准则,进而形成自觉奉行的信念,在实践中不断地创造人生的价值,赋予人生与众不同的意义。

(二)课文部分

在学习词汇时,我们可以从词汇的来源出发,有意识地融入思政教育。

例如,在讲述韩语汉字词时,通过介绍汉字词在韩语词汇中所占的比重(60%以上),举出韩语中一些借用汉语的词汇,推断出中国文化对朝鲜半岛文化的影响。此外,我们还可以通过寻找汉字词的词源,发现文字的魅力,既能培养学生学习韩语的积极性,又能激发学生的文化自信和民族自豪感。

在学习语法时,我们可以从课文中的例句出发,融入德育元素。例如,在学习"-이/가있다"这个语法时,我们可以导入中国是一个多民族国家的句子,引导学生弘扬多民族文化,坚定文化自信,牢固树立民族团结意识。例如:"중국은 56 개민족이있다. (中国有56个民族。)"在学习"-지만"这个语法时,我们可以举出一些正能量的句子。例如:"그는 여러번 실패를 경험했지만 희망을 잃지않고 꿋꿋이 살아왔다. (尽管遭遇多次失败,但他仍然没有失去希望,坚强地挺了过来。)"

在学习课文主题"打招呼""自我介绍""介绍别人"时,我们可以引导学生相互做自我介绍的会话练习,尽量让每个学生积极参与,练习时要向学生明确,会话内容健康,积极向上,而且符合新时代背景下德智体美劳的大学生特点。

在学习课文主题"家庭"时,我们可以向学生介绍中国和韩国的家庭礼仪和饮食礼仪,帮助学生掌握课文中的词汇和语法,领悟家庭礼仪和饮食礼仪中蕴含的道理,例如,尊老爱幼、男女平等、家庭和睦和珍惜粮食等。然后导入中国的家庭礼仪和饮食礼仪,引导学生用韩语讲述中国的家庭礼仪和饮食礼仪,传承中华民族优秀传统文化,坚定文化自信,做中华文化的传播者。

在学习课文主题"时间"时,我们可以要求学生制作"我的一天"日程表,结合所学习的韩语时间表达,简单地描述"我的一天",比如,几点起床、几点吃饭、几点上课、几点运动等。通过制作日程表,既可以锻炼学生的韩语语言表达能力,又可以帮助他们重新审视自己对时间的利用情况,从而引发他们对时间观念的重要性的思考,以此强化学生的时间管理,培养他们具有较强的时间观念。

在学习课文主题"节日"时,我们可以通过中韩两国节日对比,找出共同的节日,如端午节、中秋节、春节等,分析异同点的原因,向学生讲述中国坚持独立自主的和平外交政策和新时代中国"一带一路"倡议所构建的对外开放新格局,引导学生感悟中国文化,增强文化自信。

在学习课文主题"韩国饮食"时,我们可以导入大家熟悉的韩国食物,比如김치(泡菜),불고기(烤肉),떡볶이(炒年糕),비빔밥(拌饭),等等。然后可以导入中华料理对韩国的影响,从最初的中国餐馆的짜장면(炸酱面)、탕수육(糖醋肉),到这几年风靡韩国的마라탕(麻辣烫)、마라샹궈(麻辣香锅)、훠궈(火锅)、양꼬치(羊肉串)等等,可以看出中华料理深受韩国大众的喜爱,由此来增强民族自豪感和文化自信。

三、基础韩语课程中思政教育的实施情况

2021年9月至今,基础韩语课程思政教学已经正式开展两轮,我们将思政教育目标和任务纳入本课程的教学大纲和教学内容中。为增强课程的趣味性,我们编制了若干基础韩语课程中蕴含思政元素的趣味问题,作为课程中的讨论主题、随堂测试题,学生课堂讨论表现与测试情况作为平时成绩。通过收集学生学习记录、研讨记录、和学习效果等资料,并结合学生期末课程论文,完成对思政教育目标的考核。

基础韩语教学过程中课程思政对学生的影响可以从学生期末课程论文的反馈和感悟中看出。例如,一位学生写道:作为新时期大学生,我们要学习中华民族的传统美德,学习艰苦奋斗的精神。一位学生写道:我们要努力学习,培养创新能力和终身学习能力,践行社会主义核心价值观,增强责任意识。一位学生写道:在课程的学习过程中,我对中国文化有了更为深入的了解,在为博大精深的中国文化折服的同时,希望自己能为弘扬中国文化助一臂之力。

四、结语

在新时代背景下,课程思政建设已经成为全国各高校教育教学的新目标,基础韩语因课程特点而比较适合开展课程思政教学。我们围绕《基础韩语》教材中的语音部分和课文部分,拓展含有思政元素的素材作为这门课程的育人目标。我们期待能够通过自然融入思政元素的教学内容,实现既能完成《基础韩语》原有任务和目标,又能培养学生对国家的政治认同和文化认同,帮助学生树立正确的世界观、人生观和价值观。

参考文献

[1]成矫林.以深度教学促进外语课程思政[J].中国外语,2020(5):30-36.

[2]郭玮.外语教学中"课程思政"理念的融入路径研究[J].课程教育研究,2020(21):47-48.

[3]袁晓君."课程思政"在通识课中的教学实践[J].教育教学论坛,2021(9):30-31.

[4]张来霞."课程思政"融入第二外语朝鲜语教学探索[J].教育教学论坛,2019(48):39-40.

[5]张亚群.培育完整的人:大学通识教育的性质、课程与影响[J].河北师范大学学报,2020(3):53-59.

师德师风可量化评价方法研究

郭 辉

摘要：本文从教师心理健康、师德、师风三个方面，从评价内容、评价主体、评价方法三个角度，讨论了对师德师风的定性指标进行量化的方法，并提出了教师心理健康的筛查和评价对师德师风形成的重要影响。同时对新时代师德师风的意义和内涵，以及师德师风量化评价的必要性进行了论述。

关键词：师德师风；量化评价；教师心理健康

一、新时代师德师风的意义及内涵

师德师风是一个复核概念，由师德和师风两部分组成。师德指教师的内在品质，是教师在教育工作中必须遵守的道德规范，以及与之相适应的道德观念和操守；师风指教师的外在风尚，包括在教育工作中所呈现的精神面貌和外在行为。"德高为师、身正为范"，我国自古对老师之名极为推崇，所谓"天地君亲师"，师生关系是亲缘关系以外最重要的社会关系。对于教师这个职业来说，师德师风是最重要的从业评价标准。师德师风不应只是内在的涵养，还应表现在具体的行为上，应做到知行合一。师德师风从结构来看，至少应该有三个层次，即师德认知、师德情感和师德行为。亲其师而信其道，尊其师而奉其教，爱其师而行其道。乌申斯基说过："教师个人的榜样作用，对于青年人的心灵，是任何东西都不可能代替的最有用的阳光。"一位有良好师德师风的教师，会对学生的成长，甚至是一生产生重要的影响。

师德师风是一个兼具理论性、实践性和发展性的概念，在不同时代和不同教育制度下，师德师风评价所依据的准则、弘扬的品德，以及所追求的精神境界都会有所不同。汉代思想家扬雄说："师者，人之模范也。"唐代文学家韩愈说："师者，所以传道受业解惑也。"在实现中华民族伟大复兴的当下，习近平总书记强调"老师应该有言为士则、行为世范的自觉，不断提高自身道德修养,以模范行为影响和带动学生,做学生为学、为事、为人的大先生,成为被社会尊重的楷模,成为世人效法的榜样"。何谓"大先生"?只有在人格、品行和学业上均能为人表率者,方能称为"大先生"。2014年9月9日,习近平总书记在北京师范大学主持召开的座谈会上对全国广大教师提出了做"有理想信念、有道德情操、有扎实学识、有仁爱之心"的"四有"好老师的要求。2016年9月9日,习近平总书记回母校北京市八一学校看望师生时指出:"广大教师要做学生锤炼品格的引路人,做学生学习知识的引路人,做学生创新思维的引路人,做学生奉献祖国的引路人。"2016年12月,习近平总书记在全国高校思想政治工作会议上强调:"要加强师德师风建设,坚持教书和育人相统一,坚持言传和身教相统一,坚持潜心问道和关注社会相统一,坚持学术自由和学术规范相统一,引导广大教师以德立身、以德立学、以德施教。""大先生""四有好老师""四个引路人"与"四个相统一"是对高校教师思想政治素质和职业道德水平提出的具体要求,也为新时代师德师风建设赋予了新的内涵。

二、师德师风量化的必要性

师德师风量化问题,曾引起过不小的争议。哪些属于师德?师德该不该与工资挂钩?师德是否可量化等问题都是争论的重点。有的观点认为,师德源于心,师风显于形,师风可量化,但师德属于精神层面,无形无相,看不见摸不着无法量化。有观点认为高尚的师德应该不计名利、大公无我、不图回报,一旦与报酬挂钩,便会功利,有违师德。师德属于道德范畴,道德一般是在日常生活和社会活动中日积月累而形成的行为规范,大都属于自律。可以想象得到,师德师风的量化,一定会受到文化背景和社会道德水准的制约,其量化方式,也会受认知水平和技术水平的限制,但用有形的规则来促进公俗良德的形成与发展,是人类社会持续进步和健康发展的必然选择。

(一)师德师风的量化,有助于引导教师的道德取向

法律是道德的底线,所谓"法安天下,德润人心"。好的制度让坏人变好,坏的制度让好人变坏,师德建设不能仅靠主体的自我约束来完成。科学的师德师风指标体系,体现的是国家、社会、学校、学生对师德师风的取向要求,是对师德师风的正向引导。以量化、考核、奖惩的方式来促进和引导教育核心价值观的回归,是新时代师德师风建设的必然要求。

（二）师德师风的量化，有助于规范教师的职业行为

教师职业行为是教师在职业活动过程中，言谈、行动、举止的综合。职业行为的好与坏是师德水平高与低的外化表现，是师风的直接表现。教师在教学、科研、管理、社会服务方面的职业行为，对良好师德师风的形成有促进作用。有丰富知识和有趣灵魂的教师、有高度的责任感的教师、为社会主义现代化建设做出了贡献的教师，更能得到学生和社会的尊重、认可和敬仰。而师德的提高，又会正向激励教师在职业行为上有更高的标准和要求，从而为学生的成长和社会发展产生更多的正向输出。相比师德，对师风的量化要显得更容易，所以在师德师风的具体量化上，对师风的量化指标要更加的客观、具体、细致，可以将量化指标点做得非常清晰。量化一位教师有没有按时上课、上课时候的仪态举止，有没有认真备课，这些量化指标要比量化一个人爱国程度的高与低，是否具有理想信念、道德情操、仁爱之心，相对要容易得多。有观点认为，在重师风而轻师德的量化指标体系下，会让教师们求其行而不具其质地追求表面上的师德，以追求绩效和考核奖励为目标的利益驱动，与师德本身的崇高本质相背离。但这种担心大可不必，师德师风的量化，其目的是加强对师德师风的建设，形成良好的、广泛的教育氛围，而不是把所有老师都培养成圣人。能从行为上规范以教师为职业的广大群体，能把更多学生培养成为思想品质良好、综合素质高的对社会有用之人，能为社会主义国家建设做出更多积极贡献，其作用就值得充分肯定，其目的就已经达到了。

（三）师德师风的量化，有利于教师评价体系的公正公平

当前，各级学校关于教师师德师风并没有形成实质上的量化评价，在公正公平上，不能尽如人意。一是对师德师风的评价考核，多为反向考核，即为一票否决制，简单而粗暴，只体现底线思维，而缺乏正向激励，做得好不如做不错，多做不如少做，不利于良好师德师风的促进和形成。二是在强行政干预下，师德的评价多为领导意志的体现，没有科学、统一、明确的评价体系，对老师的道德评价标准，完全取决于领导自己的道德认知水准。要么由领导好恶决定，要么轮流坐庄，优秀你一年我一年，看似公平，实则对良好师德师风的形成没有半点积极意义。三是把师德师风与科研挂钩，其师德师风评价结果只能体现科研教学的先进性，不能体现教师师德水平的高低。四是用同事互评打分的方式进行师德师风评价，用同事间的人缘好坏、亲疏

远近替代对师德师风的评价。以上方法,均不利于良好师德师风的形成,甚至会产生消极影响。所以,建立和引入科学、规范的师德师风评价体系对良好师德师风的形成尤为重要。

三、师德师风量化考核方法探究

近年来,对师德师风的量化早已是有识之士的共识,该不该量化已不是一个值得争论的问题,而如何量化才应该是研究的重点。建立师德师风评价体系,应从三个方面进行考量,一是评价内容,二是评价主体,三是评价方法。在评价内容上,应考虑教师心理健康、师德、师风三个方面。在评价主体上,应尽可能多的综合被服务对象即学生的评价权重,避免过多的行政领导干预。评价方法上,应根据评价内容和评价主体的不同采用多种量化形式。

(一)教师心理健康的量化评价

师德师风的建设,应该从关注教师心理健康、精神健康的筛查开始。乌申斯基说过:"教师的人格就是教育工作者的一切,只有健康的心灵才有健康的行为。"健康的人才能培养健康的人,幸福的人才能培养幸福的人,无健康不道德,很多老师自己都是患者,有比较严重的心理问题,如何能把学生培养好,又如何具备良好的师德师风? 在之前有关师德师风量化考核的研究中,一般都会忽略对教师的心理健康评价,而在对教育教学主体的心理健康研究中,也多以学生心理健康研究为主,但心理健康是一位教师具备良好师德师风的基础,必须高度重视。教育部公开曝光的 9 个批次,共 65 起违反教师职业行为十项准则典型案例中,约有 30% 属于虐待学生、性骚扰女学生、发表不当言论的案件,其中有多少教师存在心理问题,目前全国有多大比重的老师存在心理健康问题,心理健康问题对师德师风到底会产生多大影响,这些问题应该值得相关领域的专家深入研究。由于心理健康评价和量化属于专业领域的范畴,其评估评价的主体应该委托在相关领域有从业资格的专业人员开展。至于评价方法,目前国际上已经有相对规范和专业的量化评价指标体系,如 SCL-90 量表、SDS 量表、SAS 量表,都已经能做到对心理健康或精神健康状况的量化测评。唯一存在的问题是,关于教育心理健康的评估是否能真正引起各级院校的重视,并将量化评价结果纳入师德师风评价体系。

（二）师德的量化评价

师德，顾名思义，就是教师的道德或教师的职业道德，是教育教学过程中逐渐形成的职业教师共同遵守的一些行为规范和思想品德的总和。行为规范好界定，但思想品德由于是对人内在品质的评价，不好量化。由于师德这一概念具有理论性、实践性和发展性，对于师德评价应包括的内容，并没有一个精准的表述，似乎人类所有的高尚品质，都应该包含在师德的范畴之内，这必然会造成对教师行为要求的泛化和教师人格要求的圣化。比如，社会的普遍观点认为，作为教师，就应该不计名利、大公无私、不图回报、意志坚定、甘于贫困。岂不知困苦的老师又怎能教得出富足的学生？对美好事物的向往同样是驱动社会进步的力量，关键在于，如何把握尺度。从古至今，我们中华民族确实涌现出了大批能达到这一道德水准的优秀教师，但不应该用这一极高的标准尺度来要求和衡量所有教师个体。我们希望广大教师能见贤思齐，但不能强求所有老师个体都至贤至圣。教师是一个极其庞大的队伍群体，我们认识和考量老师这个群体，首先应该认识到所有的教师都是人，而不是神圣。但对教师的道德要求，理应比一般人要高，因为教师要"学为人师，行为师范"。所以对师德量化评价的考核量化，我们应该高标准、严要求，但也更应该从客观、科学的角度出发。习近平总书记提出的"有理想信念、有道德情操、有扎实学识、有仁爱之心"的"四有好老师"的要求，就是对教师师德师风一个科学、客观的评价尺度。但"理想信念、道德情操、扎实学识、仁爱之心"都是定性的表述，要实现量化考核的目标，还需要进一步具体和可量化。

这里可以探讨一种师德标准的可量化方法。举例来说明。道德情操这一定性指标可以从爱国、敬业、诚信、友善等几个方面进行考核，虽然"爱国"依然是一个定性表述，但要知道一个人是否真有爱国情怀，却有很多种可量化方式。比如：通过考试或者测试，看一个人对国家历史、民族史的掌握程度。一个有正确、完整历史观的教师，比一个空谈爱国的人要靠谱得多，从而达到了定性指标定量转化的目的。"敬业"也是一个定性指标，但有没有认真给学生布置作业、有没有认真批改作业、有没有认真仔细地回答学生提出的问题，学生对教师敬业程度的评分，等等，这些指标却可以量化。同理，"友善"也可以通过有没有对学生歧视、有没有辱骂学生，以及学生对教师友善程度的打分进行量化。通过仔细观察和思考，总能发现能反映一位教师师德水平高低的外在可量化的行为指标点。通过系统建立起师德内在与外在的关联关系,从而建立起系统的师德量化考核体系。这与用 SCL-90 量表测试心理健康所采用的方法如出一辙。通过将师德的定性指标外化、具体化和量化,配合测试、考试的量化考核方式,使得师德的量化考核更为可行,可靠度和公平性也更高,组织形式也更简单,由各院校负责党口相关工作的部门统一组织实施。

(三)师风的量化评价

师德源于心,师风显于形,师风是师德的外化表现。相比师德,对师风的量化要显得容易得多。目前各院校开展的师德师风评价上,师风的量化程度较高。师风的评价内容上,可以结合国法、校规相关内容进行细化,比如:作业批改次数、考勤、参加思政学习的次数、仪态仪表,都可以直接进行量化。但需要注意的是,师风量化指标设置上要和科研成果脱钩,不能以"能"代"德"(能泛指个人工作能力、科研能力、个人才能),比如以发表论文的数量、科研成果的质量作为师德师风的主要评价指标等。师风的评价方法可以通过量化表逐项赋分的方式,由学生和教师分别打分的方式直接实现量化,比较简单,关键在于评价主体。当前各院校开展的师德师风量化评价,都普遍存在评价主体单一的问题。有的是领导打分,有的是教师互评等,而作为教师主要服务对象的学生,却并没有充分参与到学生师德师风的评价中来。在这个方面,海南职业科技大学的一些做法值得借鉴。比如学生在每学期末要想查看哪一门功课的成绩,就必须先参加针对这门课程任课老师的若干项有关师德师风的项目打分。当然这些评价工作对老师来说是匿名的,但最终的评价内容和打分结果会反馈给各位任课老师,以帮助教师对自己的师风进行总结和提高。在测评结果的应用上,如果能和教师的薪金待遇挂钩,对学校师德师风的建设上会有更大的辅助作用。同时,在评价结果的应用上,也要尽可能识别和避免个别学生因为任课教师要求较严而恶意给老师打低分的情况,以及个别老师为了谋求高评分而刻意讨好学生的行为,确保师德师风的量化测评对良好师德师风的形成产生正向引导和激励作用。

四、结语

百年大计,教育为本,教育百端,师德为先。建设教育强国、落实立德树人,是实现中华民族伟大复兴凝心聚力的重要保障,对教师师德师风的考核,是落实以德树人、提高教育教学质量的关键。虽然社会各界对师德师风的重要性已具有了普遍和统一的认识,但师德师风应该如何量化和考核,从当前各级学校实践的效果和已发表论文的研究成果来看,并没有形成社会认可的统一的评价标准,尤其对教师的心理健康的筛查和评估至今为止都没有纳入师德师风的评价体系。目前普遍采用的赋值指标来量化考核的方式,在很多项目上都缺少可量化表述,在赋值上也缺乏科学依据。受市场经济的冲击和价值观多元化的影响,教师师德失范问题层出不穷,社会对教师这一职业的认可和尊敬程度也普遍受到了影响。加强对师德师风可量化评价方法的研究,建立科学、系统、统一的教师师德师风量化评价体系,有助于良好师德师风形成和教育质量的全面提升,有助于降低师德失范对教育的损害,更关系到由什么样的人为国家和社会培养出怎么样的人的问题,其意义重大,必要且急切。

参考文献

[1]韩国海.大学师德建设的内涵价值、现实困境与路径选择[J].现代教育管理,2021(12):80-86.

[2]李国安.新时期人民教师师德的内涵和特质[J].西南大学学报(社会科学版),2010,36(5):12-15.

[3]安相丞,陈蓉晖.问责视角下我国师德失范问题处理现状的质性分析与提升策略研究:基于387个师德失范问题通报案例[J].江苏大学学报(社会科学版),2022,24(4):92-103.

[4]余磊.建立高校教师师德量化评价体系的研究[J].科教文汇(上旬刊),2015(10):20-21.

[5]安仲森.高校教师师德量化考核问题探究[J].当代教育论坛(综合研究),2011(8):92-94.

[6]陆芸.高职院校师德量化考核问题及对策探究[J].广西教育,2017(47):91-92.

[7]韩国海.大学师德建设的内涵价值、现实困境与路径选择[J].现代教育管理,2021(12):80-86.

附录一
思政课是落实立德树人根本任务的关键课程①

习近平

今天,我们在这里召开学校思想政治理论课教师座谈会。参加会议的主要是大中小学思政课一线教师。首先,我向在座各位老师,向全国大中小学思政课教师,致以诚挚的问候!

古人说:"敬教劝学,建国之大本;兴贤育才,为政之先务。"教育是民族振兴、社会进步的重要基石,是功在当代、利在千秋的德政工程,对提高人民综合素质、促进人的全面发展、增强中华民族创新创造活力、实现中华民族伟大复兴具有决定性意义。

青少年是祖国的未来、民族的希望。现在,我国各级各类学历教育在校生达到2.7亿,全国各类高等教育在学总规模达到3 779万人。青少年阶段是人生的"拔节孕穗期",这一时期心智逐渐健全,思维进入最活跃状态,最需要精心引导和栽培。"蒙以养正,圣功也。"就是说青少年教育最重要的是教给他们正确的思想,引导他们走正路。思政课是落实立德树人根本任务的关键课程,思政课作用不可替代,思政课教师队伍责任重大。

下面,我就几个问题讲点意见,同大家交流。

第一个问题:办好思想政治理论课意义重大

我们党历来高度重视思政课建设。在革命、建设、改革各个历史时期,我们党对思政课建设都作出过重要部署。新民主主义革命时期,我们党在红军大学、苏维埃大学、抗日军政大学、陕北公学等高校开设"党的建设"、"中国革命运动史"、"马列主义"、"辩证唯物主义"、"科学社会主义"等课程,在列宁小学开设"社会工作"课程,在解放区的小学、陕甘宁边区的中学

---

① 本文发表于2020年第17期《求是》杂志,是习近平2019年3月18日在学校思想政治理论课教师座谈会上讲话的主要部分。

开设"政治常识"课程。新中国成立后,我们党就把"中国革命常识"、"共同纲领"列入中学教学计划,在高校开设"中国革命史"、"马列主义基础"、"政治经济学"、"辩证唯物论与历史唯物论"等课程,强调中高等学校政治理论课的任务是用马克思列宁主义、毛泽东思想武装青年,培养坚强的革命接班人。我上中学时,学的政治课本叫《做革命的接班人》,书上讲的"热爱生产劳动,艰苦奋斗,用自己的双手建设富强的社会主义祖国","立雄心壮志,做革命的接班人"等,影响了我们这一代人的理想信念和人生选择。改革开放以来,党中央先后出台10多个关于学校思想政治工作的文件,对思政课建设提出明确要求,不断推动思政课改革。

　　办好思政课,是我非常关心的一件事。党的十八大以来,党中央先后召开全国高校思想政治工作会议、全国教育大会,我就思政课建设多次讲过意见。我对教育工作在这方面强调得最多,教育工作别的方面我也强调,但思政课建设我必须更多强调。针对义务教育阶段中道德与法治、语文、历史三科教材建设,我提出要从维护国家意识形态安全、培养社会主义建设者和接班人的高度来抓好。我们培养人的目标是什么要搞清楚,现在非常明确坚定地提出要培养社会主义建设者和接班人。2014年,我在上海考察期间说过,培育和践行社会主义核心价值观要在落细落小落实上下功夫,特别是要抓好青少年等重点人群;在北京市海淀区民族小学考察时提出,学校要把德育放在更加重要的位置,努力做到每一堂课不仅传播知识而且传授美德,让社会主义核心价值观的种子在学生们心中生根发芽。2016年,我在北京市八一学校考察时强调,基础教育是立德树人的事业,要旗帜鲜明加强思想政治教育、品德教育,加强社会主义核心价值观教育,引导学生自尊自信自立自强。在全国高校思想政治工作会议上,我强调思想政治理论课要坚持在改进中加强、在创新中提高,及时更新教学内容、丰富教学手段,不断改善课堂教学状况,防止形式化、表面化,等等。2018年五四前夕,我在北京大学专门考察了马克思主义学院。今年年初,我去南开大学时也强调了思政课建设。

　　当前形势下,办好思政课,要放在世界百年未有之大变局、党和国家事业发展全局中来看待,要从坚持和发展中国特色社会主义、建设社会主义现代化强国、实现中华民族伟大复兴的高度来对待。我们正在为实现"两个一百年"奋斗目标而努力。未来30年,我们培养的人要能够完成"两个一百年"的伟业。这就是教育的历史责任。我们党立志于中华民族千秋伟业,必须培养一代又一代拥护中国共产党领导和我国社会主义制度、立志为中国特色社会主义事业奋斗终身的有用人才。这就要求我们把下一代教育好、培养好，从学校抓起、从娃娃抓起。在大中小学循序渐进、螺旋上升地开设思政课非常必要，是培养一代又一代社会主义建设者和接班人的重要保障。人的成长、成熟、成才不是一蹴而就的，而是一个渐进的过程，就跟人的生理发育一样，所以要把这几个阶段都铺陈好。

"为学须先立志。志既立，则学问可次第着力。立志不定，终不济事。"要成为社会主义建设者和接班人，必须树立正确的世界观、人生观、价值观，把实现个人价值同党和国家前途命运紧紧联系在一起。随着我国日益扩大开放、日益走近世界舞台中央，我国同世界的联系更趋紧密、相互影响更趋深刻，意识形态领域面临的形势和斗争也更加复杂。学校是意识形态工作的前沿阵地，可不是一个象牙之塔，也不是一个桃花源。办好思政课，就是要开展马克思主义理论教育，用习近平新时代中国特色社会主义思想铸魂育人，引导学生增强中国特色社会主义道路自信、理论自信、制度自信、文化自信，厚植爱国主义情怀，把爱国情、强国志、报国行自觉融入坚持和发展中国特色社会主义、建设社会主义现代化强国、实现中华民族伟大复兴的奋斗之中。

这些年来，思政课建设成效是显著的，教学方法不断创新，教师乐教善教、潜心育人，教师队伍规模和素质稳步提升，大中小学思政课一体化建设初显成效。同时，我们也要看到，思政课建设中的一些问题亟待解决。有的地方和学校对思政课重要性认识还不够到位；课堂教学效果还需要提升，教学研究力度需要加大、思路需要拓展；教材内容还不够鲜活，针对性、可读性、实效性有待增强；教师选配和培养工作还存在短板，队伍结构还要优化，整体素质还要提升；体制机制还有待完善，评价和支持体系有待健全，大中小学思政课一体化建设需要深化；民办学校、中外合作办学思政课建设还相对薄弱；各类课程同思政课建设的协同效应还有待增强，教师的教书育人意识和能力还有待提高，学校、家庭、社会协同推动思政课建设的合力没有完全形成，全党全社会关心支持思政课建设的氛围不够浓厚。

办好思政课，有不少问题需要解决，但最重要的是解决好信心问题。"欲人勿疑，必先自信。"思政课教师本身都不信，还怎么教学生？我们应该有信心办好思政课。党中央对教育工作高度重视，对思想政治工作、意识形态工作高度重视，始终坚持马克思主义指导地位，大力推进中国特色社会主义学科体系建设,为思政课建设提供了根本保证。我们对共产党执政规律、社会主义建设规律、人类社会发展规律的认识和把握不断深入,开辟了中国特色社会主义理论和实践发展新境界,中国特色社会主义取得举世瞩目的成就,为思政课建设提供了有力支撑。中国特色社会主义理论是一个体系,新时代中国特色社会主义思想就是在当前这个发展阶段中国共产党历史性提出来的。还有中华民族几千年来形成了博大精深的优秀传统文化,我们党带领人民在革命、建设、改革过程中锻造的革命文化和社会主义先进文化,为思政课建设提供了深厚力量。我们通过守正创新形成了中国特色社会主义理论体系,守正就不能偏离马克思主义、社会主义,但不是刻舟求剑,还要往前发展、与时俱进,否则就是僵化的、陈旧的、过时的。思政课建设长期以来形成的一系列规律性认识和成功经验,为思政课建设守正创新提供了重要基础。有了这些基础和条件,有了我们这支可信、可敬、可靠,乐为、敢为、有为的思政课教师队伍,我们完全有信心有能力把思政课办得越来越好。

办好思政课,最根本的是要全面贯彻党的教育方针,解决好培养什么人、怎样培养人、为谁培养人这个根本问题。新时代贯彻党的教育方针,要坚持马克思主义指导地位,贯彻习近平新时代中国特色社会主义思想,坚持社会主义办学方向,落实立德树人的根本任务,坚持教育为人民服务、为中国共产党治国理政服务、为巩固和发展中国特色社会主义制度服务、为改革开放和社会主义现代化建设服务,扎根中国大地办教育,同生产劳动和社会实践相结合,加快推进教育现代化、建设教育强国、办好人民满意的教育,努力培养担当民族复兴大任的时代新人,培养德智体美劳全面发展的社会主义建设者和接班人。

第二个问题:办好思想政治理论课关键在教师,关键在发挥教师的积极性、主动性、创造性

讲好思政课不容易,因为这个课要求高。在浙江工作时,我给大学生讲过思政课,当时我要求浙江省委班子成员都到大学去讲课,而且都联系一所大学,我就联系浙大。我在福建工作时也去讲过。思政课教学涉及马克思主义哲学、政治经济学、科学社会主义,涉及经济、政治、文化、社会、生态文明和党的建设,涉及改革发展稳定、内政外交国防、治党治国治军,涉及党史、国史、改革开放史、社会主义发展史,涉及世界史、国际共运史,涉及世情、国情、党情、民情,等等。这样的特殊性对教师综合素质要求很高。国内外形势、党和国家工作任务发展变化较快,思政课教学内容要跟上时代,只有不断备课、常讲常新才能取得较好教学效果。思政课上学生会提一些尖锐敏感的问题,往往涉及深层次理论和实践问题,把这些问题讲清楚讲透彻并不容易。我们这个国家是一个不断成长的国家,社会主义制度是在不断探索中完善的,现在确立了中国特色社会主义。同时,新中国成立70年、我们党成立90多年来,是在不断摸索中前进的,历经坎坷,也走了些弯路,也出现了像"十年浩劫"这样的情况。对这个问题的认识要把握住,像《国际歌》中唱的那样,我们党也不是神仙皇帝,在摸索中前进肯定会有失误,不要因为有这些失误就丧失对党的信念,动摇对我们所秉持的理想信念的坚定性。

"经师易求,人师难得。"教师承载着传播知识、传播思想、传播真理,塑造灵魂、塑造生命、塑造新人的时代重任。思政课教师,要给学生心灵埋下真善美的种子,引导学生扣好人生第一粒扣子。我在全国高校思想政治工作会议上说过,"讲思想政治理论课,要让信仰坚定、学识渊博、理论功底深厚的教师来讲,让学生真心喜爱、终身受益"。今天,我想进一步谈谈思政课教师素养的问题。

第一,政治要强。思政课要解决学生理想信念问题。要让有信仰的人讲信仰。对马克思主义的信仰,对社会主义和共产主义的信念,只有首先在思政课教师心中扎下根,才能在学生心中开花结果。思政课教师只有自己信仰坚定,对所讲内容高度认同,做学习和实践马克思主义的典范,才能讲得有底气,讲深讲透,才能有效引导学生真学、真懂、真信、真用。要善于从政治上看问题,自觉用习近平新时代中国特色社会主义思想武装头脑,在大是大非面前保持政治清醒。教师是释疑解惑的,自己都疑惑重重,讲出来的东西不会是充分坚定、富有感染力的。

第二,情怀要深。思政课要引导学生立德成人、立志成才。只有打动学生,才能引导学生。教师在课堂上展现的情怀最能打动人,甚至会影响学生一生。真信才有真情,真情才能感染人。我为什么对焦裕禄那么一往情深,就是因为我在上初中一年级时,当时宣传焦裕禄的事迹,我的政治课老师在讲述焦裕禄的事迹时数度哽咽,一度讲不下去了,捂着眼睛抽泣,特别是讲到焦裕禄肝癌最严重时把藤椅给顶破了,我听了很受震撼。思政课教师要有家国情怀,心里装着国家和民族,在党和人民的伟大实践中关注时代、关注社会,汲取养分、丰富思想。要有传道情怀,对马克思主义理论教育事业投入真情实感,对思政课教育教学有执着追求。要有仁爱情怀,把对家国的爱、对教育的爱、对学生的爱融为一体,心中始终装着学生,让思政课成为一门有温度的课。

第三,思维要新。思政课要教会学生科学的思维。思政课教师给予学生的不应该只是一些抽象的概念,而应该是观察认识当代世界、当代中国的立场、观点、方法。思政课教学是一项非常有创造性的工作,要学会辩证唯物主义和历史唯物主义,善于运用创新思维、辩证思维,善于运用矛盾分析方法抓住关键、找准重点、阐明规律,创新课堂教学,给学生深刻的学习体验。在教学中可以讨论问题,更要讲清楚成绩;可以批评不良社会现象,更要引导学生正面思考;可以讲社会主义建设的复杂性和艰巨性,更要引导学生对社会主义前景充满信心。无论怎么讲,最终都要落到引导学生树立正确的理想信念、学会正确的思维方法上来。

第四,视野要广。思政课教师要有知识视野,除了具有马克思主义理论功底之外,还要广泛涉猎其他哲学社会科学以及自然科学的知识。要有宽广的国际视野。学生经常会把国外的事情同国内的情况联系起来,这个过程就会产生一些疑惑。学生的疑惑就是思政课要讲清楚的重点。要善于利用国内外的事实、案例、素材,在比较中回答学生的疑惑,既不封闭保守,也不崇洋媚外,引导学生全面客观认识当代中国、看待外部世界,善于在批判鉴别中明辨是非。还要有历史视野。历史是最好的老师。思政课教师的历史视野中,要有5000多年中华文明史,要有500多年世界社会主义史,要有中国人民近代以来170多年斗争史,要有中国共产党近100年的奋斗史,要有中华人民共和国70年的发展史,要有改革开放40多年的实践史,要有新时代中国特色社会主义取得的历史性成就、发生的历史性变革,通过生动、深入、具体的纵横比较,把一些道理讲明白、讲清楚。

第五,自律要严。思政课教师对自己要求要严格,既要遵守教学纪律,也要遵守政治纪律和政治规矩,做到课上课下一致、网上网下一致,不能在课上讲得不错、却在课下乱讲,不能在现实生活中表现不错、却在网上乱说。思政课教师掌握着课堂的主导权和话语权,一定要自觉弘扬主旋律,积极传递正能量。遵守纪律,不意味着不能讲矛盾、碰问题。有的教师怵于思政课的意识形态属性,担心祸从口出,总是绕开问题讲、避开难点讲。只要坚持正确政治方向,立足于引导学生坚定理想信念,全面客观看问题,就不用担心在政治上出问题。要给教师充分的信任,不抓辫子、不扣帽子、不打棍子。

第六，人格要正。有人格，才有吸引力。亲其师，才能信其道。思政课教师要有堂堂正正的人格，用高尚的人格感染学生、赢得学生。要有学识魅力，用真理的力量感召学生，以深厚的理论功底赢得学生。思想要有境界，语言也要有魅力，从教师的话语中，学生能够感受到教师的人格和学识。要自觉做到修身修为，像曾子那样"吾日三省吾身"，像王阳明那样"诚意正心"、"知行合一"，自觉做为学为人的表率，做让学生喜爱的人。

第三个问题：推动思想政治理论课改革创新，不断增强思政课的思想性、理论性和亲和力、针对性

改革创新是时代精神，青少年是最活跃的群体，思政课建设要向改革创新要活力。如果做一天和尚撞一天钟，照本宣科、应付差事，那"到课率"、"抬头率"势必大打折扣。很多学校在思政课上积极采用案例式教学、探究式教学、体验式教学、互动式教学、专题式教学、分众式教学等，运用现代信息技术等手段建设智慧课堂等，取得了积极成效。这些都值得肯定和鼓励。推动思政课改革创新，要做到以下几个"统一"。

第一，坚持政治性和学理性相统一。政治引导是思政课的基本功能。强调思政课的政治引导功能，并不是要把课讲成简单的政治宣传，而要以透彻的学理分析回应学生，以彻底的思想理论说服学生，用真理的强大力量引导学生。马克思说："理论只要彻底，就能说服人。"马克思主义理论就是彻底的理论。思政课教师所讲的理论、观点、结论要经得起学生各种"为什么"的追问，这样效果才能好。需要注意的是，不能用学理性弱化政治性，在大中小学的不同学段，无论是通过讲故事、讲历史还是讲理论的方式讲思政课，都要体现思政课的政治引导功能。

第二，坚持价值性和知识性相统一。思政课重在塑造学生的价值观，这一点必须牢牢抓住。强调思政课的价值性，不是要忽视知识性，而是要通过满足学生对知识的渴求加强价值观教育。只有空洞的价值观说教，没有科学的知识作支撑，价值观教育的效果也会大打折扣。当然，在思政课教学中也不能只强调知识性，不能为了应付考试让学生死记硬背知识点，而不注重对学生价值观的引导。学生有兴趣才会记忆，这种记忆是牢靠的，没有兴趣死记硬背就是死知识。知识是载体，价值是目的，要寓价值观引导于知识传授之中。比如，在讲授中国历史时，要注重引导学生传承民族气节、崇尚英雄气概，引导学生学习英雄、铭记英雄，自觉反对那些数典忘祖、妄自菲薄的历史虚无主义和文化虚无主义,自觉提升境界、涵养气概、激励担当。

第三,坚持建设性和批判性相统一。思政课的任务是传导主流意识形态,建设性是其根本。同时,彻底的批判精神是马克思主义本质特征,马克思主义就是在同各种错误思潮的不断斗争中开辟前进道路的。思政课要在传播马克思主义立场、观点、方法的基础上用好批判的武器,直面各种错误观点和思潮,旗帜鲜明进行剖析和批判。任何社会任何时期都会有各种问题存在,要教育引导学生正确看待、辩证认识、理性分析现实问题,辨明大是大非、真假黑白,在对社会假恶丑现象的批判中弘扬真善美。要坚持问题导向,学生关注的、有疑惑的问题其实也就几大类,要把这些问题掰开了、揉碎了,深入研究解答,把事实和道理一条条讲清楚。实际上,有时候不一定讲得那么高大全,从一个问题切入,把一个问题讲深,最后触类旁通,可以带动很多关联问题,有可能是一通百通,提纲挈领。要练就不怕问、怕不问、见问则喜的真本领,不能见学生提问就发怵。真理从来是在诘问和辩难中发展起来的,如果一问就问倒了,那就说明所讲的不是真理或者自己还没有掌握真理。

第四,坚持理论性和实践性相统一。思政课要用科学理论培养人,遵循不同学段学生的认知规律,把马克思主义基本原理讲清楚、讲透彻。同时,马克思主义是在实践中形成并不断发展的,要高度重视思政课的实践性,把思政小课堂同社会大课堂结合起来,在理论和实践的结合中,教育引导学生把人生抱负落实到脚踏实地的实际行动中来,把学习奋斗的具体目标同民族复兴的伟大目标结合起来,立鸿鹄志,做奋斗者。

第五,坚持统一性和多样性相统一。思政课的教学目标、课程设置、教材使用、教学管理等方面有统一要求,但具体落实要因地制宜、因时制宜、因材施教,结合实际把统一性要求落实好,鼓励探索不同方法和路径。思政课教师在教学中要把统编教材作为依据,确保教学的规范性、科学性、权威性,同时也不能简单照本宣科。教材给出的是教学的基本结论和简要论述,要让不同类型的学生都爱听爱学、听懂学会,需要做很多创造性工作。要在教学过程中进行多样化探索,通过多种方式实现教学目标。

第六,坚持主导性和主体性相统一。思政课教学离不开教师的主导,同时要坚持以学生为中心,加大对学生的认知规律和接受特点的研究,发挥学生主体性作用。一些思政课堂运用小组研学、情景展示、课题研讨、课堂辩论等方式教学,让学生来讲,这有利于发挥学生主体性作用。教师要做好画龙点睛工作,加强引导和总结提炼。要教育引导学生多读读马克思主义经典著作、当代中国马克思主义理论著作、中华优秀传统文化典籍等。要开出书单、指出重点,让学生正确理解经典著作,掌握马克思主义精髓,感知中华文化魅力,避免教条主义、本本主义,避免一知半解误读马克思主义。

第七,坚持灌输性和启发性相统一。灌输是马克思主义理论教育的基本方法。列宁说:"工人本来也不可能有社会民主主义的意识。这种意识只能从外面灌输进去。"让学生接受马克思主义,离不开必要的灌输,但这不等于搞填鸭式的"硬灌输"。要注重启发式教育,引导学生发现问题、分析问题、思考问题,在不断启发中让学生水到渠成得出结论。这里面,会讲故事、讲好故事十分重要,思政课就要讲好中华民族的故事、中国共产党的故事、中华人民共和国的故事、中国特色社会主义的故事、改革开放的故事,特别是要讲好新时代的故事。讲故事,不仅老师讲,而且要组织学生自己讲。

第八,坚持显性教育和隐性教育相统一。思政课要做思想政治教育的显性课程。有人提出把思政课变成隐性课程,完全融入其他人文素质课程中,这是不对的。我们办中国特色社会主义教育,就是要理直气壮开好思政课。同时,要挖掘其他课程和教学方式中蕴含的思想政治教育资源,实现全员全程全方位育人。既要有惊涛拍岸的声势,也要有润物无声的效果,这是教育之道。

以上这些,说的是只有打好组合拳,才能讲好思政课,但无论组合拳怎么打,最终要落到把思政课讲得更有亲和力和感染力、更有针对性和实效性上来,实现知、情、意、行的统一,叫人口服心服。

第四个问题:加强党对思想政治理论课建设的领导

办好中国的事情,关键在党。各级党委要把思政课建设摆上重要议程,抓住制约思政课建设的突出问题,在工作格局、队伍建设、支持保障等方面采取有效措施。要建立党委统一领导、党政齐抓共管、有关部门各负其责、全社会协同配合的工作格局,推动形成全党全社会努力办好思政课、教师认真讲好思政课、学生积极学好思政课的良好氛围。学校党委要坚持把从严管理和科学治理结合起来。学校党委书记、校长要带头走进课堂,带头推动思政课建设,带头联系思政课教师。现在,大学开学典礼、毕业典礼搞得很活跃,学校领导去讲讲话,引起社会上较大关注。这些讲话是办学方向和育人导向的重要体现,应该鲜明体现党的教育方针,积极传播马克思主义科学理论,弘扬社会主义核心价值观。但是,从现实情况看,有的讲话一般性的品德要求多,理想信念强调得少;个性化表达多,党的教育主张强调得少;同国际接轨讲得多,中国特色强调得少。这要引起重视。大学领导是教育者,但更应该是政治家。

办好思政课关键在教师。调动思政课教师的积极性、主动性、创造性,必须增强教师的职业认同感、荣誉感、责任感。必须旗帜鲜明讲清楚:讲好思政课不仅有"术",也有"学",更有"道"。思政课的政治性、思想性、学术性、专业性是紧密联系在一起的,其学术深度广度和学术含金量不亚于任何一门哲学社会科学!要配齐建强思政课专职教师队伍,建设专职为主、专兼结合、数量充足、素质优良的思政课教师队伍。在思政课教师选用、管理、考核中要严把政治关、师德关、业务关,解决好学风问题。要创新工作机制,加大培养和激励工作力度,落实各项政策保障,提高这个岗位对优秀人才的吸引力,让思政课教师特别是青年教师的创造活力竞相迸发、聪明才智充分涌流。要改革思政课教师评价机制,提高评价中的教学和教学研究占比,克服唯文凭、唯论文、唯帽子等弊端,引导思政课教师把主要精力放在教书育人上。一些学校口头上把思政课捧得很高,但落实不到教育、学术、人才评价机制上,有的跟国外机构设置的评价体系走,一切以在国外期刊上发表论文情况排次、定序、论英雄。思政课专业没办法在所谓国际期刊上发表论文,自然而然成为被价值评价体系排斥的对象,甚至有的学校的思想政治教育学院系都没有办法通过正常渠道进入、评职称,有的靠学校特批照顾。久而久之,有的地方形成了思想政治专业非学术、无学术等极为错误的观点和氛围,给一些思政课教师造成很大心理阴影,严重影响了他们的工作热情。要高度重视思政课教师队伍后备人才培养,加强马克思主义学院、马克思主义理论学科建设,统筹推进马克思主义理论本硕博一体化人才培养工作,不断为思政课教师队伍输送高水平人才。学校干部队伍建设要把思政课教师作为重要来源。教育部门要拿出切实可行的指导性意见。

要把统筹推进大中小学思政课一体化建设作为一项重要工程,坚持问题导向和目标导向相结合,坚持守正和创新相统一,推动思政课建设内涵式发展。要针对不同学段,根据思想政治理论教育规律和学生成长规律科学设置具体教学目标,抓好教学目标设计、课程设置、教材编写、教学改革、教师培养、考核评价等环节,既不能揠苗助长、操之过急,又不能刻舟求剑、故步自封。课程设置要相对稳定,坚持大中小学纵向主线贯穿、循序渐进,各类课程横向结构合理、功能互补的原则,确保教材的政治性、科学性、时代性、可读性。

学校思想政治工作不是单纯一条线的工作,而应该是全方位的。要完善课程体系,解决好各类课程和思政课相互配合的问题,鼓励教学名师到思政课堂上讲课,解决好推动其他教职员工和思政课教师相辅相成的问题,推动思想政治工作贯通人才培养体系,发挥融入式、嵌入式、渗入式的立德树人协同效应。思政课的学习效果和家长、家庭、家风的作用密切相关,要注重家校合作。民办学校、中外合作办学也要把思政课建设摆在重要位置,按照要求办好思政课,在这方面没有例外。各地区各部门负责同志要积极到学校去讲思政课,这是对马克思主义水平的一个考验。能不能讲好思政课,也是一个领导干部政治素质、理论水平、工作作风的体现。

中央教育工作领导小组要把思政课建设纳入重要议事日程。教育部、中宣部等部门要牵头抓思政课建设。相关部门要增强工作合力。思政课建设情况要纳入学校党的建设工作考核、办学质量和学科建设评估等,督促学校切实把这项工作抓起来、抓到位。

附录二
高等学校课程思政建设指导纲要

为深入贯彻落实习近平总书记关于教育的重要论述和全国教育大会精神,贯彻落实中共中央办公厅、国务院办公厅《关于深化新时代学校思想政治理论课改革创新的若干意见》,把思想政治教育贯穿人才培养体系,全面推进高校课程思政建设,发挥好每门课程的育人作用,提高高校人才培养质量,特制定本纲要。

一、全面推进课程思政建设是落实立德树人根本任务的战略举措

培养什么人、怎样培养人、为谁培养人是教育的根本问题,立德树人成效是检验高校一切工作的根本标准。落实立德树人根本任务,必须将价值塑造、知识传授和能力培养三者融为一体、不可割裂。全面推进课程思政建设,就是要寓价值观引导于知识传授和能力培养之中,帮助学生塑造正确的世界观、人生观、价值观,这是人才培养的应有之义,更是必备内容。这一战略举措,影响甚至决定着接班人问题,影响甚至决定着国家长治久安,影响甚至决定着民族复兴和国家崛起。要紧紧抓住教师队伍"主力军"、课程建设"主战场"、课堂教学"主渠道",让所有高校、所有教师、所有课程都承担好育人责任,守好一段渠、种好责任田,使各类课程与思政课程同向同行,将显性教育和隐性教育相统一,形成协同效应,构建全员全程全方位育人大格局。

二、课程思政建设是全面提高人才培养质量的重要任务

高等学校人才培养是育人和育才相统一的过程。建设高水平人才培养体系,必须将思想政治工作体系贯通其中,必须抓好课程思政建设,解决好专业教育和思政教育"两张皮"问题。要牢固确立人才培养的中心地位,围绕构建高水平人才培养体系,不断完善课程思政工作体系、教学体系和内容体系。高校主要负责同志要直接抓人才培养工作,统筹做好各学科专业、各

类课程的课程思政建设。要紧紧围绕国家和区域发展需求,结合学校发展定位和人才培养目标,构建全面覆盖、类型丰富、层次递进、相互支撑的课程思政体系。要切实把教育教学作为最基础最根本的工作,深入挖掘各类课程和教学方式中蕴含的思想政治教育资源,让学生通过学习,掌握事物发展规律,通晓天下道理,丰富学识,增长见识,塑造品格,努力成为德智体美劳全面发展的社会主义建设者和接班人。

三、明确课程思政建设目标要求和内容重点

课程思政建设工作要围绕全面提高人才培养能力这个核心点,在全国所有高校、所有学科专业全面推进,促使课程思政的理念形成广泛共识,广大教师开展课程思政建设的意识和能力全面提升,协同推进课程思政建设的体制机制基本健全,高校立德树人成效进一步提高。

课程思政建设内容要紧紧围绕坚定学生理想信念,以爱党、爱国、爱社会主义、爱人民、爱集体为主线,围绕政治认同、家国情怀、文化素养、宪法法治意识、道德修养等重点优化课程思政内容供给,系统进行中国特色社会主义和中国梦教育、社会主义核心价值观教育、法治教育、劳动教育、心理健康教育、中华优秀传统文化教育。

——推进习近平新时代中国特色社会主义思想进教材进课堂进头脑。坚持不懈用习近平新时代中国特色社会主义思想铸魂育人,引导学生了解世情国情党情民情,增强对党的创新理论的政治认同、思想认同、情感认同,坚定中国特色社会主义道路自信、理论自信、制度自信、文化自信。

——培育和践行社会主义核心价值观。教育引导学生把国家、社会、公民的价值要求融为一体,提高个人的爱国、敬业、诚信、友善修养,自觉把小我融入大我,不断追求国家的富强、民主、文明、和谐和社会的自由、平等、公正、法治,将社会主义核心价值观内化为精神追求、外化为自觉行动。

——加强中华优秀传统文化教育。大力弘扬以爱国主义为核心的民族精神和以改革创新为核心的时代精神,教育引导学生深刻理解中华优秀传统文化中讲仁爱、重民本、守诚信、崇正义、尚和合、求大同的思想精华和时代价值,教育引导学生传承中华文脉,富有中国心、饱含中国情、充满中国味。

——深入开展宪法法治教育。教育引导学生学思践悟习近平全面依法

治国新理念新思想新战略,牢固树立法治观念,坚定走中国特色社会主义法治道路的理想和信念,深化对法治理念、法治原则、重要法律概念的认知,提高运用法治思维和法治方式维护自身权利、参与社会公共事务、化解矛盾纠纷的意识和能力。

——深化职业理想和职业道德教育。教育引导学生深刻理解并自觉实践各行业的职业精神和职业规范,增强职业责任感,培养遵纪守法、爱岗敬业、无私奉献、诚实守信、公道办事、开拓创新的职业品格和行为习惯。

四、科学设计课程思政教学体系

高校要有针对性地修订人才培养方案,切实落实高等职业学校专业教学标准、本科专业类教学质量国家标准和一级学科、专业学位类别(领域)博士硕士学位基本要求,构建科学合理的课程思政教学体系。要坚持学生中心、产出导向、持续改进,不断提升学生的课程学习体验、学习效果,坚决防止"贴标签""两张皮"。

公共基础课程。要重点建设一批提高大学生思想道德修养、人文素质、科学精神、宪法法治意识、国家安全意识和认知能力的课程,注重在潜移默化中坚定学生理想信念、厚植爱国主义情怀、加强品德修养、增长知识见识、培养奋斗精神,提升学生综合素质。打造一批有特色的体育、美育类课程,帮助学生在体育锻炼中享受乐趣、增强体质、健全人格、锤炼意志,在美育教学中提升审美素养、陶冶情操、温润心灵、激发创造创新活力。

专业教育课程。要根据不同学科专业的特色和优势,深入研究不同专业的育人目标,深度挖掘提炼专业知识体系中所蕴含的思想价值和精神内涵,科学合理拓展专业课程的广度、深度和温度,从课程所涉专业、行业、国家、国际、文化、历史等角度,增加课程的知识性、人文性,提升引领性、时代性和开放性。

实践类课程。专业实验实践课程,要注重学思结合、知行统一,增强学生勇于探索的创新精神、善于解决问题的实践能力。创新创业教育课程,要注重让学生"敢闯会创",在亲身参与中增强创新精神、创造意识和创业能力。社会实践类课程,要注重教育和引导学生弘扬劳动精神,将"读万卷书"与"行万里路"相结合,扎根中国大地了解国情民情,在实践中增长智慧才干,在艰苦奋斗中锤炼意志品质。

五、结合专业特点分类推进课程思政建设

专业课程是课程思政建设的基本载体。要深入梳理专业课教学内容，结合不同课程特点、思维方法和价值理念，深入挖掘课程思政元素，有机融入课程教学，达到润物无声的育人效果。

——文学、历史学、哲学类专业课程。要在课程教学中帮助学生掌握马克思主义世界观和方法论，从历史与现实、理论与实践等维度深刻理解习近平新时代中国特色社会主义思想。要结合专业知识教育引导学生深刻理解社会主义核心价值观，自觉弘扬中华优秀传统文化、革命文化、社会主义先进文化。

——经济学、管理学、法学类专业课程。要在课程教学中坚持以马克思主义为指导，加快构建中国特色哲学社会科学学科体系、学术体系、话语体系。要帮助学生了解相关专业和行业领域的国家战略、法律法规和相关政策，引导学生深入社会实践、关注现实问题，培育学生经世济民、诚信服务、德法兼修的职业素养。

——教育学类专业课程。要在课程教学中注重加强师德师风教育，突出课堂育德、典型树德、规则立德，引导学生树立学为人师、行为世范的职业理想，培育爱国守法、规范从教的职业操守，培养学生传道情怀、授业底蕴、解惑能力，把对家国的爱、对教育的爱、对学生的爱融为一体，自觉以德立身、以德立学、以德施教，争做有理想信念、有道德情操、有扎实学识、有仁爱之心的"四有"好老师，坚定不移走中国特色社会主义教育发展道路。体育类课程要树立健康第一的教育理念，注重爱国主义教育和传统文化教育，培养学生顽强拼搏、奋斗有我的信念，激发学生提升全民族身体素质的责任感。

——理学、工学类专业课程。要在课程教学中把马克思主义立场观点方法的教育与科学精神的培养结合起来，提高学生正确认识问题、分析问题和解决问题的能力。理学类专业课程，要注重科学思维方法的训练和科学伦理的教育，培养学生探索未知、追求真理、勇攀科学高峰的责任感和使命感。工学类专业课程，要注重强化学生工程伦理教育，培养学生精益求精的大国工匠精神，激发学生科技报国的家国情怀和使命担当。

——农学类专业课程。要在课程教学中加强生态文明教育，引导学生

树立和践行绿水青山就是金山银山的理念。要注重培养学生的"大国三农"情怀,引导学生以强农兴农为己任,"懂农业、爱农村、爱农民",树立把论文写在祖国大地上的意识和信念,增强学生服务农业农村现代化、服务乡村全面振兴的使命感和责任感,培养知农爱农创新人才。

——医学类专业课程。要在课程教学中注重加强医德医风教育,着力培养学生"敬佑生命、救死扶伤、甘于奉献、大爱无疆"的医者精神,注重加强医者仁心教育,在培养精湛医术的同时,教育引导学生始终把人民群众生命安全和身体健康放在首位,尊重患者,善于沟通,提升综合素养和人文修养,提升依法应对重大突发公共卫生事件能力,做党和人民信赖的好医生。

——艺术学类专业课程。要在课程教学中教育引导学生立足时代、扎根人民、深入生活,树立正确的艺术观和创作观。要坚持以美育人、以美化人,积极弘扬中华美育精神,引导学生自觉传承和弘扬中华优秀传统文化,全面提高学生的审美和人文素养,增强文化自信。

高等职业学校要结合高职专业分类和课程设置情况,落实好分类推进相关要求。

六、将课程思政融入课堂教学建设全过程

高校课程思政要融入课堂教学建设,作为课程设置、教学大纲核准和教案评价的重要内容,落实到课程目标设计、教学大纲修订、教材编审选用、教案课件编写各方面,贯穿于课堂授课、教学研讨、实验实训、作业论文各环节。要讲好用好马工程重点教材,推进教材内容进人才培养方案、进教案课件、进考试。要创新课堂教学模式,推进现代信息技术在课程思政教学中的应用,激发学生学习兴趣,引导学生深入思考。要健全高校课堂教学管理体系,改进课堂教学过程管理,提高课程思政内涵融入课堂教学的水平。要综合运用第一课堂和第二课堂,组织开展"中国政法实务大讲堂""新闻实务大讲堂"等系列讲堂,深入开展"青年红色筑梦之旅""百万师生大实践"等社会实践、志愿服务、实习实训活动,不断拓展课程思政建设方法和途径。

七、提升教师课程思政建设的意识和能力

全面推进课程思政建设,教师是关键。要推动广大教师进一步强化育人意识,找准育人角度,提升育人能力,确保课程思政建设落地落实、见功见

效。要加强教师课程思政能力建设,建立健全优质资源共享机制,支持各地各高校搭建课程思政建设交流平台,分区域、分学科专业领域开展经常性的典型经验交流、现场教学观摩、教师教学培训等活动,充分利用现代信息技术手段,促进优质资源在各区域、层次、类型的高校间共享共用。依托高校教师网络培训中心、教师教学发展中心等,深入开展马克思主义政治经济学、马克思主义新闻观、中国特色社会主义法治理论、法律职业伦理、工程伦理、医学人文教育等专题培训。支持高校将课程思政纳入教师岗前培训、在岗培训和师德师风、教学能力专题培训等。充分发挥教研室、教学团队、课程组等基层教学组织作用,建立课程思政集体教研制度。鼓励支持思政课教师与专业课教师合作教学教研,鼓励支持院士、"长江学者"、"杰青"、国家级教学名师等带头开展课程思政建设。

加强课程思政建设重点、难点、前瞻性问题的研究,在教育部哲学社会科学研究项目中积极支持课程思政类研究选题。充分发挥高校课程思政教学研究中心、思想政治工作创新发展中心、马克思主义学院和相关学科专业教学组织的作用,构建多层次课程思政建设研究体系。

八、建立健全课程思政建设质量评价体系和激励机制

人才培养效果是课程思政建设评价的首要标准。建立健全多维度的课程思政建设成效考核评价体系和监督检查机制,在各类考核评估评价工作和深化高校教育教学改革中落细落实。充分发挥各级各类教学指导委员会、学科评议组、专业学位教育指导委员会、行业职业教育教学指导委员会等专家组织作用,研究制订科学多元的课程思政评价标准。把课程思政建设成效作为"双一流"建设监测与成效评价、学科评估、本科教学评估、一流专业和一流课程建设、专业认证、"双高计划"评价、高校或院系教学绩效考核等的重要内容。把教师参与课程思政建设情况和教学效果作为教师考核评价、岗位聘用、评优奖励、选拔培训的重要内容。在教学成果奖、教材奖等各类成果的表彰奖励工作中,突出课程思政要求,加大对课程思政建设优秀成果的支持力度。

九、加强课程思政建设组织实施和条件保障

课程思政建设是一项系统工程,各地各高校要高度重视,加强顶层设

计,全面规划,循序渐进,以点带面,不断提高教学效果。要尊重教育教学规律和人才培养规律,适应不同高校、不同专业、不同课程的特点,强化分类指导,确定统一性和差异性要求。要充分发挥教师的主体作用,切实提高每一位教师参与课程思政建设的积极性和主动性。

加强组织领导。教育部成立课程思政建设工作协调小组,统筹研究重大政策,指导地方、高校开展工作;组建高校课程思政建设专家咨询委员会,提供专家咨询意见。各地教育部门和高校要切实加强对课程思政建设的领导,结合实际研究制定各地、各校课程思政建设工作方案,健全工作机制,强化督查检查。各高校要建立党委统一领导、党政齐抓共管、教务部门牵头抓总、相关部门联动、院系落实推进、自身特色鲜明的课程思政建设工作格局。

加强支持保障。各地教育部门要加强政策协调配套,统筹地方财政高等教育资金和中央支持地方高校改革发展资金,支持高校推进课程思政建设。中央部门所属高校要统筹利用中央高校教育教学改革专项等中央高校预算拨款和其他各类资源,结合学校实际,支持课程思政建设工作。地方高校要根据自身建设计划,统筹各类资源,加大对课程思政建设的投入力度。

加强示范引领。面向不同层次高校、不同学科专业、不同类型课程,持续深入抓典型、树标杆、推经验,形成规模、形成范式、形成体系。教育部选树一批课程思政建设先行校、一批课程思政教学名师和团队,推出一批课程思政示范课程、建设一批课程思政教学研究示范中心,设立一批课程思政建设研究项目,推动建设国家、省级、高校多层次示范体系,大力推广课程思政建设先进经验和做法,全面形成广泛开展课程思政建设的良好氛围,全面提高人才培养质量。